PALETTE

BLENDING LITERATURE, LANGUAGE, AND CULTURE

PALETTE

READINGS FOR INTERMEDIATE GERMAN

JILLIAN S. HAESELER
ST. LOUIS UNIVERSITY, MADRID

McGraw-Hill, Inc.
New York St. Louis San Francisco Auckland Bogotá Caracas
Lisbon London Madrid Mexico City Milan Montreal New Delhi
San Juan Singapore Sydney Tokyo Toronto

This is an  book.

Palette
Readings for Intermediate German

Copyright © 1995 by McGraw-Hill, Inc. All rights reserved. Printed in the United States of America. Except as permitted under the United States Copyright Act of 1976, no part of this publication may be reproduced or distributed in any form or by any means, or stored in a database or retrieval system, without the prior written permission of the publisher.

 This book is printed on recycled, acid-free paper containing a minimum of 50% total recycled fiber with 10% post-consumer de-inked fiber.

1 2 3 4 5 6 7 8 9 0 DOH DOH 9 0 9 8 7 6 5 4

ISBN 0-07-025427-3

This book was set in 10/12 New Baskerville by Clarinda.
The editors were Thalia Dorwick and Gregory Trauth;
the text designer was Suzanne Montazer;
the production supervisor was Diane Renda.
The cover was designed by Deborah Chusid.
The cover illustration was by Iikka Valli, Paloma Design & Production.
The photo researcher was Chris Pullo.
Project supervision was done by Stacey Sawyer.
R. R. Donnelley was printer and binder.

Credits continue on page *246*.

Library of Congress Cataloging-in-Publication Data

Haeseler, Jillian S.
    Palette : blending literature, language, and culture : readings for intermediate German / Jillian S. Haeseler.
       p.   cm.
  ISBN 0-07-025427-3
    1. German language—Readers.   2. German literature—20th century.
3. Germany—Civilization.   I. Title.
PF3117.H17   1995
438.6′421—dc20   94-36016
                                                          CIP

*This reader is dedicated to the memory
of my teacher and friend,
Konstanze Bäumer*

Contents

I FAMILIENPORTRÄT

1 Am Anfang war die Erziehung 3

Vorschau: Mädchenerziehung 4
Einführung in das Thema 7
Literarisches Konzept: Die Figur 7
▶ *Sabine und der Stammhalter* von Roswitha Fröhlich 8
Diskussion zum Thema 12
Kultur-Rundschau: Ehenamen 14
Stil und Sprache 15
Vom Lesen zum Handeln 20

2 Kinder haben oder nicht? 23

Vorschau: Bevölkerung 24
Einführung in das Thema 27
Literarisches Konzept: Die Erzählperspektive 27
▶ *Mutterglück* von Svende Merian 29
Diskussion zum Thema 34
Kultur-Rundschau: Abtreibung 37
Stil und Sprache 38
Vom Lesen zum Handeln 41

3 Familienleben 45

Vorschau: Lebensweisen 46
Einführung in das Thema 49
Literarisches Konzept: Stil und Schreibweise 49
▶ *Familie in Kürze* von Elisabeth Alexander 50
Diskussion zum Thema 52
Kultur-Rundschau: Geldverkehr 53
Stil und Sprache 54
Vom Lesen zum Handeln 59

4 Asylfamilien 61

Vorschau: Fluchtpunkt Deutschland 62
Einführung in das Thema 65
Literarisches Konzept: Die Handlung 65
▶ *Der Krieg ist lange aus* von Jörg Meier 65
Diskussion zum Thema 67
Kultur-Rundschau: Flüchtlinge und Fremdenhaß 69
Stil und Sprache 70
Vom Lesen zum Handeln 72

II VERWICKLUNGEN

5 Liebe und Haß 77

Vorschau: Beziehungskiste 78
Einführung in das Thema 80
Literarisches Konzept: Das Thema 80
▶ *Ein Rendezvous* von Gabriele Wohmann 82
Diskussion zum Thema 85
Kultur-Rundschau: Ehe 87
Stil und Sprache 88
Vom Lesen zum Handeln 91

12 Gewalt: Was tun? 207

Vorschau: Maßnahmen gegen die Gewalt 208
Einführung in das Thema 210
Literarisches Konzept: Die Fabel 210
▶ *Kleine Fabel* von Franz Kafka 212
Diskussion zum Thema 213
▶ *Maßnahmen gegen die Gewalt* von Bertolt Brecht 214
Diskussion zum Thema 215
▶ *Aktiver Frieden* von Axel Eggebrecht 217
Diskussion zum Thema 217
Kultur-Rundschau: Wehrdienst 219
Stil und Sprache 220
Vom Lesen zum Handeln 223

Wörterverzeichnis: Deutsch–English 227

PREFACE

Palette: Blending Literature, Language and Culture is an intermediate college-level reader containing contemporary literary texts that have been carefully selected to appeal to the interests and social concerns of today's German language students. These literary texts serve as the point of departure for a wide variety of activities that have been designed to help students examine and compare the ideas and values of their own culture with those of speakers of German. Within this framework are contextualized activities focusing on vocabulary recognition and expansion, understanding grammatical structures, stylistics, and practice in speaking and listening through collaborative learning tasks. Skill-building activities are specifically designed to help students achieve their ultimate goal: proficiency in German. Individual, pair, small group, and whole-class activities allow students to work with each text on a personal and communicative level.

Palette comprises three units of four chapters each that treat different aspects of a common theme:

  Unit 1: **Familienporträt**
  Unit 2: **Verwicklung**
  Unit 3: **Konfrontation**

With the exception of the last chapter, which contains three texts (a fable, a parable, and an expository paragraph), each chapter centers on one short story. Stories range in length and complexity, allowing instructors to select readings and activities that best correspond to the needs of their students and their course. The stories—written by 20th-century German-speaking authors—deal with issues and problems in contemporary German-speaking societies. The themes represent such cross-cultural concerns as sex discrimination, self-identity, family values, roles in personal relationships, social alienation, racism, and social violence, among others. The relevance of those stories should motivate students to inquire and speculate, to infer and negotiate meaning, and to interpret the stories in German.

Each of the twelve chapters of *Palette* is organized as follows:

  Vorschau
  Einführung in das Thema
    Literarisches Konzept
    Spekulation
  [*Literary Text*]
  Diskussion zum Thema
    Zum Textverständnis

>   **Meinungsaustausch**
>   **Allgemeine Fragen zum Text**
> **Kultur-Rundschau**
> **Stil und Sprache**
>   **Übungen zum Wortschatz**
>   **Übungen zum Stil und Grammatik**
> **Vom Lesen zum Handeln**
>   **Kurz inszeniert**
>   **Magazin**

Vorschau, a realia-based advance organizer, provides students with the cultural and historical backdrop for the story. In two to four activities, students work with authentic newspaper and magazine clippings, charts and graphs, and cartoons and carry out content-related tasks such as interviews and surveys. **Vorschau** activities have a two-fold purpose: to orient students so that they can more easily comprehend the story and to bridge the gap between the students' own experiences and the issues raised in the story—so that the literary experience becomes relevant to their lives.

Einführung in das Thema is divided into two sections: **Literarisches Konzept,** the introduction of a literary concept that is pertinent to understanding the narrative, and **Spekulation,** exercises that invite students to make predictions about the text's contents. These prereading activities are designed to promote understanding of the story's content as well as awareness and appreciation of literary structures. Each literary text is preceded by biographical information, including the author's personal and professional background and the themes, titles, and dates of some of the author's other literary works. These descriptions often include background information about the story. Knowing about the author not only familiarizes students with well-known and lesser known writers from German-speaking cultures, but it also gives a personal touch to the story they are about to read.

Diskussion zum Thema consists of three post-reading activities whose overall objective is to encourage students to think and talk about content, to understand the story, and to appreciate its meaning and implications.

- The first activity, **Zum Textverständnis,** is designed to ensure that students have understood the story line. This communicative activity not only helps students to check their comprehension, but it also reinforces important vocabulary needed for the ensuing class discussion. Such verification activities include answering multiple-choice and true-false questions, reordering scrambled events, and reconstructing the main events in the story, to name a few. These activities can be assigned for individual, pair, or small group work.
- The second activity, **Meinungsaustausch,** comprises mostly open-ended questions that encourage students to use their imaginations and to express their opinions, exchange ideas, and present their interpretations of the text. Instructors may wish to have students prepare answers to these discussion questions at home before discussing them in class.

- The third activity, **Allgemeine Fragen zum Text,** invites students to draw parallels between the fictional events depicted in the story and their personal experiences in life and to compare their cultural values with those implicit in the text (reader response).

Kultur–Rundschau highlights a cultural phenomenon that students encountered in the literary text. As the literary works reflect the authors' perspectives on the aesthetic, moral, and spiritual values of the culture, this cultural note gives students insight into the target culture and provides an occasion for them to reflect on their own cultural identity.

Stil und Sprache focuses on vocabulary building and important syntactic structures that constitute the style of the text. A list of **Nützliche Wörter und Ausdrücke,** containing a small core of vocabulary items and idiomatic expressions, targets words and phrases taken from the reading text that students work with in the **Stil und Sprache** activities. A wide variety of vocabulary exercises help students to reactivate passive vocabulary, to learn new expressions, and to reinforce the skills of paraphrasing and inferring meaning from context. **Stil und Sprache** also gives students the opportunity to practice the syntactic structures used by the author in alternative contexts.

Vom Lesen zum Handeln is a two-part section of expansion activities. The first expansion activity, **Kurz inszeniert,** offers scenarios for role-playing directly related to the story. Here, an open-ended situation is sketched out so that students can interpret and perform scenes from the story. Each role-play is accompanied by a list of useful expressions that students may incorporate into their performance. Students may write scripts beforehand or simply improvise. The scenarios not only provide students with additional practice in verbal skills but also give them a chance to have fun and be creative in the target language. For instructors who have access to a video camera, **Kurz inszeniert** offers the ideal opportunity to incorporate this medium into their instruction.

In the second expansion activity, **Magazin,** students are invited to summarize in writing their ideas, impressions, and insights about the text. This activity offers composition and research topics that are designed to reinforce the acquisition of new vocabulary and allow German students to experiment with new language forms. As the title suggests, instructors may wish to appoint students as editors, assistant editors, layout manager, and so on, and have them compile their writing assignments into a class "magazine." Owing to their creative, exploratory nature, the writing activities in **Magazin** lend themselves well to this type of project.

Acknowledgments

The publisher and I would like to express our thanks to those instructors who responded to a series of surveys and reviews during the development of *Palette.* The appearance of their names does not necessarily constitute their endorsement of the text or its methodology.

Margaret Johnson	Iowa State University
Barbara Kosta	University of Arizona
Gerd K. Schneider	Syracuse University
Elisabeth Siekhaus	Mills College
Steven Taubeneck	University of Washington
W. Daniel Wilson	University of California, Berkeley

I would like to extend special thanks to Rosemary Delia of Mills College and Jochen R. Liesche of the University of Washington for reading and reacting to the literary selections; Michael Merkle of the **Volkshochschule München** for his editorial comments and assistance in supplying vital, up-to-date cultural information; Diana Pedersen, Sieglinde Schwinge, and Helga Wegner for reading and commenting on portions of the text; Dr. Ingeborg Majer O'Sickey for her assistance and supervision during the initial stages of the project; Dr. Gerd Schneider, Dr. Gerlinde Ulm Sanford, and Dr. Dennis McCort of Syracuse University for their input and encouragement; the Graduate School of Syracuse University for its generous support in the form of a research grant. Further gratitude is owed the administration of St. Louis University, especially Dr. Rick Chaney, Dean and Vice-President of the Madrid Campus, for supporting my work over the past years. I am also deeply grateful to my husband, Miguel Angel Lechuga Jiménez, and my daughter, Lorca, for their unflagging patience, understanding, and emotional support.

Many people who worked on this book behind the scenes deserve special recognition: Robert Di Donato of Miami University (Oxford, Ohio), who provided initial direction in the development of *Palette* and shared his creative ideas with me throughout the writing process; Jochen R. Liesche, who edited the language for authenticity, style, and consistency; Marie Deer, who carefully and expertly copyedited the manuscript; Chris Pullo who researched the photos; and Juan Vargas, who designed the eye-catching interior of the book. Special thanks are due Harriett Dishman and her associates, who expertly commented on all aspects of the manuscript and provided assistance and encouragement along the way, and Stacey Sawyer, whose editorial expertise helped transform the manuscript into a book.

I would like to acknowledge the editing, production, and design teams at McGraw-Hill, especially Karen Judd, Richard Mason, Diane Renda, and Francis Owens for managing the many details involved in producing this book. I would also like to acknowledge Margaret Metz and the rest of the McGraw-Hill marketing and sales staff who have actively promoted this book.

Finally, I'd like to express my gratitude to the McGraw-Hill foreign language editorial staff, especially Gregory Trauth, who launched the project and made significant contributions to its development, and Thalia Dorwick, whose initial faith in the project made its publication possible.

Jillian S. Haeseler
St. Louis University
Madrid

I Familienporträt

In den letzten Jahrzehnten hat sich die Familie als Institution in Deutschland sehr verändert. Die folgenden Werke zeigen die Komplexität dieses Wandels (*change*) aus verschiedenen Perspektiven.

Kapitel 1: Am Beispiel eines kleinen Mädchens, das nach der Geburt eines Säuglingsbruders in seiner Identität und Familienrolle verunsichert ist, wird das Problem der Rivalität zwischen Geschwistern und der Geschlechterdiskriminierung in der Kindererziehung im allgemeinen behandelt.

Kapitel 2: Kinder oder keine Kinder? Ein Panorama von verschiedenen Mutter- und Vatertypen wird dem Leser / der Leserin vorgeführt und auf bittersüße Art kommentiert.

Kapitel 3: Das Alltagsleben einer Durchschnittsfamilie wird kurz und sachlich dargestellt. Es scheint sich hierbei um eine ganz normale Bürgerfamilie zu handeln, der allerdings etwas ganz Wesentliches fehlt.

Kapitel 4: Viele Familien sind kürzlich aus anderen Ländern nach Deutschland eingewandert. Das Alltagsleben eines solchen Asylkindes in seiner neuen Umgebung wird in diesem Lesetext beschrieben.

Am Anfang war die Erziehung

Wo drückt denn der Schuh?

KAPITEL 1 Am Anfang war die Erziehung

VORSCHAU

Mädchenerziehung

A **Die Tradition.** Schauen Sie sich das Bild von Heinrich Zille* an, und denken Sie über die folgenden Fragen nach.

1. Was machen die Jungen?
2. Was macht die Mutter?
3. Was fragt das Mädchen?
4. Was antwortet die Mutter?

„Mutta, ick möcht' ooch koppstehen!"

„Das dürfen kleine Mädchen nicht!"

„Mutta, wenn ick jroß bin?"

B **Verstehen Sie?** Das Mädchen spricht Berliner Dialekt. Was bedeuten die folgenden Wörter auf Hochdeutsch?

BERLINERISCH		HOCHDEUTSCH
1. Mutta	=	Mutter
2. ick	=	_____
3. möcht'	=	_____
4. ooch	=	_____
5. kopp(stehen)	=	_____
6. jroß	=	_____

C **Was paßt?** Beschreiben Sie das Bild mit dem passenden hochdeutschen Wort.

---

*Heinrich Zille (1858–1929) war deutscher Zeichner. Seine Zeichnungen stellen humorvolle und satirische Szenen aus dem Berliner Milieu dar.

Das Mädchen will auch Kopfstände machen, aber ihre Mutter sagt, daß (1)

_____ keine (2) _____ machen

dürfen. Das Mädchen fragt, ob es (3) _____ machen

darf, wenn es (4) _____ ist.

D **Untersuchungen über die Erziehung von Mädchen in der Familie.** Was glauben Sie: Stimmen Sie mit den folgenden Aussagen überein?

		STIMMT	STIMMT NICHT
1.	Heutzutage werden Mädchen nicht mehr spezifisch zu traditionellen Rollen wie z.B. die „sorgende Mutter" oder die „fleißige Hausfrau" erzogen.	☐	☐
2.	Sowohl Männer als auch Frauen haben Schwierigkeiten, traditionelle Geschlechterrollen zu verändern.	☐	☐
3.	In vielen Familien wird von Mädchen erwartet, brav und sauber zu sein.	☐	☐
4.	Eltern erwarten von ihren Söhnen, daß sie lebhaft und energisch sind.	☐	☐
5.	Eltern behandeln ihre Töchter anders als ihre Söhne.	☐	☐
6.	Eltern sind sich ihrem unterschiedlichen Verhalten gegenüber den Töchtern und Söhnen unbewußt.	☐	☐
7.	Mädchen fühlen sich gegenüber Jungen minderwertig.	☐	☐

E **Eine Umfrage über Mädchenerziehung in der Familie.** Machen Sie eine Umfrage im Kurs. Notieren Sie, ob der Befragte ein Mann oder eine Frau ist. Wieviel Prozent der Teilnehmer/Teilnehmerinnen glaubt z.B., daß Aussage Nr. 1 stimmt? Wieviel Prozent davon sind Frauen? Wieviel Prozent sind Männer? Versuchen Sie, mit Ihren Mitstudenten Verallgemeinerungen zu treffen.

Wenn Sie Ihre Meinung über die Aussagen zur Mädchenerziehung in der Familie geben, können Sie die folgenden Ausdrücke verwenden.

WENN SIE EINVERSTANDEN SIND
Ich stimme damit überein, daß . . .
Ich bin auch der (Ihrer, deiner) Meinung, daß . . .
Ich denke (meine, glaube) auch, daß . . .
Das stimmt, was Sie sagen (du sagst).

BEISPIEL: Ich stimme damit überein, daß Mädchen heute nicht mehr zu traditionellen Rollen wie z.B. Hausfrauen erzogen werden.

WENN SIE NICHT EINVERSTANDEN SIND
Ich stimme nicht damit überein, daß . . .
Ich bin nicht der Meinung, daß . . .
Ich glaube nicht, daß . . .
Ich finde nicht, daß . . .
Es stimmt nicht, daß . . .

BEISPIEL: Ich stimme nicht damit überein, daß Männer und Frauen Schwierigkeiten haben, traditionelle Geschlechterrollen zu ändern.

	STUDENTINNEN		STUDENTEN	
	EINVERSTANDEN	NICHT EINVERSTANDEN	EINVERSTANDEN	NICHT EINVERSTANDEN
1.	☐	☐	☐	☐
2.	☐	☐	☐	☐
3.	☐	☐	☐	☐
4.	☐	☐	☐	☐
5.	☐	☐	☐	☐
6.	☐	☐	☐	☐
7.	☐	☐	☐	☐

Das Resultat: Waren mehr Frauen als Männer mit den Aussagen einverstanden?
Anmerkung: Nach neueren Untersuchungen behaupten viele Wissenschaftler, daß alle Aussagen stimmen. Was meinen Sie dazu?

F Schauen Sie sich das Bild an.
Was bedeutet Rollenverteilung?
Was ist der Witz dabei?

—ROLLENVERTEILUNG—

Einführung in das Thema

Literarisches Konzept: Die Figur

Die Figur ist die fiktive Person, die in der Geschichte handelt. Die Hauptfigur kann man auch Protagonist oder Protagonistin nennen. Man kann eine Figur unter mindestens vier Aspekten beschreiben.

1. Physische Eigenschaften: z.B. heller oder dunkler Typ, jung oder alt. Der Körperbau und/oder die Kleidung der Person kann in manchen Geschichten wichtig sein.
2. Moralische und geistige Eigenschaften: z.B. lieb oder böse, freundlich oder scheu, stark oder schwach usw.
3. Benehmen: Wie reagiert die Figur in einer bestimmten Situation oder auf ein Ereignis oder auf eine andere Figur?
4. Ansehen der Figur durch die Augen von anderen Figuren: Was sagen die anderen Figuren über die Figur, die man analysiert?

In der folgenden Geschichte, „Sabine und der Stammhalter", werden die Gefühle des kleinen Mädchens Sabine zu ihrem Säuglingsbruder Max, dem „hochgejubelten Stammhalter", geschildert. Der Titel „Stammhalter" wird dem männlichen Nachkommen gegeben, der den Stamm, d.h. den Familiennamen, erhält.

Die Hauptfigur Sabine wird also hauptsächlich durch ihre Persönlichkeit (Nummer 2 oben) und ihr Benehmen ihrem Bruder gegenüber (Nummer 3 oben) beschrieben.

Spekulation

Bevor Sie die Geschichte lesen, antworten Sie auf die folgenden Fragen zur Hauptfigur Sabine. Was glauben Sie?

1. Was für eine Person ist Sabine?
   a. Sie ist lieb und brav.
   b. Sie ist temperamentvoll.
   c. Sie ist anormal und exzentrisch.
   d. Sie ist ruhig und introvertiert.
2. Was für Gefühle hat Sabine zu ihrem kleinen Bruder?
   a. Sie liebt ihn heiß und innig.
   b. Sie ignoriert ihn, denn er ist ihr gleichgültig.
   c. Sie interessiert sich für ihn und will mit ihm spielen.
   d. Sie ist eifersüchtig auf ihn und will ihm wehtun.

Sabine und der Stammhalter

von Roswitha Fröhlich

Roswitha Fröhlich,* geborene Schmölde, wurde 1924 in Berlin geboren. In Heidelberg machte sie das Abitur und begann, Germanistik zu studieren. Daneben setzte sie ihre Ausbildung als Malerin fort. Im letzten Kriegsjahr heiratete sie den Medizinstudenten Felix Fröhlich. 1949 und 1955 wurden ein Sohn und eine Tochter geboren. Roswitha Fröhlich wurde Mitarbeiterin der Unterhaltungsabteilung des Süddeutschen Rundfunks, wo sie heute als Redakteurin arbeitet. Fröhlich lebt heute in Mannheim.

In ihren Werken versucht Fröhlich vor allem, die Wirklichkeit zu beschreiben. Sie läßt nach Möglichkeit die Betroffenen selbst zu Wort kommen. Ihre Themen sind sehr verschieden. Mit dem Buch *Ich und meine Mutter—Mädchen erzählen* (1980) behandelt die Autorin die Generationsfrage durch Briefe junger Mädchen an ihre Mütter. Im Briefwechsel gehen die Mädchen der Frage der Selbstverwirklichung (*self-realization*) im Rahmen der Familie nach. Fröhlich schreibt Romane, Hörspiele, Satiren, Kabarett-Texte, Lyrik und Kindergeschichten.

Als Max, der neugeborene Sohnemann,° im Nachbarzimmer schrie, dachte Sabine: *common nickname for a little boy*

Schrei du ruhig. Von mir aus kannst du schreien, bis du platzt.

Regungslos saß sie auf ihrem Stuhl und wartete. Würde ihre Mutter jetzt
5 wütend auf ihn sein? Angerannt kommen und ihn zur Rede stellen? Ihm einmal gründlich den Standpunkt klarmachen?

Schließlich war gerade Mittagsruhe, Sonntagmittagsruhe sogar. Geheiligte°   *holy*
Sonntagmittagsruhe. Da mußte man bei Störungen auf allerhand° gefaßt sein.   *anything*
Sabine kannte sich da aus.

10 Aber natürlich—sie wußte es schon im voraus—es passierte nichts. Oder jedenfalls so gut wie nichts.

Alles, was sie durch die halbgeöffnete Tür mitbekommen° konnte, war, daß   *gather*
ihre Mutter etwas aufgeregt aus dem Schlafzimmer tappte,° Mäxchen aus dem   *groped (about)*
Korb nahm und mit verschlafener Stimme die ganze Litanei° alberner Vokabeln   *litany*
15 herunterrasselte,° die Sabine inzwischen bis zum Überdruß° kannte.   *rattled off / bis . . . to satiety*

---

*Die biographischen Informationen kommen aus: Heinke Kilian. *Lexikon der Kinder- und Jugendliteratur.* Hrsg. Klaus Doderer. Weinheim und Basel: Beltz und Gelberg, 1981.

Nanana, wer wird denn hier so schreien, kleiner Räuber, hat unser Sohnemann schon wieder Hunger Hunger Hüngerchen Hüngerchen . . . Sabine leierte° *droned on*
halblaut mit, während ihre Mutter drüben mit Sohnemann verhandelte.

Von Störung oder Mittagsruhe wurde nicht gesprochen. Auch nicht davon,
20 daß man sie dringendst nötig hatte und Kinder es ganz einfach lernen müßten,
sich zwei Stunden mit sich selber zu beschäftigen. Und nicht zu klingeln und nicht
zu singen und nicht zu trompeten und nicht zu atmen.

Sabine nahm ihren neuen Malkasten und schmiß ihn gegen die Wand. Es
schepperte,° und die nassen Farbnäpfchen° liefen langsam aus. Mit Befriedigung *clanged / little pots of paint*
25 sah sie, wie sich auf dem Teppichboden kleine bunte Kleckse° bildeten und *spots*
immer größer wurden.

Inzwischen hatte sich Max beruhigt. Jedenfalls war nichts mehr von ihm zu
hören.

Sabines Mutter ging ins Schlafzimmer zurück.
30 Na, was hat er denn gehabt, unser kleiner Lausekerl?° fragte der Vater. *rascal*
Ich weiß auch nicht. Wenn man schon mal schlafen will, sagte die Mutter gäh-
nend.° *yawning*

Dann wurde die Schlafzimmertür geschlossen, und Sabine war wieder allein
mit der großen, geheiligten, verhaßten Ruhe.
35 Langsam stand sie auf und ging ans Fenster.

Auch draußen, auf der Straße, war alles wie gelähmt.° Das einzige, was sie *paralyzed*
entdecken konnte, war eine ältere Frau, die gelangweilt einen Kinderwagen vor
sich herschob.

Sabine setzte sich wieder an ihren Tisch.
40 Was könnte man jetzt bloß machen?

Weitermalen? Nein, unmöglich. Sie war auch zu faul, den Malkasten wieder
aufzuheben.° *lift up*

Bilderbücher angucken? Ekelhaft.

Oder Puppen?
45 Sabine warf einen unfrohen Blick auf die rote Emilie, die seit drei Wochen
unverändert in der Ecke auf dem Bauch lag. Nein. Puppen auch nicht. Sie konnte
im Moment keine Puppen ausstehen.° *bear*

Unschlüssig kramte° sie in ihrer Tischschublade und holte ein paar fliegende *felt around, searched through*
Blätter heraus. Eine alte Funkzeitschrift, ein paar Tierpostkarten und Glanzbilder,
50 ein halbes Liederbuch. Dazwischen fand sie auch das Telegramm wieder, nach

dem ihre Mutter sie schon mehrmals gefragt hatte. Es war ein Glückwunschtelegramm zu Mäxchens Geburt.

Sabine wußte den Text noch auswendig:° HURRA HURRA DER STAMMHALTER IST DA *by heart*

Es hatte damals mehrere solcher Telegramme gegeben, und jedesmal hatten ihre Eltern sie stolz verlesen.

ENDLICH GESCHAFFT DEM STAMMHALTER UND SEINEN STOLZEN ELTERN EIN DREIFACHES HOCH° *ein... three cheers*

PROST WIR TRINKEN AUF DAS WOHL DES STAMMHALTERS

Sabine legte das Telegramm wieder in die Schublade zurück und dachte nach. Stammhalter.

Stammhalter. Was war das überhaupt für ein Wort? Was hatte es zu bedeuten?

Hatte es was mit Stammesfürsten zu tun? Mit Stammeshäuptlingen? Oder mit Stammkneipen, in die ihr Vater manchmal ging?

Gab es auch Stammhalterinnen? Oder waren nur Sohnemänner Stammhalter?

Sohnemänner. Sohnemann. Sabine verzog° den Mund, als sie das Wort vor sich hin murmelte. Sohnemänner—das war auch so etwas, wo man sich eigentlich nur ärgern konnte, ohne genau zu wissen warum. *screwed up*

Hatte es bei ihrer Geburt auch solche Stammhalter-Telegramme gegeben? Waren Stammhalter etwas Besonderes?

Nein, sagte sich Sabine. Wenn Sohnemann dasselbe wie Stammhalter war, konnte es nichts Besonderes sein. Denn Sohnemänner gab es überall. Fast alle Freundinnen von ihr hatten irgendwelche Brüder, große, kleine, jede Menge. Etwas Einmaliges also war es auf keinen Fall. Aber warum sonst dieses Theater?

Sabine versuchte zusammenzukriegen,° was ihre Eltern und andere Leute, die sie gefragt hatte, ihr damals erklärt hatten, aber sie hatte nur noch verschwommene° Vorstellungen davon. *put together* / *vague*

Ihre Mutter zum Beispiel hatte das Wort einfach für einen albernen° Ausdruck erklärt, und Frau Krämer, die Mutter von Anja, hatte sogar einen regelrechten Wutanfall° gekriegt und behauptet, die Männer wären alle eingebildete° Idioten und das Wort Stammhalter sollte man ausrotten.° Das hatte Sabine zwar gut gefallen, aber eine richtige Erklärung war das auch nicht gewesen. *silly* / *fit of rage* / *arrogant* / *exterminate*

Der einzige, der sich zu einer längeren Erläuterung aufgerafft hatte,° war ihr Vater gewesen. *sich... roused himself to give a longer explanation*

Warum heißt Max eigentlich Max? hatte Sabine ihn gefragt.

Es gibt doch viel schönere Namen. Ein Baby, das Max heißt, ist das nicht etwas komisch?

Nein, hatte der Vater gesagt. Es ist nicht komisch, sondern es hat seine Gründe.

Die Gründe, die er dann angeführt° hatte, klangen ungefähr so: Max hieß Max, weil sein Onkel so hieß, der auch schon ein Stammhalter gewesen war, dann aber leider den Stamm nicht halten konnte, weil ihm keine Söhne geschenkt wurden. Darüber wiederum war der Großvater, der auch Max hieß und nicht mehr am Leben war, sehr traurig, weil er mit Nachnamen Martens hieß und dieser Name unbedingt erhalten bleiben sollte. *put forward*

Und mit Mädchen geht das nicht? fragte Sabine.

Natürlich nicht, sagte ihr Vater. Das weißt du doch. Wenn ein Mädchen heiratet, bekommt es einen anderen Namen.

Aber ist denn unsere Familie ein richtiger Stamm?

Ihr Vater lachte: Na ja, so ungefähr.

Und deswegen sind also Söhne wertvoller als Töchter.

Blödsinn, sagte der Vater. Wie kommst du denn darauf?° *Wie ... What put that idea into your head?*

Damit war das Gespräch beendet gewesen, und Sabine hatte nichts mehr darüber gehört.

Sabine kramte weiter in der Schublade. Vielleicht begegnete ihr doch noch irgend etwas, womit sie die Zeit totschlagen° konnte. Lustlos öffnete sie einen alten Geldbeutel, in dem kein Geld mehr war, und angelte° dann nach einem Plastikkästchen mit Glasperlen, das noch ungeöffnet unter einem Zeichenheft lag. Mit einem Ruck° machte sie es auf und versuchte, einen Faden Stickgarn in die dabeiliegende Stopfnadel° zu ziehen. Auch das klappte heute nicht. Sabine kippte die Perlen auf den Boden und trampelte etwas darauf rum. *kill* / *fished around for* / *yank* / *darning-needle*

Plötzlich kam ihr ein Einfall.° Schnell nahm sie die Nadel vom Tisch und schlich zur Tür. War alles still? *idea*

Ja. Still wie in der Nacht.

Mit wenigen Schritten war sie an Mäxchens Tür. Leise drückte sie die Klinke° herunter, schlüpfte° ins Zimmer und schob die Tür von innen wieder zu. *door handle* / *slipped (through)*

Dann ging sie an sein Körbchen und schuckelte es etwas hin und her.

He, wach auf, kleiner Mann, flüsterte sie. Kleiner, kleiner, kleiner Sohnemann.

Aber Mäxchen rührte sich nicht. Sabine schuckelte heftiger. Hü, schlaf doch
nicht so fest! Das ist doch langweilig!

Endlich rührte er sich und bewegte seine winzigen° Arme. Na, du kleiner   °tiny
Räuber, sagte Sabine. Bist du unser kleiner Räuber?

Mäxchen bewegte sich lebhafter.

Und was unser Sohnemann für ein süßes kleines Näschen hat! Sabine faßte°   °grabbed
ihn bei der Nasenspitze und drehte seinen Kopf ein bißchen hin und her.

Mäxchen verzog vor Schreck das Gesicht.°   °verzog ... made a terrifed face

Ist das lustig? rief Sabine. Und nun werden wir aber gleich ganz ganz wach!
Paß nur auf!

Schnell ließ sie die Nasenspitze wieder los und suchte unter der Bettdecke
nach Mäxchens Füßen. Dann nahm sie die Stopfnadel aus der anderen Hand
und piekte sie zielsicher in Mäxchens linke Wade.°   °calf

Das Geschrei, das Mäxchen nun anstellte, war so fürchterlich, daß es die
Eltern gleichzeitig aus den Betten jagte.

Um Gottes willen! rief die Mutter, als sie Sabine neben Mäxchens Korb
stehen sah. Hast du was mit ihm gemacht?

Sabine schüttelte den Kopf.

Du weißt doch, daß du nicht in sein Zimmer sollst, wenn wir schlafen, sagte
der Vater.

Sabine nickte.

Dann beugten sich beide Eltern über den Korb und versuchten, ihren
Stammhalter zu trösten,° während Sabine langsam in ihr Zimmer zurückging.   °comfort

---

Diskussion zum Thema

A Zum Textverständnis. Stimmt das oder stimmt das nicht? Lesen Sie die folgenden Aussagen über die Geschichte, und kreuzen Sie die richtige Spalte an.

	STIMMT	STIMMT NICHT
1. Sabine sollte ein Nickerchen machen.	☐	☐
2. Sabine langweilt sich.	☐	☐

6 Unheimliche Begegnungen 93

Vorschau: Liebe gesucht 94
Einführung in das Thema 96
Literarisches Konzept: Die Motivation 96
▶ *Das Alibi* von Aurelia Bundschuh 98
Diskussion zum Thema 101
Kultur-Rundschau: Naturparks 103
Stil und Sprache 104
Vom Lesen zum Handeln 106

7 Bikulturelle Beziehungen 109

Vorschau: Binationale Partnerschaften 110
Einführung in das Thema 112
Literarisches Konzept: Das Interview 112
▶ „Martina: Es war selbstverständlich wieder ein sehr schöner Mann." Auszug aus: *Über alle Grenzen verliebt. Beziehungen zwischen deutschen Frauen und Ausländern* von Dietrich Gronau und Anita Jagota 114
Diskussion zum Thema 118
Kultur-Rundschau: Rainer Werner Fassbinder 120
Stil und Sprache 121
Vom Lesen zum Handeln 125

8 Sein oder Schein 127

Vorschau: Idealbild 128
Einführung in das Thema 130
Literarisches Konzept: Die Ironie 130
▶ *Aufforderung zur Unfreundlichkeit* von Elfriede Jelinek 132
Diskussion zum Thema 138
Kultur-Rundschau: Zeitschriften 140
Stil und Sprache 141
Vom Lesen zum Handeln 144

III KONFRONTATIONEN

9 Spiel oder Realität 149

Vorschau: Jugendkriminalität 150
Einführung in das Thema 153
Literarisches Konzept: Der Schauplatz 153
▶ *Dieser Tage über Nacht* von Karin Reschke 155
Diskussion zum Thema 158
Kultur-Rundschau: Jugendorganisationen 160
Stil und Sprache 161
Vom Lesen zum Handeln 164

10 Kampf ums Brot 167

Vorschau: Arbeitslosigkeit in Deutschland 168
Einführung in das Thema 171
Literarisches Konzept: Dialog 171
▶ *Taxi frei* von Wolfgang Bittner 172
Diskussion zum Thema 177
Kultur-Rundschau: Autos und andere Verkehrsmittel 180
Stil und Sprache 181
Vom Lesen zum Handeln 184

11 Grenzübertritte 187

Vorschau: Ausländische Arbeitskräfte 188
Einführung in das Thema 191
Literarisches Konzept: Das Symbol 191
▶ *Fahrt der Hoffnung* von Cengiz Kip 193
Diskussion zum Thema 197
Kultur-Rundschau: Rechtsextremistische Gewalttaten 199
Stil und Sprache 201
Vom Lesen zum Handeln 204

Diskussion zum Thema **13**

	STIMMT	STIMMT NICHT
3. Sabine freut sich über die Ankunft ihres Bruders.	☐	☐
4. Niemand erklärt Sabine genau, was „Stammhalter" bedeutet.	☐	☐
5. Max wurde nach seinem Onkel und seinem Großvater benannt, die beide Max Martens hießen.	☐	☐
6. Sabine darf in das Zimmer ihres Bruders nur, wenn die Eltern dabei sind.	☐	☐
7. Das Mädchen schlüpft in das Zimmer seines Bruders, um mit ihm allein zu spielen.	☐	☐

B **Meinungsaustausch.** Fragen zur Annäherung an den Text. Bereiten Sie Ihre Antworten (entweder schriftlich oder mündlich) auf die folgenden Fragen vor. Sagen Sie dann Ihren Mitstudenten Ihre Meinung. Sie können diese Ausdrücke verwenden.

Ich meine (denke, glaube, finde), daß . . .
Ich bin der Meinung, daß . . .
Meiner Meinung nach . . .

1. Was für eine Person ist Sabine? Ist sie ein braves und liebes Mädchen? Ist sie temperamentvoll? Ist sie intelligent?
2. Beschreiben Sie die Gefühle des kleinen Mädchens dem Bruder gegenüber. Liebt sie ihn? Ist er ihr gleichgültig? Ist sie auf ihn eifersüchtig?
3. Als das Mädchen ihren Vater fragte, ob Söhne wertvoller seien als Töchter, antwortete ihr Vater, „Blödsinn. Wie kommst du denn darauf?" und sagte nichts mehr dazu. Wie finden Sie die Antwort des Vaters? Zeigt er Verständnis für Sabines Angst? Weicht er vor dem Thema aus? Glaubt er in Wirklichkeit, daß Söhne wertvoller als Töchter sind?
4. Sabine fragt ihre Mutter, ihren Vater und Frau Krämer, was das Wort „Stammhalter" bedeutet. Niemand erklärt ihr den Begriff. Warum? Verstehen sie den Begriff selbst nicht? Glauben sie, daß das Mädchen zu jung ist, den Begriff verstehen zu können? Oder haben sie vielleicht Angst, daß Sabine sich diskriminiert fühlen könnte?
5. Gibt es ein Wort oder einen ähnlichen Begriff wie „Stammhalter" in Ihrer Sprache?
6. Man wird in Spannung (Gefühl der Aufregung) versetzt, wenn man nicht weiß, was geschehen wird. Wann wird die Geschichte „Sabine und der Stammhalter" spannend?

14 KAPITEL I Am Anfang war die Erziehung

7. Wann geschieht der Höhepunkt, der erregendste Augenblick in der Erzählung?
8. Am Ende geht Sabine langsam in ihr Zimmer zurück. Was für Gefühle, glauben Sie, hat Sabine nach ihrer Tat? Hat sie Schuldgefühle? Ist sie traurig? Ist sie zufrieden?

C Allgemeine Fragen zum Text

1. Was denken Sie über das Verhalten des Mädchens? Ist es glaubhaft? Verständlich? Unvorstellbar (*inconceivable*)? Gestört? Unerhört?
2. Wie finden Sie die Reaktion der Eltern am Ende? Glaubhaft? Verständlich? Unvorstellbar? Gefühllos (Sabine gegenüber)?
3. Wie finden Sie die Geschichte? Interessant oder langweilig? Einfach oder schwer zu verstehen? Lustig oder traurig? Glaubhaft oder unglaubhaft?
4. Die Autorin läßt das Ende offen. Haben Sie das Gefühl, daß die Eltern sich jetzt mehr um Sabine kümmern werden?

KULTUR-
RUNDSCHAU

Am 1. April 1994 trat ein neues Gesetz für Ehenamen in Kraft. Nach Paragraph 1355 BGB (Bürgerliches Gesetzbuch) sollen Ehegatten einen gemeinsamen Ehenamen bestimmen. Dieser Ehename kann der Geburtsname der Frau oder des Mannes sein. Zum Beispiel wenn Hans Meier und Maria Schneider heiraten, können sie Herr und Frau Meier oder Herr und Frau Schneider heißen. Wenn sie sich auf einen Ehenamen geeinigt haben, kann der andere Ehegatte auf Wunsch dennoch einen Doppelnamen führen. Im Falle von Hans Meier und Maria Schneider kann ein Ehegatte den Doppelnamen „Meier-Schneider" oder „Schneider-Meier" führen.

Wenn die Ehepartner sich auf keinen Ehenamen einigen können, dann ist eine getrennte Namensführung möglich. Herr Meier behält also seinen Familiennamen ebenso wie Frau Schneider.

Es gibt keine Dreifachnamen. Eltern müssen innerhalb eines Monats entscheiden, ob ihr Kind den Namen der Mutter oder des Vaters erhält. Das Kind selbst darf keinen Doppelnamen führen. Die Tochter von Herrn Meier und Frau Schneider kann entweder Luise Meier oder Luise Schneider heißen, aber niemals Luise Meier-Schneider oder Luise Schneider-Meier.

- Wie sind die Gesetze für Ehenamen in Ihrem Land?
- Was machen Frauen in Ihrem Land, wenn sie heiraten? Behalten sie ihren Mädchennamen oder übernehmen sie den Nachnamen ihres Mannes?
- Führen Ehepaare oder Kinder Doppelnamen?

Stil und Sprache

Wörter und Ausdrücke

Substantive
das Garn, -e yarn
der Geldbeutel, - wallet
das Heft, -e notebook
das Kästchen, - small box
die Nadel, -n needle
die Perle, -n bead
die Plastik plastic
die Spitze, -n tip, point
der Stammbaum, ¨-e family tree
der Stammesfürst, -en the first prince of a lineage
der Stammeshäuptling, -e tribal chieftain
der Stammhalter, - son who carries the family name
die Stammkneipe, -n favorite pub
der Stammkunde, -n regular customer
der Stammtisch, -e table reserved for regular guests

Verben
sticken to embroider
stopfen to darn
zeichnen to draw

Reflexive Verben
sich über etwas (*Akk.*) **ärgern** to be annoyed about something
sich aufraffen to rouse oneself
sich in etwas (*Dat.*) **auskennen** to be well versed in something, at home (in a subject)

sich beruhigen to calm down
sich mit etwas (*Dat.*) **beschäftigen** to occupy oneself with something
sich beugen to bend over
sich bewegen to move
sich bilden to form
sich rühren to move, stir
sich sagen to say to oneself
sich auf etwas (*Akk.*) **setzen** to sit down on something, take a seat

Ausdrücke
auf etwas gefaßt sein to be prepared for something
den Standpunkt klarmachen to make one's point of view clear
mit jemandem verhandeln to deal with someone
von mir aus as far as I am concerned
zur Rede stellen to demand an explanation for someone's actions

Das Wort **Stammhalter**

Das Wort „Stammhalter" ist ein grundlegender Begriff in der Geschichte, den Sabine zu verstehen versucht. Sie überlegt sich die Bedeutung von „Stamm" in Verbindung mit anderen Wörtern, wie z.B. „Stammesfürsten", „Stammeshäuptlingen", „Stammkneipen". Schauen Sie sich die folgenden Bedeutungen von „Stamm" aus dem *Wahrig Deutsches Wörterbuch* an.

> **Stamm** (*m.*) 1. der das Astwerk tragende Holzkörper des Baumes (Baum~); 2. (biolog. Systematik) höchste der obligatorischen Kategoriestufen oberhalb der Klasse; 3. (Tierzucht) kleinste züchterisch bearbeitete Gruppe gleicher Rasse (Bakterien~); 4. größere Gruppe von Familien, Sippen oder Clans, die sich durch sprachl. u. kulturelle Gemeinsamkeiten von anderen unterscheiden (Volks~, Indianer~); 5. Geschlecht, Familie; 6. fester Bestand von Personen (Kunden, Mitarbeitern), im Unterschied zu neu hinzugetretenen u. wieder weggegangenen.

A Definitionen. Welche Definitionen betreffen die von „Stamm" abgeleiteten Wörter? Geben Sie die Nummer der passenden Definition an.

1. Stammhalter (Stammhälterin gibt es nicht. Warum?) _5_
2. Stammeshäuptling (*m.*) ____
3. Stammesfürst (*m.*) ____
4. Stammkneipe (*f.*) ____
5. Stammtisch (*m.*) ____
6. Stammbaum (*m.*) (im Sinne der Familie) ____
7. Fallen Ihnen andere Wörter ein, die mit „Stamm" anfangen?

B Wörter im Kontext. Fügen Sie das richtige Wort in die Sätze ein.

der Stammbaum, ⸚e die Stammkneipe, -n
der Stammeshäuptling, -e der Stammtisch, -e

1. Unsere _____ hieß „der Bierdeckel".
   Treuherzig gingen wir jeden Sonntag zum Frühschoppen und spielten
   das Kartenspiel „Doppelkopf" an unserem _____.

2. Mein Onkel hat den _____ mütterlicherseits untersucht.

3. Es gab ein Zusammentreffen von _____,
   die die Probleme der Indianer in Nordamerika besprachen.

C Kommunikation. Stellen Sie Ihren Nachbarn die folgenden Fragen. Benutzen Sie die du-Form, falls sie passender ist.

1. Haben Sie eine Stammkneipe?
2. Sitzen Sie gerade auf Ihrem Stammplatz?
3. Was wissen Sie von Ihrem Stammbaum? (Woher kommen Ihre Vorfahren? Sind Sie deutscher Abstammung?)

D Wortbildung. Welche zusammengesetzten Substantive kommen in der Geschichte vor? Erinnern Sie sich daran, daß das letzte Wort das Geschlecht bestimmt, z.B. **der Stamm + die Kneipe = die Stammkneipe.** Schreiben Sie das Wort mit dem richtigen Artikel in die Lücke.

das Geld	das Garn
das Glas	die Nadel
stopf(en)	der Beutel
die Plastik **+**	das Heft
stick(en)	das Kästchen
die Nase(n)	die Perlen
zeich(n)en*	die Spitze

1. _der Geldbeutel_
2. _____
3. _____
4. _____
5. _____
6. _____
7. _____

---

*Vorsicht! Unregelmäßige Umsetzung. Nur das (**n**) fällt weg.

E **Welches Ding?** Ergänzen Sie die Zitate aus der Geschichte mit passenden Wörtern aus **Übung D**.

1. Lustlos öffnete sie den _____ , in dem kein Geld mehr war. (Z. 106–107)

2. Sabine angelte nach einem _____ mit Glasperlen. (Z. 107–108)

3. Es (das Plastikkästchen) lag ungeöffnet unter einem _____. (Z. 108)

4. Sie machte das _____ auf und versuchte, einen Faden _____ in die _____ zu ziehen. (Z. 109–110)

5. Sabine kippte die _____ auf den Boden und trampelte etwas darauf rum. (Z. 110–111)

6. Sie faßte Mäxchen bei der _____. (Z. 124–125)

F **Noch einmal.** Geben Sie mindestens drei Wortkombinationen aus der vorigen Liste an, die nicht in der Geschichte vorkommen.

BEISPIEL: Geldkästchen

1. _____
2. _____
3. _____

G Zu welchen Definitionen passen die Ausdrücke?

1. ____ von mir aus
2. ____ zur Rede stellen
3. ____ den Standpunkt klarmachen
4. ____ auf etwas gefaßt sein
5. ____ mit jemandem verhandeln

a. jemandem zur Rechenschaft (*accountability*) ziehen
b. Ich habe nichts dagegen.
c. mit etwas rechnen
d. (jemandem) die eigene Ansicht sagen
e. über etwas beraten (*negotiate*)

H **Sagen Sie es anders.** Drücken Sie die folgenden Sätze anders aus. Ersetzen Sie die unterstrichenen Sätze oder Satzteile durch Ausdrücke aus **Übung G** oben.

1. Er ist ein furchtbarer Pessimist. <u>Er erwartet immer das Schlimmste.</u>

_____

2. Wir können ja heute abend ins Kino gehen. <u>Mir ist es egal.</u>

_____

3. Die Journalisten wollten den Präsidenten <u>für die neueste politische Entwicklung zur Rechenschaft ziehen.</u>

_____

4. Wenige Politiker <u>nehmen Stellung</u> zu Streitfragen vor ihrer Wiederwahl.

_____

5. Sehr autoritäre Eltern <u>besprechen Sachen mit ihren Kindern</u> oft nicht, bevor sie eine Entscheidung treffen.

_____

Reflexive Verben

Viele reflexive Verben kommen in der Geschichte vor.

    sich in etwas (*Dat.*) auskennen (Z. 9)
    sich mit etwas (*Dat.*) beschäftigen (Z. 21)
    sich bilden (Z. 25)
    sich beruhigen (Z. 27)
    sich auf etwas (*Akk.*) setzen (Z. 39)
    sich über etwas (*Akk.*) ärgern (Z. 67)
    sich sagen (Z. 71)
    sich zu etwas (*Dat.*) aufraffen (Z. 83)
    sich rühren (Z. 119)
    sich bewegen (Z. 123)
    sich beugen (Z. 140)

▶ **Nacherzählung.** Mit den reflexiven Verben oben und den angegebenen Substantiven kann man die Geschichte nacherzählen. Versuchen Sie, eine Kettengeschichte zu erzählen!

    Auslassungspunkte (. . .) bedeuten, daß etwas fehlt. Fügen Sie Ihre eigenen Worte ein, damit der folgende Satz oder Satzteil logisch ist. Achten Sie auf die Zeitform! Erzählen Sie die Geschichte entweder im Präsens oder in der Vergangenheit aber nicht in beiden Zeitformen.

BEISPIEL: Sabine fragte sich, ob Stammhalter etwas Besonderes seien und sagte sich nein.

SUBJEKT	VERB	ANDERE ELEMENTE
1. Sabine . . . und	sich sagen	nein
2. Sabine	sich auskennen	Sonntagmittagsruhe
3. Sabine	sich beschäftigen	für zwei Stunden
4. sie . . . und Kleckse	sich bilden	auf dem Teppichboden

SUBJEKT	VERB	ANDERE ELEMENTE
5. Max	sich beruhigen	inzwischen
6. Sabine	sich setzen	an ihren Tisch
7. das Mädchen	sich ärgern über	das Wort Stammhalter
8. der Vater	sich aufraffen	zu einer längeren Erläuterung
9. Sabine (. . .) aber Max	sich rühren	nicht
10. sie (. . .) und Mäxchen Sabine (. . .)	sich bewegen	endlich
11. beide Eltern während Sabine (. . .)	sich beugen	über den Korb

J **Kommunikation.** Stellen Sie Ihrem Nachbarn oder Ihrer Nachbarin die folgenden Fragen. Benutzen Sie die du-Form, falls sie passender ist.

1. Womit beschäftigen Sie sich gern? Mit dem Haushalt? Mit Musik? Studium? usw.
2. Wie beruhigen Sie sich, wenn Sie furchtbar nervös sind? Trinken Sie Wein? Gehen Sie spazieren? Machen Sie Yoga? usw.
3. Worüber ärgern Sie sich? Über das Examen? Den Verkehr? Laute Musik? usw.
4. Wozu müssen Sie sich immer wieder aufraffen? Zum Lernen? Zum Hausputzen? Zum Briefeschreiben? usw.

VOM LESEN ZUM HANDELN

Kurz inszeniert

Lesen Sie die folgende Situation und finden Sie heraus, wie viele Personen für die Inszenierung nötig sind. Teilen Sie die Rollen unter Ihren Mitstudenten auf. Sie können den Verlauf des Rollenspiels schon vorher planen, bevor Sie es im Kurs vorspielen (oder mit einer Videokamera aufnehmen). Oder improvisieren Sie ganz einfach. Nach der Situation sind mögliche Redewendungen angegeben, die Sie in Ihrem Rollenspiel verwenden können.

▶ **Wie geht das Drama weiter?** Spielen Sie in kleinen Gruppen (z.B. Mutter, Vater, Sabine und eventuell eine Zusatzperson für das Baby Mäxchen, je nach Vorhandensein) die folgende Situation vor. Die Eltern von Sabine gehen in das Kinderzimmer hinein und sehen die Nadel in der Hand des Mädchens. Was machen sie? Zum Beispiel: Die Mutter schreit, der Vater nimmt die Nadel und schimpft Sabine aus. Inzwischen tröstet die Mutter das Baby. Sabine fängt an zu weinen. Die Mutter fragt sie, warum sie ihrem Bruder wehtun wollte. Sabine gibt eine Erklärung. Der Vater und die Mutter reagieren auf Sabines Antwort.

REDEWENDUNGEN

Wenn man sich vor etwas erschreckt, kann man sagen:
  Ach du Lieber! Was machst du da!
  Ach du Schande! Bist du verrückt?
  Spinnst du wohl?
  Um Gottes willen!

Wenn man schimpft, kann man sagen:
  Wie kannst du so etwas tun!
  Was hast du dir dabei vorgestellt!
  Ich finde es einfach unvorstellbar, daß . . .
  Ich finde dein Verhalten unmöglich!

Mitdenken—Mitschreiben

A **Ein Kindheitserlebnis.** Schreiben Sie über ein Kindheitserlebnis, das Sie sehr bewegt hat (negativ und/oder positiv). Sie können die folgenden Fragen in Ihrem Aufsatz berücksichtigen.

1. Wann und wo ist das Erlebnis passiert? Wie alt waren Sie?
2. Was für eine Person waren Sie in diesem Alter?
3. Was ist passiert?
4. Wie haben Sie auf das Ereignis, die Situation oder die Person reagiert?
5. Waren andere Leute dabei? Wie haben sie darauf reagiert?
6. Wie sehen Sie das Erlebnis jetzt als Erwachsener? War es positiv und/oder negativ? Warum?
7. Haben Sie etwas von diesem Erlebnis gelernt? Wenn ja, was?

B **Was denken Sie darüber?** „Geschlechterdiskriminierung läßt sich schon in der Kleinkinderziehung erkennen." Sind Sie mit diesem Zitat einverstanden? Glauben Sie, daß Mädchen anders als Jungen erzogen werden? Sie können die folgenden Aspekte der Kleinkinderziehung in Ihrem Aufsatz berücksichtigen.

1. Spielzeuge
2. Kleidung
3. Erziehung
4. Sprache
5. Persönlichkeit
6. Bücher

C **Beschreibung der Hauptfigur Sabine.** Schreiben Sie eine Charakterdarstellung von Sabine. Berücksichtigen Sie die folgenden Gesichtspunkte.

1. Physische Eigenschaften. z.B. Alter
2. Moralische und/oder geistige Eigenschaften
3. Gefühle und Verhalten ihrem Säuglingsbruder gegenüber
4. Das Verhalten der Eltern Sabine gegenüber

2 Kinder haben oder nicht?

Soll man sich lieber einen Hund anschaffen?

24 KAPITEL 2 Kinder haben oder nicht?

VORSCHAU

Bevölkerung

Seit der Wiedervereinigung (3.10.1990)* leben in Gesamtdeutschland ungefähr 80 Millionen Menschen. Rund 64 Millionen leben in den alten Bundesländern und 16 Millionen in den neuen Bundesländern. In den alten Bundesländern sind fast 8% der Bevölkerung Ausländer, in den neuen Bundesländern dagegen nur 1%. Jedes zehnte Kind, das in Deutschland geboren ist, ist ausländischer Nationalität.

Schauen Sie sich die Tabelle an.

Bevölkerungsentwicklung (1990)

BESTIMMUNGSGRÖSSE	OST	WEST
Geburten	178 476	727 199
Anzahl je 1000 Einwohner (EW)	12, 0	11, 0
Sterbefälle	208 110	713 335
Anzahl je 1000 EW	12, 4	11, 2
Geburten je Frau	1, 7	1, 4

(Quelle: Wirtschaft und Statistik 1/1991 und 6/1992)

A Ergänzen Sie. Fügen Sie die richtigen Informationen in die Lücken ein.

1. _____ Millionen Menschen leben in Gesamtdeutschland.

2. _____ je 1000 Einwohner in den neuen Bundesländern sind geboren und _____ je 1000 Einwohner gestorben.

3. In den alten Bundesländern gibt es _____ Geburten und _____ Todesfälle je 1000 Einwohner.

---

*Bei Daten schreibt man den Tag vor den Monat. Also heißt das Datum 3.10.1990 der 3. Oktober 1990.

4. Frauen in den neuen Bundesländern gebären durchschnittlich
_____ Kinder und Frauen in den alten Bundesländern durchschnittlich _____ Kinder.

5. Von den Kindern, die in Deutschland geboren sind, ist jedes _____ Kind ausländischer Herkunft.

B **Stimmt das oder stimmt das nicht?** Stimmen nach der Tabelle die folgenden Aussagen? Kreuzen Sie die richtigen Kästchen an.

	STIMMT	STIMMT NICHT
1. Pro 1000 Einwohner werden mehr Kinder in Ostdeutschland als in Westdeutschland geboren.	☐	☐
2. Pro 1000 Einwohner sterben mehr Menschen in Westdeutschland.	☐	☐
3. In den neuen Bundesländern sterben mehr Menschen als geboren werden.	☐	☐
4. In den alten Bundesländern sind die Anzahl der Todesfälle und die der Geburten fast gleich.	☐	☐
5. Frauen in den alten Bundesländern gebären mehr Kinder als Frauen in den neuen Bundesländern.	☐	☐
6. Die Bevölkerungszahl in Gesamtdeutschland sinkt relativ langsam.	☐	☐

C **Kinder oder nicht?** Für viele Deutsche ist die Entscheidung, ein Kind zu haben, nicht einfach. Es gibt Argumente dafür und dagegen. Schauen Sie sich die Fotos (Seite 26, oben) an. Welche Probleme hat man mit Kindern in Deutschland?

D **Witze.** Viele deutsche Karikaturisten machen sich lustig über die Probleme, die das Familienleben oft begleiten. Was ist der Witz in den beiden Karikaturen (Seite 26, unten)?

KAPITEL 2 Kinder haben oder nicht?

Nur für drei Prozent aller Kleinkinder gibt es Kindergartenplätze.*

*In Deutschland versteht man unter Kindergarten normalerweise eine öffentliche Einrichtung für Kinder zwischen 3 und 6 Jahren.

Einführung in das Thema

Literarisches Konzept: Erzählperspektive

Die Person, die die Geschichte erzählt, ist der Erzähler oder die Erzählerin. Es gibt verschiedene Erzählperspektiven. Zwei Arten von Erzählperspektiven sind beispielsweise die folgenden.

1. **Der Ich-Erzähler oder die Ich-Erzählerin:** Der Ich-Erzähler / die Ich-Erzählerin kann der Protagonist oder die Protagonistin (Hauptfigur) sein. Der Ich-Erzähler / die Ich-Erzählerin kann auch eine Nebenfigur in der Geschichte sein oder auch außerhalb der Geschichte stehen.
2. **Der Erzähler oder die Erzählerin in der dritten Person:** Im Gegensatz zur Ich-Form wird die Geschichte in der 3. Person erzählt. Die Figuren werden in der 3. Person (*er, sie* oder *sie* Plural) beschrieben. Am Geschehen hat also der Erzähler / die Erzählerin keinen persönlichen Anteil.

Lesen Sie die folgenden Textausschnitte. Der erste Text entstammt der Geschichte „Sabine und der Stammhalter" (Kapitel 1). Der zweite Text ist aus der Geschichte „Mutterglück", die Sie gleich lesen. Identifizieren Sie die Erzählperspektive.

1. „Sabine warf einen unfrohen Blick auf die rote Emilie, die seit drei Wochen unverändert in der Ecke auf dem Bauch lag. Nein. Puppen auch nicht. Sie konnte im Moment keine Puppen ausstehen."
    a. Ich-Erzählerin   **b.** Erzählerin in der dritten Person
2. „Der Schwangerschaftstest ist positiv ausgefallen. ‚Toll', sage ich zu Hanna und freue mich für sie. Nur Hanna freut sich nicht. Sie guckt mich genervt an und weiß plötzlich gar nicht mehr, ob sie ein Kind will."
    a. Ich-Erzählerin   **b.** Erzählerin in der dritten Person

Die Geschichte „Mutterglück" ist eine Ich-Erzählung. Die Ich-Erzählerin erzählt von drei Freundinnen (Ulla, Hanna und Britta). Die drei Frauen haben verschiedene Erfahrungen mit Mutterschaft und unterschiedliche Vorstellungen von der Mutterrolle.

Spekulation

A Bevor Sie die Geschichte lesen, beantworten Sie bitte diese Fragen.

1. Wie stellen Sie sich das Leben mit Kindern vor?
    a. schwer und problematisch
    b. anstrengend, aber schön
    c. nur schön
    d. (Ihre eigene Antwort)

2. Welche Begriffe, glauben Sie, werden in der Geschichte "Mutterglück" vorkommen?
   a. Abtreibung *(abortion)*
   b. Tagesmutter *(daycare provider)*
   c. die sanfte Geburt*
   d. Elternabend
   e. alleinstehende Mutter
   f. die Windel *(diaper)*
   g. Teddy
   h. Wunschkind
   i. Wohngemeinschaft
   j. Strickmuster

B Lesen Sie die Geschichte zweimal. Das erste Mal lesen Sie den Text durch, ohne unbekannte Wörter nachzuschlagen. Das zweite Mal nehmen Sie sich mehr Zeit. Versuchen Sie, unklare Stellen zu entschlüsseln, indem Sie unbekannte Wörter nachschlagen.

---

*Eine Methode, bei der der visuelle, auditive und thermische Streß, welcher das Neugeborene beeinflussen könnte, auf das Minimale reduziert werden soll.

Mutterglück

von Svende Merian

Svende Merian wurde 1955 geboren und lebt in Hamburg. Sie studierte Literatur, Geschichte und Kunstgeschichte. Ihre Werke sind unter anderem: *Der Tod des Märchenprinzen* (1980) und *Mutterkreuz* (1984).

Ulla

Meine Freundin Ulla ist schwanger, Gerd ist ein sehr besorgter werdender Vater. Er reibt ihr den Bauch mit Weizenkeimöl° ein und macht mit ihr zusammen Schwangerschaftsgymnastik.

Wenn Ulla schlapp machen° will und mal wieder keinen Bock auf diese doofen Atemübungen hat,° spornt er sie sehr liebevoll an°: „Nun mal los hier, Ulla, du brauchst das."

Er macht die Übungen sogar mit, damit es ihr mehr Spaß bringt. Die beiden liegen mit hochroten Gesichtern auf dem Teppich und bereiten sich auf die sanfte Geburt ihres Kindes vor. Auch das Kinderzimmer ist schon halb eingerichtet. Die Wickelkommode° und das Kinderbett werden jeden zweiten Tag umgerückt,° weil den beiden dann doch noch wieder eine Lösung eingefallen ist, wie man es praktischer hinstellen könnte. Jetzt sind sie gerade wieder bei einer Kombination angelangt,° die sie vor zwei Wochen schon mal hatten.

Gestern hat Ulla die bunten Gardinen° mit den kleinen Entchen° aufgehängt und wäre dabei fast von der Leiter gefallen, und Gerd hat sehr geschimpft mit ihr, daß sie so was doch jetzt nicht mehr machen soll. Sie soll warten, bis er abends nach Hause kommt, und wehe, er erwischt° sie noch einmal bei einer schweren Arbeit!

Aber nun hängen die Gardinen, eine Spielzeugkiste ist auch schon da, und auf dem Boden liegen verstreut° Häufchen von geliehener Babywäsche.

° *wheat germ oil*

° *schlapp . . . break down*

° *keinen . . . (slang) has no interest in these dumb breathing exercises / spornt an . . . encourages*

° *changing table*
° *moved around*

° *wieder . . . come back to an arrangement*
° *curtains / ducklings*

° *catches*

° *strewn, scattered*

Hanna

Meine Freundin Hanna wünscht sich ein Baby. Sie wohnt in einer Wohngemeinschaft* mit sechs anderen Leuten. Kinder sollten besser in Wohngemeinschaften aufwachsen, dann haben die Eltern ein bißchen mehr Entlastung, und die Kinder haben auch mehr Bezugspersonen. Sechs Leute in einer WG, das ist schon ideal. Da hat sie dann oft jemanden, der zu Hause bleibt, wenn sie mal ohne Kind weg will.

Hanna wartet sehnsüchtig° darauf, schwanger zu werden. Jeden Monat ist sie enttäuscht, wenn sie doch wieder ihre Tage hat.° Als Karin und ich uns verzweifelt über Verhütungsmittel° unterhalten, sitzt Hanna desinteressiert daneben und guckt meine Platten durch.° „Ich brauche keine Verhütungsmittel. Ich will ein Kind. – Legst du mal die auf?"

longingly
wenn . . . (colloq.) when she has her period again after all
birth control devices
guckt . . . looks through my records

Britta

Meine Freundin Britta ist Referendarin.† Sie hatte sich das auch alles ein bißchen anders vorgestellt, als sie Thorsten bekam.

Eigentlich war Thorsten ein Wunschkind, kein geplantes zwar, aber doch ein Wunschkind. Britta und Harald hatten sich wahnsinnig° auf ihn gefreut. In der Schwangerschaft hat Britta sich so wohl gefühlt, wie nie zuvor in ihrem Leben, sagt sie. Ein Jahr später trennten sich Harald und Britta. Es war kaum ein Tag ohne Streit° verlaufen. Thorsten ist ein sehr nervöses Kind.

(slang) very much

quarrel

Ulla

Ulla hat jetzt oft schwangere Freundinnen zu Besuch. Dann gehen die Gespräche um Weizenkeimöl und Stillbüstenhalter,° um Baby-Bettwäsche und Strickmuster.°

„Die werdende Mutter ist jetzt oft verträumt und scheint in einer anderen Welt zu leben", habe ich neulich wieder in einem von diesen ‚Mein erstes Kind'-Büchern gelesen. Aber dieser alte Schinken° aus der Nazi-Zeit scheint recht zu haben. Wenn ich bei diesen Strick-Muster- und Baby-Mützchen°-Diskussionen

nursing bras
knitting patterns

(slang) large, thick book
cap

---

*Eine Wohngemeinschaft (WG) ist eine Gruppe von Personen, die als Gemeinschaft ein Haus oder eine Wohnung bewohnen. Die typische Wohngemeinschaft hat vielleicht drei, vier oder fünf Mitglieder. Meistens sind die Mitglieder zwischen 20 und 30 Jahre alt und machen gerade eine Ausbildung.

†Als Referendar/in hat man sein erstes (wissenschaftliches) Examen an der Universität abgelegt und unterrichtet bereits an einer Schule. Dort bereitet man sich auf das zweite (pädagogische) Staatsexamen vor, welches in der Regel nach zwei Jahren Schuldienst abgelegt wird.

dabeisitze, dann gehöre ich nicht dazu. Die Welt der Baby-Mützchen ist mir unzugänglich.° Ullas Freundinnen wohnen fast alle in Wohngemeinschaften. Die traditionelle Mutterrolle lehnen sie ab.°

inaccessible

lehnen . . . ab reject

Hanna

Der Schwangerschaftstest ist positiv ausgefallen. „Toll", sage ich zu Hanna und
50 freue mich für sie. Nur Hanna freut sich nicht. Sie guckt mich genervt an und weiß plötzlich gar nicht mehr, ob sie ein Kind will. Tage später besucht sie mich noch viel genervter. Sie hat die ersten Gespräche in ihrer Wohngemeinschaft hinter sich. Die waren ganz überrascht und gar nicht mit fliegenden Fahnen dabei,° die Kindererziehung als Gemeinschaftsaufgabe° zu sehen.

mit . . . enthusiastic, fully supportive / team project

55 „Wieso, du hattest die WG doch immer so fest eingeplant bei deinen Kinderplänen. Hast du denn vorher nicht mit denen drüber gesprochen?" „Nee", sagt Hanna nachdenklich, „und Dieter fühlt sich auch überfordert,° plötzlich Vater zu werden."

fühlt . . . also feels overwhelmed, overtaxed

„Wieso plötzlich? – Da ist er ja nun auch nicht ganz unbeteiligt° dran."

not involved

60 „Ich hab' ihm gesagt, daß ich keine Verhütungsmittel mehr nehme und ihm meinen Kalender in die Hand gedrückt, wann fruchtbare° und wann unfruchtbare Tage sind. Aber das hat er scheinbar nicht so ernst genommen."

fertile

Britta

Wenn Britta morgens in die Schule muß, hat sie nur wenig Zeit für Thorsten. Er wird nur schnell gewickelt und gefüttert und bei der Tagesmutter abgegeben.°
65 Nach dem Mittagessen wird er dort wieder abgeholt und zum Mittagsschlaf hingelegt. Manchmal hat Britta auch nachmittags Seminare und läßt dann andere Leute auf Thorsten aufpassen, mal die Oma, mal mich, mal andere Freundinnen. Abends sieht sie Thorsten dann nur kurz, bevor er ins Bett muß. Aber auch an anderen Tagen hat sie oft wenig Zeit für ihn, muß einkaufen, Wäsche waschen,
70 Besorgungen machen,° ist mit ihrer Aufmerksamkeit selten ganz bei dem Kind. Manchmal bekommt Thorsti einen Schmatz° auf die Wange, oder er wird mit einem überschwenglichen° „Fein, Thorsten!" gelobt. Dann lächelt er und hat auf der linken Wange ein kleines Grübchen.° Manchmal erschreckt Britta ihn auch mit einem liebevollen „Bah". Auch das „Bah" endet meistens mit einem kurzen
75 Schmatzer. Dann lächelt Thorsti auch. Aber ansonsten weint Thorsti sehr viel. Er weint, sobald sich Britta nur einen Meter von ihm entfernt und läuft ihr dann schreiend hinterher, weiß nie, ob sie jetzt nur ins Nebenzimmer geht, oder ihn wieder für Stunden allein läßt. Thorsten weint und quengelt° viel mehr als

dropped off

Besorgungen . . . run errands
(slang) kiss, "smacker"
gushing
dimple

whines

andere Kinder. Thorsten quengelt bei den nichtigsten Anlässen.° Thorsten ist ein Kind, das keinen Spaß bringt. – Britta ist genervt, schreit ihn an, schafft ihre Arbeit sowieso kaum. Thorsten weint. „Jetzt ist aber mal Ruhe hier!" schreit Britta.

bei . . . for the most trivial reasons

Ulla

Ulla und Gerd haben sich rechtzeitig um einen Platz in einer Baby-Gruppe gekümmert. Dort soll ihr Kind frühzeitig soziale Kontakte zu anderen Babys knüpfen.° Jede Woche gehen die beiden zu den Elternabenden und diskutieren dort über Kleinkind-Erziehung und richtige Ernährung.° So machen sich die werdenden Eltern mit den Problemen vertraut, die da auf sie zukommen. Einige Eltern von dieser Baby-Initiative ernähren ihre Kinder gesund, mit Demeter-Schlamm* und ungesüßtem Tee. Denn Zucker ist ungesund. Die Kleinen laufen dort schon mit ihren Fläschchen° rum, die einen mit gezuckertem° Tee, die anderen mit ungezuckertem Tee. Eins von den gezuckerten Babies† steckt einem ungezuckerten sein Fläschchen in den Mund. Das ungezuckerte Baby schmeckt plötzlich, wie süß das Leben sein kann, und die gesundheitspädagogischen Erfolge seiner Eltern finden ein abruptes Ende.

make, form

nourishment

baby bottles / sugared

Hätten nicht die Erzieher aufpassen° müssen, daß es dazu nicht kommt? – Oder war es pädagogisch wertvoller, daß ein Kind dem anderen was abgegeben hat?

paid attention

Auf den nächsten Elternabenden wird dieser Fall diskutiert.

Hanna

„Ihr wollt mich auf die Mutterrolle festlegen,° es kann doch sein, daß ich gar nicht die wichtigste Bezugsperson für das Kind werde, es kann doch sein, daß das Kind sich jemand anders als Bezugsperson aussucht. – Ihr wollt mich auf die Mutterrolle festlegen!", wehrt sich Hanna verzweifelt gegen unser reaktionäres Ansinnen.°

mich . . . bind me to the role of a mother

suggestion

„Wozu willst du denn ein Kind?" frage ich ungläubig.

„Ich will einfach nur mit Kindern zusammenleben. Mir ist das egal, ob das meine eigenen sind oder nicht."

Dieter, der werdende Vater, sitzt daneben und meint: „Später, wenn das Kind dann schon aufnahmefähig° für Sachen aus der Umwelt ist, dann könnte ich mir auch vorstellen, was mit ihm zu machen."

receptive

---

*a natural food paste without preservatives, from Demeter, goddess of agriculture in Greek mythology
†**Babies:** englische Schreibweise von **Babys.**

Hanna weiß allmählich gar nichts mehr: ob sie dieses Kind nun will oder nicht.
Hanna weiß nur, daß sie diese Entscheidung bald treffen muß.

Vier Wochen später besuchen wir Hanna im Krankenhaus. Sie ist froh, daß sie abgetrieben hat.°   *abgerieben . . . had an abortion*

Britta

Britta schlägt die Tür hinter sich zu, will schnell noch zur Post. Thorsten steht mit zitternden Mundwinkeln° auf dem Flur, starrt auf diese große weiße Wohnungstür, die sich gerade hinter Mama geschlossen hat, starrt auf die Tür, wankt ziellos einige Schritte hin und her, starrt auf den Teppichboden, auf die Tür, auf mich, drückt sich an die Wand, pult° lustlos mit dem Finger an der Tapete,° weint nicht, denn er hat gelernt, daß Weinen nichts nützt. Mama ist weg. Wie lange? Das weiß er nicht. Die Teddies* und Bilderbücher, die ich ihm hinhalte, interessieren ihn ebensowenig die Tatsache, daß ich überhaupt da bin. Mama ist weg.

zitternden . . . trembling corners of his mouth

stick into, bore / wallpaper

Erst als sie wiederkommt, weint er, und läßt sich auch durch einen Schmatz auf die Wange nicht beruhigen.°

be comforted, reassured

Beim Abendbrot erzählt Britta, daß die Tagesmutter ihn nun langsam ans Töpfchen° gewöhnen will. Britta möchte das lieber selber machen. Wenn die Tagesmutter da was falsch macht, dann hat er vielleicht nachher sexuelle Störungen.° Britta hat Pädagogik studiert.

potty

disorders

Thorsten verteilt° die Leberwurst, die er eigentlich essen sollte, mit den Händen an der Tapete. „Meinst du nicht, daß er allmählich lernen müßte, daß Lebensmittel . . . also ich glaube, er müßte das allmählich unterscheiden lernen."

spreads

„Ich finde es wichtig, daß er seine taktile Phase ausleben kann", antwortet Britta mir.

***Teddies:** englische Schreibweise von **Teddys.**

Diskussion zum Thema

A Zum Textverständnis. Gliedern Sie mit Ihrem Nachbarn oder Ihrer Nachbarin die folgenden Ausdrücke unter die richtige Figur in der Tabelle ein.

1. Harald und sie haben sich getrennt.
2. die sanfte Geburt
3. eine Wohngemeinschaft
4. ein Wunschkind, aber kein geplantes
5. Strick-Muster- und Baby-Mützchen-Diskussionen
6. Dieter war überfordert.
7. Baby-Gruppe / Baby-Initiative
8. eine Abtreibung / hat abgetrieben
9. Referendarin
10. Schwangerschaftsgymnastik
11. einen Schwangerschaftstest
12. Kleinkind-Erziehung
13. die Teddys und Bilderbücher
14. Gerd war besorgt um sie.
15. bei der Tagesmutter abgeben
16. Kindererziehung als Gemeinschaftsaufgabe
17. Thorsten weint und quengelt sehr viel.
18. unentschieden

Ulla	Hanna	Britta
		Harald und sie haben sich getrennt.

B Beschreiben Sie jede Frau mit Stichwörtern und Ausdrücken. Mit Ihrem Partner oder Ihrer Partnerin schreiben Sie dann eine kurze Darstellung von jeder Frau.

C Meinungsaustausch. Lesen Sie die Geschichte noch einmal durch. Bereiten Sie Ihre Antworten (entweder schriftlich oder mündlich) auf diese Fragen vor. Sagen Sie dann Ihren Mitstudenten Ihre Meinung.

1. Die Geschichte heißt „Mutterglück". Wie verstehen Sie diesen Titel? Sind alle Frauen froh, Mutter zu werden?

2. Stimmen Sie mit den folgenden Aussagen über die Figuren überein? Warum oder warum nicht?
   a. Gerd und Ulla sind ideale Eltern.
   b. Britta ist keine gute Mutter.
   c. Hanna hat die richtige Entscheidung getroffen.

3. Die Erzählerin berichtet: „Ullas [schwangere] Freundinnen wohnen fast alle in Wohngemeinschaften. Die traditionelle Mutterrolle lehnen sie ab." (Z. 47–48)

   Wie definieren Sie „die traditionelle Mutterrolle"? Ist die traditionelle Mutter verheiratet? Mit wem wohnt sie zusammen? Mit wem erzieht sie das Kind? Arbeitet sie oder bleibt sie mit dem Kind zu Hause?

4. Vergleichen Sie die drei Männer in der Geschichte als Väter oder werdende Väter: Gerd (Ulla), Harald (Britta) und Dieter (Hanna). Wer ist
   a. innerlich beteiligt oder unbeteiligt?
   b. begeistert oder gleichgültig?
   c. überzeugt oder unsicher und ängstlich?
   d. verantwortungsvoll oder verantwortungslos?

   Kennen Sie Männer, die ähnlich auf Vaterschaft reagieren? Nach welchem Typus (Gerd-Harald-Dieter) können Sie diese Bekannten oder Freunde charakterisieren? Warum?

D Kindererziehung in der WG. Hanna meint, „Kinder sollten besser in Wohngemeinschaften [WGs] aufwachsen, dann haben die Eltern ein bißchen mehr Entlastung, und die Kinder haben auch mehr Bezugspersonen." (Z. 22–24) Sind Sie mit Hannas Meinung einverstanden?
   Gliedern Sie zusammen mit Ihrem Gesprächspartner oder Ihrer Gesprächspartnerin die folgenden Aussagen als Argumente für oder gegen Kindererziehung in einer WG ein.

1. Nicht alle Menschen in der WG haben Kinder gern.
2. Die Personen in der WG ersetzen die Tanten und Onkel, die weit weg wohnen.
3. Große Wohnungen (vor allem in den Großstädten) sind schwer zu finden.
4. Zu viele Menschen in einer Wohnung können Spannungen erzeugen.
5. Die Kosten eines Babysitters werden gespart.
6. Einzelkinder haben Ersatzschwestern und -brüder.
7. Kinder brauchen feste Bezugspersonen. Wenn einer in der WG auszieht, wird das Kind traurig sein.
8. Verschiedene Vorstellungen von Kindererziehung können Probleme machen.
9. Eltern von Kindern teilen die Kosten für Kindersachen, wie z.B. Kleidung und Spielzeuge, und sparen dadurch Geld.
10. Eltern von Babys und Kleinkindern helfen sich gegenseitig, damit das kleine Kind nicht so früh in die Kinderkrippe muß.

ARGUMENTE DAFÜR	ARGUMENTE DAGEGEN

E **Allgemeine Fragen zum Text**

1. Wer ist die Erzählerin? Ist ihre Darstellung von den drei Frauenfiguren subjektiv oder objektiv? Welche Gefühle zeigt die Erzählerin für die drei Frauen? Wärme, Begeisterung, Mitleid, Distanz, Kritik? Zeigen Sie Beispiele aus dem Text, die Ihre Meinung unterstützen.
2. Die Ich-Erzählerin übt eine gewisse Kritik an jeder Freundin aus.
   a. Was kritisiert die Erzählerin an Ulla? An Hanna? An Britta?
      (1) Sie hat wenig Zeit für ihr Kind.
      (2) Sie ist verträumt und denkt nur an das Baby.
      (3) Sie weiß nicht, was sie will.
   b. Sind Sie mit der Kritik der Ich-Erzählerin einverstanden? Warum oder warum nicht?
3. Können Sie sich mit einer Figur in dieser Geschichte identifizieren? Würden Sie sich wie Hanna und Dieter durch ein Kind überfordert fühlen? Oder haben Sie keine Angst wie Ulla und Gerd? Glauben Sie, daß es sehr schwer wird, ein Kind allein zu erziehen (so wie Britta)? Geben Sie Gründe für Ihre Antworten.

KULTUR-RUNDSCHAU

In der Geschichte erfahren wir, daß Hanna sich zu einer Abtreibung entscheidet. Vor der Wiedervereinigung war eine Abtreibung in der ehemaligen DDR legal und einfach, während in der Bundesrepublik eine Frau nur unter bestimmten Bedingungen abtreiben konnte. 1993 hat der Bundestag (das deutsche Parlament) ein neues Gesetz verabschiedet (*passed a new law*), das für das vereinigte Deutschland gelten soll. Nach dem neuen Gesetz ist eine Abtreibung innerhalb der ersten acht Wochen prinzipiell straffrei. Bedingung ist jedoch, daß die abtreibungswillige Frau sich vorher einer intensiven Beratung (*consultation*) unterziehen muß, bei der sie auch über die möglichen Alternativen zu einer Abtreibung informiert wird.

- Was halten Sie von Abtreibung? Soll Abtreibung legal oder illegal sein? Soll eine Frau völlig frei oder nur unter bestimmten Bedingungen abtreiben können? Wenn ja, unter welchen Bedingungen?
- Wie ist das Abtreibungsgesetz in Ihrem Land? Sind Sie damit einverstanden, oder glauben Sie, es soll geändert werden?

Stil und Sprache

Wörter und Ausdrücke

Substantive
die Bezugsperson, -en child's role model
der Elternabend, -e parents' evening
das Muster, - model, pattern
die Rolle, -n role
die Schwangerschaft, -en pregnancy
das Spielzeug, -e toy
die Tagesmutter, ⸚ female daycare provider

Verben
(bei jemandem) ab•geben to leave off (with someone)
(auf jemanden) auf•passen to take care (of someone)
aus•fallen to come out (a result); to fall out
sich (um etwas/jemanden) kümmern to look after, take care of, see to (something or someone)
(über etwas) sprechen to speak (about something)
stricken to knit
sich (auf etwas) vor•bereiten to prepare oneself (for something)
wohnen to live, reside

Ausdruck
keinen Bock auf etwas haben to have no (momentary) interest in something

A **Wortschatz.** Welche zusammengesetzten Substantive kommen in der Geschichte vor? Erinnern Sie sich daran, daß das letzte Wort das Geschlecht bestimmt.

BEISPIEL: das Baby + die Wäsche = die Babywäsche

die Mutter	die Gemeinschaft
der Bezug*	die Kiste
die Schwangerschaft*	die Mutter
die Eltern	der Test
wohn(en) +	die Rolle
strick(en)	das Mittel
die Verhütung*	die Person
der Tag†	der Abend
das Spielzeug	das Muster

Setzen Sie jetzt das richtige Wort in die Lücke ein.

1. Hannas _____ ist positiv ausgefallen.
2. Britta gibt Thorsten bei der _____ ab.

---

*Vorsicht! Wenn dieses Wort mit einem anderen Wort kombiniert wird, muß man ein **-s-** hinzufügen.
†Wenn **Tag** mit einem anderen Wort kombiniert wird, muß man **-es-** hinzufügen.

3. Hanna wohnt mit sechs Leuten in einer _____.

4. Ulla und Dieter haben schon eine _____ für das Baby gekauft.

5. Kinder, die in einer Wohngemeinschaft aufwachsen, haben mehrere _____.

6. Ulla und Dieter gehen jede Woche zu den _____ und diskutieren dort über Kleinkind-Erziehung.

7. Da Hanna schwanger werden wollte, hat sie kein _____ _____ mehr genommen.

8. Ullas Freundinnen wohnen fast alle in Wohngemeinschaften. Sie lehnen die traditionelle _____ ab.

9. Ulla und ihre schwangeren Freundinnen unterhalten sich über Baby-Bettwäsche und _____.

Präpositionen

In der Geschichte „Mutterglück" kommt die Konstruktion Verb + Präposition oft vor. Beispiele sind **sich auf etwas vorbereiten** und **über etwas sprechen**.

B In den folgenden Sätzen unterstreichen Sie das Verb und die Präposition, und geben Sie an, ob die Präposition Dativ (*Dat.*) oder Akkusativ (*Akk.*) nach sich zieht. Wie lautet der Ausdruck? Was bedeutet der Ausdruck? Übersetzen Sie den Ausdruck in Ihre Muttersprache.

BEISPIEL: Ulla hat wieder keinen Bock auf die Atemübungen (Z. 4–5).
Der Ausdruck lautet: auf etwas (*Akk.*) keinen Bock haben
Das bedeutet (auf englisch): *to have no (momentary) interest in something*

1. Sie bereiten sich auf die sanfte Geburt ihres Kindes vor.* (Z. 8–9)

    Der Ausdruck lautet: _____

    Der Ausdruck bedeutet: _____

---

*Aufpassen! Ein reflexives und trennbares Verb.

2. Britta und Harald haben sich wahnsinnig auf das Kind gefreut. (Z. 35)

   Der Ausdruck lautet: _____

   Der Ausdruck bedeutet: _____

3. Hast du denn vorher nicht mit denen darüber gesprochen? (zwei Präpositionen) (Z. 56)

   Der Ausdruck lautet: _____

   Der Ausdruck bedeutet: _____

4. Andere Leute passen auf Thorsten auf. (Z. 66–67)

   Der Ausdruck lautet: _____

   Der Ausdruck bedeutet: _____

5. Ulla und Gerd haben sich rechtzeitig um einen Platz in einer Baby-Gruppe gekümmert. (Z. 82–83)

   Der Ausdruck lautet: _____

   Der Ausdruck bedeutet: _____

C Kommunikation. Stellen Sie Ihrem Partner oder Ihrer Partnerin folgende Fragen. Benutzen Sie die du-Form, falls sie passender ist.

1. Worauf bereiten Sie sich zur Zeit vor? Auf eine Prüfung? Auf ein Abschlußexamen? Auf eine Rede? usw.
2. Worauf freuen Sie sich? Auf den Studienabschluß? Auf einen Besuch? Auf ein Treffen? Auf ein Essen? usw.
3. Mit wem sprechen Sie über diese Dinge: Über Ihr Privatleben? Über das Studium? Über Ihre Familie?
4. Passen Sie auf jemanden auf? Machen Sie Babysitting?
5. Worum kümmern Sie sich? Um Ihr Studium? Um Ihre Familie? Um ein Kind? Um ein Haustier?

D Bei oder mit? In der Geschichte „Mutterglück" kommen viele Sätze mit den Präpositionen **bei** oder **mit** vor. Was ist der Bedeutungsunterschied zwischen **bei** und **mit**? Setzen Sie in den folgenden Sätzen die richtige Präposition in die Lücke ein. Vergleichen Sie Ihre Antwort dann mit dem Originaltext. Die Textstelle ist nach jedem Satz angegeben.

1. Gerd reibt Ulla den Bauch _____ Weizenkeimöl ein und macht _____ ihr zusammen Schwangerschaftsgymnastik. (Z. 2–3)
2. Hanna wohnt in einer WG _____ sechs anderen Leuten. (Z. 21–22)

3. Wenn ich [die Ich-Erzählerin] _____ diesen Strick-Muster- und Baby-Mützchen-Diskussionen dabeisitze, dann gehöre ich nicht dazu. (Z. 45–46)
4. Die WG war gar nicht _____ fliegenden Fahnen dabei, die Kindererziehung als Gemeinschaftsaufgabe zu sehen. (Z. 53–54)
5. „Wieso, du [Hanna] hattest die WG doch immer so fest eingeplant _____ deinen Kinderplänen." (Z. 55–56)
6. Thorsten wird _____ der Tagesmutter abgegeben. (Z. 63–64)
7. Britta ist _____ ihrer Aufmerksamkeit selten ganz _____ dem Kind. (Z. 70)
8. Thorsten quengelt _____ den nichtigsten Anlässen. (Z. 79)
9. Thorsten steht _____ zitternden Mundwinkeln auf dem Flur. (Z. 113–114)

E Sprachübung. Wie stellt man eine Frage mit den Präpositionen **bei** und **mit**?

Für Gegenstände muß man **wobei** oder **womit** benutzen.
Für Personen muß man **bei wem** oder **mit wem** benutzen.

Stellen Sie zu jedem Satz aus **Übung D** (mit Ausnahme der Sätze 3 und 7) Fragen mit den Präpositionen **bei** oder **mit**. Fragen Sie Ihren Gesprächspartner oder Ihre Gesprächspartnerin nach der Antwort.

BEISPIEL: Gerd reibt Ulla den Bauch _____ Weizenkeimöl ein. →
Frage: Womit reibt Gerd Ulla den Bauch ein?

VOM LESEN ZUM HANDELN

Kurz inszeniert

Lesen Sie die folgenden Situationen und finden Sie heraus, wie viele Personen für die Inszenierung nötig sind. Teilen Sie die Rollen unter Ihren Mitstudenten auf. Sie können den Verlauf des Rollenspiels schon vorher planen, bevor Sie es im Kurs vorspielen (oder mit einer Videokamera aufnehmen). Oder improvisieren Sie ganz einfach. Nach den Situationen sind mögliche Redewendungen angegeben, die Sie in Ihrem Rollenspiel verwenden können.

A Was machen Sie? Sie wohnen mit anderen Studenten in einer Wohngemeinschaft. Sie erfahren, daß Sie ein Kind bekommen. Ihr Partner will das Baby nicht, denn er möchte sein Studium fertig machen und will diese Verantwortung nicht haben. Werden Sie das Baby austragen oder nicht? Wie werden Sie das Baby finanziell unterstützen? Was machen Sie mit dem Studium? Wie reagieren die Studenten in Ihrer WG auf Ihre schwierige Situation? Sie sitzen mit Ihren Mitbewohnern zusammen und diskutieren das Problem mit ihnen. Alle haben verschiedene Meinungen.

REDEWENDUNGEN

Wenn man jemandem gratulieren will, sagt man:
    Herzlichen Glückwunsch!
    Ich gratuliere dir!
    Ich wünsche dir alles Gute.

Wenn man sich mit einer Person mitfreut, sagt man:
    Das ist ja toll für dich!
    Ich freue mich sehr für dich!
    Wie schön für dich!

Andererseits! Wenn man von einer Sache nicht begeistert ist, sagt man:
    Weißt du, eigentlich bin ich nicht so begeistert davon!
    Sag mal, was hast du dir denn dabei gedacht?
    Mensch, ich finde das überhaupt nicht gut!
    Da mache ich nicht mit!
    Schade!
    Du tust mir leid!

B ▶ Elternabend. Sie und Ihr Partner gehören zu einer Baby-Initiative und diskutieren mit anderen Eltern über Kleinkinderziehung. Sie besprechen die folgenden Fragen.

1. Wo soll man das Kind gebären? Zu Hause oder im Krankenhaus?
2. Soll man eine Hebamme (*midwife*) oder eine Ärztin nehmen?
3. Soll die Mutter das Baby stillen? Oder bekommt das Baby eine Flasche?
4. Soll die Mutter oder der Vater den Beruf für eine Zeitlang aufgeben und sich um das Baby kümmern?
5. Was ist besser für das Kleinkind: eine Tagesmutter oder eine Kinderkrippe (*daycare center*)? Ab welchem Alter?
6. Wie diszipliniert man das Kind? Durch einen Klapps auf den Hintern? Oder mit Worten?

REDEWENDUNGEN

Wenn man seine eigene Meinung ausdrückt, kann man sagen:
    Ich meine, man sollte/müßte eigentlich . . .
    Ich glaube, daß . . .
    Ich bin der Meinung/Ansicht, daß . . .
    Es hängt davon ab, ob . . .

Wenn man mit der Meinung eines anderen einverstanden ist, sagt man:
    Ich bin mit Ihnen (mit dir) völlig einverstanden.
    Sie haben (Du hast) recht.
    Das stimmt.
    Ich glaube das auch.

Wenn man mit der Meinung der anderen nicht einverstanden ist, sagt man:
    Das ist ja Unsinn!
    Quatsch! (umgangssprachlich)
    Nein, ich glaube eher, daß . . .
    Da bin ich nicht deiner/Ihrer Meinung.
    Da stimme ich nicht mit dir/Ihnen überein.
    Das sehe ich aber ganz anders.

Mitdenken–Mitschreiben

A **Brittas Tagesablauf.** Stellen Sie sich vor, Sie seien Britta. Sie beschreiben in einem Brief an einen Freund oder eine Freundin Ihren Tagesablauf. Wann stehen Sie auf? Was machen Sie, bevor Sie Thorsten zu der Tagesmutter bringen? Wie benimmt sich Thorsten? Was denken Sie über sein Benehmen? Wann holen Sie ihn wieder ab? Was machen Sie mit ihm abends? Wann geht er ins Bett?

B **Kindheitsbeschreibung.** In Deutschland lehnen viele Frauen die traditionelle Mutterrolle ab. Viele deutsche Mütter geben beispielsweise ihr Berufsleben nicht auf, wenn sie Kinder kriegen. Es kommt auch manchmal vor, daß alleinstehende Mütter zusammenziehen und die Kinder gemeinsam erziehen. Viele Mütter und Väter (knapp 1,5 Millionen) leben aber allein mit ihrem Kind.

    Beschreiben Sie Ihre Kindheit. Sind Sie Einzelkind oder haben Sie Geschwister? Haben Ihre Eltern außerhalb des Hauses gearbeitet? Hat Ihre Mutter ihren Beruf aufgegeben, als sie ein Kind oder Kinder bekam? Wurden Sie von beiden Eltern gemeinsam erzogen, oder lebten Sie mit einem Elternteil? Haben Sie eine Tagesmutter gehabt? usw.

C **Eine wichtige Bezugsperson.** Wer war eine wichtige Bezugsperson für Sie, als Sie ein Kind waren? Beschreiben Sie diese Person. Wie sah er/sie aus? Was für eine Person war er/sie? Was hat diese Person gemacht? Warum war er/sie so wichtig für Sie? Was hat er/sie für Sie getan?

3 Familienleben

Unterhaltungen am häuslichen Herd

VORSCHAU

Lebensweisen

Lesen Sie das Lied der Liedermacherin Kristin Horn (1966).

von Kristin Horn

68 Lebensjahre

Achtundsechzig
Lebensjahre,
davon Dienst fünfzig Jahre.
Und nun frei von der Kandare.°   *slave work*
5 Morgens Freiheit,
Mittags Freiheit.
Abends Fernsehen.

Achtundsechzig
Lebensjahre,
10 davon Ehe vierzig Jahre
humanum est errare°   *humanum . . . (Latin) to err is human*
Morgens Trudchen,°   *female name*
Mittags Trudchen,
Abends Fernsehen,
15 dann zu Bett gehen.

Achtundsechzig
Lebensjahre,
davon Trauer zwanzig Jahre.
Zwei Söhne auf der Bahre.°   *bier*
20 Morgens Fotos,
Mittags Fotos,
Abends Fernsehen,
dann zu Bett gehen
und zur Wand drehen.

25 Achtundsechzig
Lebensjahre,
davon Ruhe drei Jahre,
Reihenhaus und dünne Haare.
Morgens müde,
30 Mittags müde,
Abends Fernsehen,
dann zu Bett gehen
und zur Wand drehen.
Morgens aufstehen.

A **Stimmt das oder stimmt das nicht?** Kreuzen Sie an, ob die folgenden Aussagen mit dem Liedtext übereinstimmen oder nicht. Unterstreichen Sie die Textstellen, die Ihre Meinung unterstützen.

	STIMMT	STIMMT NICHT
1. Der Mann hat seinen Beruf gern ausgeübt.	☐	☐
2. Der Mann war unglücklich verheiratet.	☐	☐
3. Der Mann hat beide Söhne verloren.	☐	☐
4. Der Mann lebt glücklich im Ruhestand.	☐	☐

B **Lebenslauf.** Das Lied behandelt den Lebenslauf eines 68jährigen Rentners. Lesen Sie das Lied noch einmal durch, und schreiben Sie mit Ihren eigenen Worten in die Lücken ein, was dem Rentner in jedem angegebenen Alter passiert ist.

- 68 Jahre alt
- 65 Jahre alt: _____
- 48 Jahre alt: _____
- 28 Jahre alt: _____
- 18 Jahre alt: *Er hat angefangen zu arbeiten.*
- 0

C Umkreisen Sie die Wörter im Lied, die das Alltagsleben des Rentners beschreiben. Schreiben Sie Ihre eigenen Wörter dazu. Kennen Sie ein Rentnerpaar, das einen ähnlichen Lebensstil führt?

traurig   freudlos   problemlos   energisch
leer   ruhig   lustig   friedlich
                    ?
langweilig   abwechselnd
      ?   ?   hektisch

D **Wie ist Ihr Alltagsleben?** Wann stehen Sie auf? Um wieviel Uhr frühstücken Sie? Wann haben Sie Deutschunterricht? Füllen Sie stichwortartig den Stundenplan aus.

	MONTAG	DIENSTAG	MITTWOCH	DONNERSTAG	FREITAG
8 Uhr	aufstehen, Kaffee trinken				
9 Uhr	mich anziehen, losfahren				
10 Uhr	Seminar: Soziologie 101				
11 Uhr					
12 Uhr					
13 Uhr					
14 Uhr					
15 Uhr					
16 Uhr					

Vergleichen Sie Ihren Alltag mit dem des Rentners. Machen Sie immer das gleiche? Mit welchen Adjektiven aus **Übung C** würden Sie Ihren Alltag beschreiben? Sind Sie mit Ihrem Lebensstil zufrieden? Wenn nicht, wie würden Sie Ihr Leben anders gestalten?

E **Kommunikation.** Sie und drei Mitstudenten aus dem Deutschunterricht möchten für eine Prüfung zusammen lernen. Die Prüfung ist am Freitag morgen, und Sie möchten sich zweimal in der Woche für zwei Stunden treffen, und zwar vor 18 Uhr, denn abends ist es nicht möglich. Versuchen Sie, anhand Ihres Stundenplans zwei zweistündige Termine auszumachen.

Einführung in das Thema

Literarisches Konzept: Stil und Schreibweise

An jedem Text kann man den Stil oder die Schreibweise des Autors oder der Autorin erkennen. Elemente, die den Schreibstil bestimmen, können zum Beispiel Satzbau, Wortschatz oder der Gebrauch von Symbolen, Allegorien usw. sein. Manche Autoren und Autorinnen sind für einen bestimmten Stil bekannt. Zum Beispiel gehört zum Stil des berühmten deutschen Schriftstellers Thomas Mann ein gebildeter und großer Wortschatz sowie lange, komplizierte Sätze. Hier ist ein Beispiel:

> Sie [Die Hausfrau] denkt an die Eier, die heute unbedingt eingekauft werden müssen, und spricht davon: von den Sechstausend-Mark-Eiern, die nur an diesem Wochentage von einem bestimmten Geschäft, eine Viertelstunde von hier, in bestimmter Anzahl abgegeben werden, und zu deren Entgegennahme sich die Kinder unmittelbar nach Tische vor allem anderen aufmachen müssen.*

In der folgenden Geschichte ist der Stil der Autorin Elisabeth Alexander auch sehr erkennbar. Lesen Sie den ersten Absatz. Wie würden Sie den Stil beschreiben? Wie ist der Satzbau? Wie ist der Wortschatz?

> Sie kochte gut. Sie putzte gut. Sie konnte auch gut backen. Die Familie wußte das. Jeden Mittag lockte ein appetitlicher Geruch die Esser schneller die Treppe hinauf.

▶ Beantworten Sie die folgenden Fragen über den Stil der Autorin Elisabeth Alexander.

1. Ist der Stil gefühlvoll oder sachlich?
2. Ist der Wortschatz gebildet oder einfach?
3. Ist der Satzbau kompliziert oder kurz und einfach?
4. Hört sich dieser Absatz wie lyrische Prosa oder wie ein Bericht an?
5. Welche Wirkung hat ein Berichtsstil auf den Leser? Fühlt sich der Leser dadurch angesprochen oder eher distanziert?
6. Vergleichen Sie das Alexander-Zitat mit dem Zitat von Thomas Mann. Welche Stilunterschiede stellen Sie fest?

---

*Thomas Mann. „Unordnung und frühes Leid". *Die Erzählungen*. Band 2. Frankfurt am Main: Fischer Taschenbuch, 1975. S. 475.

Spekulation

In der folgenden Geschichte wird das äußerliche Alltagsleben einer bürgerlichen Familie in den alten Bundesländern (Westdeutschland) kurz dargestellt. Spekulieren Sie, ohne den Text zu lesen.

1. Wie, glauben Sie, sieht das Alltagsleben dieser Familie aus?
2. Was macht die Frau zu Hause?
3. Was macht der Mann?
4. Was macht die Familie in ihrer Freizeit?
5. Hat die Frau Eigeninteressen?

von Elisabeth Alexander

Familie in Kürze

Elisabeth Alexander wurde am 21. August 1922 in Linz am Rhein als zweitälteste von neun Kindern geboren. Seit 1946 lebt sie in Heidelberg, wo sie das Abendgymnasium und die Hochschule für Musik und Theater besuchte. Seit 1970 ist sie freie Schriftstellerin. Lese- und Vortragsreisen führten Elisabeth Alexander in die USA, nach Kanada und in europäische Länder. Sie ist Dozentin für Sprache und Literatur an verschiedenen Akademien und Volkshochschulen.

Ihre Themen handeln von dem „allgemeinen Menschen—nicht dem besonderen." Über ihre Kurzgeschichte „Familie in Kürze" schrieb Alexander folgendes:

„Familie in Kürze" ist ein absolutes Beispiel meiner Beobachtungslust—ich atme die Atmosphäre einer Familie, ich stelle mich ganz und gar in die von mir geschriebenen Personen. An der Schreibmaschine sitzend, ahme ich die Gesten und Mimen der Figuren nach, um sie lebensecht vorzustellen, darzustellen.

Die Wohnung dieser „Familie in Kürze" habe ich zweimal betreten, aber nur das Wohnzimmer. Andere Räume lernte ich nie kennen. Aber den Ablauf der familiären Geschehnisse stellte ich mir so vor. Eines Tages klingelte eine Frau aus der Nachbarschaft, die mich unbedingt sprechen wollte. Sie sagte, sie habe „Familie in Kürze" gelesen und wolle wissen, ob ich sie damit gemeint hätte. Natürlich war ich sehr verblüfft (*amazed*) und beruhigte sie, daß sie nicht gemeint war.

Ich war deshalb verblüfft, weil diese Frau und ihre Familie auch die „Familie in Kürze" hätten sein können. . . .

Sie kochte gut. Sie putzte gut. Sie konnte auch gut backen. Die Familie wußte das. Jeden Mittag lockte° ein appetitlicher Geruch die Esser schneller die Treppe hinauf.   *lured*

Die Bücher standen akkurat im Regal. Die Fernsehillustrierten wurden eine zeitlang aufgehoben.° Ordentlich lagen sie im Zeitungsständer.

Jede Woche kamen zwei Kasten Bier und ein Kasten Sprudel.° Die Schuhe der Kinder waren geputzt. Die Bügelfalten des Mannes waren korrekt. Die Hemden ohne Flecken am Kragen. Er war Abteilungsleiter.°

Sein Auto war sauber und der Motor genauso gepflegt. Der Mann liebte das. Seine Frau war stolz auf das Auto. An Sonntagen zog sie bedächtiger° den Rock an, wenn sie sich hineinsetzte. Sie fuhren rund um den Wohnort. In einen Waldort, zu Tanten, Onkel, Geburtstagen. Manchmal zu einem Volksfest. Das sahen die Nachbarn erst bei der Rückkehr. Der Kleinste brachte dann einen prallgeblasenen Luftballon heim.

Die Frau ging jeden Morgen einkaufen. Die Kinder brachte sie bis zur Ecke, von wo ab der Weg zur Schule, zum Kindergarten sozusagen ungefährlich war.

Sie überlegte vorher, ließ sich nicht beschwatzen° oder durch Plakate verleiten,° über ihr Einkaufsnetz° hinauszukaufen. Nie ging sie langsam. Vielleicht spazierte sie auch so.

Die Stimmen der Familienmitglieder waren etwas lärmend°. Der Mann sprach eindringlich.° Wohldosiert.° Mit optimistischen und pessimistischen Lebensanschauungen gemischt. Er konnte das meiste noch psychologisch untermalen.°

Er dachte auch sicher schon einmal an Frauen. Aber das Bild seiner Frau ging ihm nie aus dem Sinn.° Sie kochte in der Tat wunderbar.

Er gab das Geld ihr. Die Miete wurde gleich von der Bank überwiesen.° Er machte keine Überstunden. Es reichte. Sein Bier stand im Keller. Auch Wein. Den bekam er von einem Weingut geschickt. Zweimal im Jahr fünfzig Flaschen. Gewöhnlichen kaufte er im Discountgeschäft. Mit dem Auto war das leicht, bequem und eine billige Einkauferei geworden.

Nicht alle Kinder fuhren mit in Urlaub. Die größeren begannen, eigene Interessen zu haben. Sie mußten Sprachen lernen. Dazu gab es das Ausland. Außerdem war es sparsamer.

Die Frau liebte Operettenmusik. Die Jungen sammelten Schallplatten. Das Mädchen klebte sich die Stars an die Wand. Der Mann liebte Klavier. Es ist so beständig.° Wenigstens das, was er spielte.

Ölblumen hingen an der Wand im Wohnzimmer. Und auf dem großen Teppich lag eine richtige echte Brücke. Staubputzen tat die Frau alles jeden Tag. Eigentlich lag nie etwas herum. Nicht einmal Kleidungsstücke. In der Mitte auf dem Tisch standen die meiste Zeit frische Schnittblumen. Aber eines Tages wurden sie durch Plastikblumen ersetzt. Und die wurden einmal im Monat durch Rei° gezogen, und sie blühten neu. Und nie brannte ein Essen an.

Der Mann konnte trotzdem laut schimpfen. Es schallte° an den Wänden hoch und hinab. Verstehen konnten es die anderen Hausbewohner kaum. Aber es war so mächtig gekonnt, das Brüllen der Wörter. Der Mann liebte das auch. Im Sommer standen die Fenster offen. Es war ein akustischer Film dann.

Auf dem Balkon goß die Frau jeden Tag die Geranien. Vielleicht waren es jedes Jahr dieselben. Vom Fernsehen lernten sie viel. Sie sahen es den anderen so gern ab. Die so schön vormachten.°

brand of detergent

sounded

Sie . . . They liked to copy the others (on television) who could do it so well.

Diskussion zum Thema

A Zum Textverständnis. Was machte die Hausfrau in der Geschichte „Familie in Kürze", damit der Haushalt in Ordnung bleibt? Setzen Sie die passenden Verben in die Lücken ein. Welches Verb müssen Sie zweimal benutzen?

ab•stauben	bügeln	kaufen	stellen
auf•räumen	gehen	ordnen	verwalten
backen	gießen	putzen	ziehen

BEISPIEL: Sie _kochte_ das Essen.

1. Sie _____ das Haus.
2. Sie _____ Brot und Kuchen.
3. Sie _____ die Möbel _____ . (trennbares Verb)
4. Sie _____ die Bücher und Illustrierten.
5. Sie _____ Bier und Sprudel.
6. Sie _____ die Schuhe der Kinder.
7. Sie _____ die Hemden des Mannes.
8. Sie _____ einkaufen.
9. Sie _____ das Geld.
10. Sie _____ alle Z _____ . (trennbares Verb)
11. Sie _____ frische Blumen oder Plastikblumen auf den Tisch.

12. Sie _____ die Plastikblumen monatlich durch Rei.

13. Sie _____ die Geranien auf dem Balkon.

B **Was macht der Mann?** Vergleichen Sie Ihr Ergebnis in **Übung A** mit den anderen Studenten/Studentinnen. Erzählen Sie dann mit eigenen Worten nach, was der Mann macht. Wie verhält er sich in der Familie? Wie sind die Kinder? Was erfährt der Leser oder die Leserin über sie?

C **Meinungsaustausch.** Diskutieren Sie die folgenden Fragen mit Ihren Mitstudenten.

1. Worauf legen die Frau und der Mann viel Wert? Mit anderen Worten: Was ist für sie wichtig im Leben?
2. Was wissen wir vom „Innenleben" der Frau? Ist sie glücklich?
3. Was erfahren wir vom „Innenleben" des Mannes? Warum brüllt er?
4. Wie würden Sie diese Ehe charakterisieren? Liebt sich das Ehepaar?
5. Welche Rolle spielen die Kinder? Wie alt dürften sie sein? Was machen sie in ihrer Freizeit? Beschreibt die Autorin die Gefühle der Kinder? Wenn ja, was sagt sie? Wenn nein, warum nicht?
6. Wie deuten Sie das Ende: „Vom Fernsehen lernten sie viel. Sie sahen es den anderen so gern ab. Die so schön vormachten."?
7. Was will die Autorin mit diesem Familienbild sagen?
8. Glauben Sie, daß diese Familie ein typisches Beispiel für eine bürgerliche Familie in Deutschland ist? Vergleichen Sie diese Familie mit einer typisch bürgerlichen Familie in Ihrem Land. Arbeitet die Frau zu Hause? Ist der Mann der Hauptverdiener? Verbringen Familien in Ihrem Land ihre Freizeit auf ähnliche Art (z.B. Sonntagsausflüge, gemeinsamer Urlaub, Musikhören)?

D **Allgemeine Fragen zum Text**

1. Wie würden Sie den Erzählstil der Autorin beschreiben (z.B. realistisch, melodramatisch, ironisch)?
2. Wie finden Sie die Geschichte? Können Sie sich vorstellen, ein solches Familienleben zu führen?

KULTUR-
RUNDSCHAU

In der Geschichte „Familie in Kürze" erfahren wir, daß das Geld für die Miete von der Bank überwiesen wird.

In Deutschland ist es nicht üblich, Rechnungen mit Scheck zu bezahlen. Anstatt Schecks auszustellen und sie dem Empfänger (*recipient*) zu schicken, hat man Girokontos (*transfer accounts*). Man füllt einen Überweisungsantrag (*remittance order*) aus und gibt ihn der eigenen Bank, die den angegebenen Betrag dem Konto des Empfängers gutschreibt.* Wenn man die gleiche Summe (wie z.B. die Miete) regelmäßig zahlen muß, beantragt (*applies for*) man bei der Bank oft einen Dauerüberweisungsauftrag (*standing order of remittance*), damit das Geld automatisch und pünktlich bezahlt wird.

- Wie zahlt man in Ihrem Land?
- Mieten Sie Ihre Wohnung oder Ihr Zimmer? Wird Ihre Miete von der Bank überwiesen?

Einrichtung / Änderung / Widerruf

einer

Dauer-Überweisung

Stil und Sprache

Wörter und Ausdrücke

Substantive
das Bankkonto, -s bank account
die Banküberweisung bank transfer
der Geruch, ¨e smell, odor
die Illustrierte, -n illustrated magazine
die Miete, -n rent
das Plakat, -e poster, sign
das Regal, -e bookshelf
die Treppe, -n flight of stairs
das Treppenhaus, ¨er stairway
das Volksfest, -e festival
das Weingut estate vineyard

Verben
ab·stauben to dust
auf·räumen to tidy up
brüllen to roar
bügeln to iron
gießen to water (plants)
ordnen to order
pflegen to take care of, maintain
putzen (sauber·machen) to clean
überweisen to transfer money through a bank
verwalten to administer

---

*den . . . credits the specified amount to the recipient's account

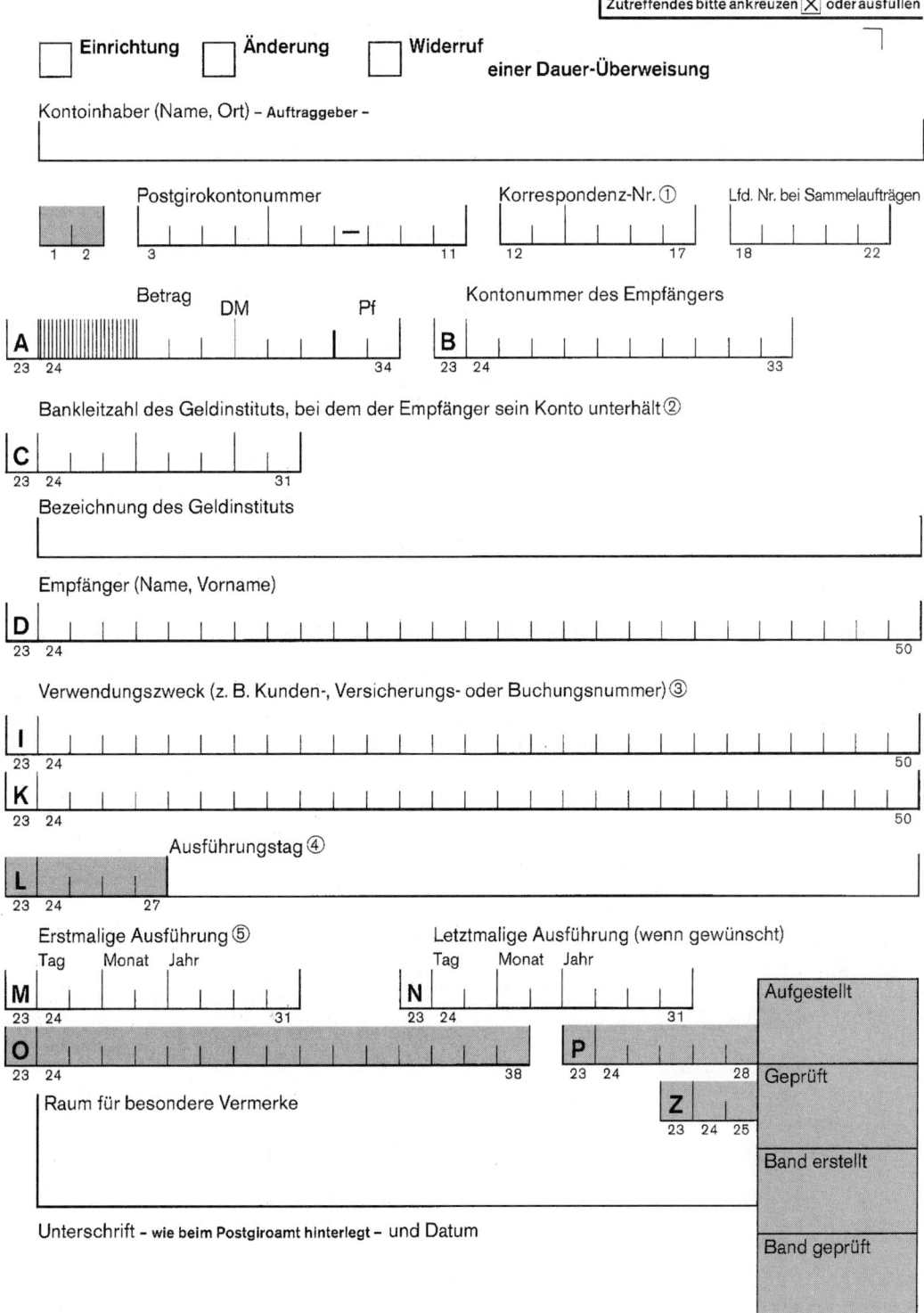

56 KAPITEL 3   Familienleben

A Wortschatz. Umkreisen Sie in jeder Gruppe das Wort, das nicht im Sinne der Geschichte paßt.

BEISPIEL: kochen   Essen   Geruch   (Konto)

1. Auto   gepflegt   Plakate   sonntags
2. Tanten   die Treppe   Onkel   Volksfest
3. Regal   Miete   Bank   überweisen
4. Operettenmusik   Schallplatten   Weingut   Klavier
5. Geranien   Illustrierten   Schnittblumen   Plastikblumen
6. Nachbarn   der Mann   Brüllen   Rei

B Vervollständigen Sie die folgenden Sätze mit den passenden Wörtern aus **Übung A.** Achten Sie auf die richtigen Formen.

BEISPIEL: Die Frau _kochte_ sehr gut. Der _Geruch_ von dem _Essen_ ging durch das Haus.

1. In der Mitte des Tisches standen die meiste Zeit frische _____. Aber eines Tages wurden sie durch _____ ersetzt. Auf dem Balkon goß die Frau jeden Tag die _____.

2. Sie fuhren _____ mit dem _____, das von dem Mann gut _____ war.

3. _____ schimpfte sehr laut. Im Sommer konnten die _____ bei geöffneten Fenster sein _____ hören.

4. Sonntags besuchten sie _____ und _____, und manchmal fuhren sie zu einem _____.

5. Die Frau hörte gern _____. Die Jungen sammelten _____. Der Mann spielte _____.

6. Die _____ wurde gleich von der _____ _____.

C Wohnzimmerbeschreibung. Schauen Sie sich das Bild eines Wohnzimmers in Deutschland an. Identifizieren Sie alle Gegenstände. Inwiefern unterscheidet sich dieses Wohnzimmer von Ihrem Wohnzimmer?

Das Passiv

Das Passiv wird im Deutschen oft gebraucht, wenn die Betonung auf der Handlung oder Aktion und nicht auf dem Täter liegt. Vergleichen Sie die zwei Sätze:

PASSIV	AKTIV
Das Auto wird repariert.	Der Automobilmechaniker repariert das Auto.
Das Haus wird geputzt.	Der Hausmann putzt das Haus.

In den Passivsätzen ist die Tat wichtiger als das Subjekt, das die Tat vollzieht.

D **Was wird im Hause gemacht?** Bilden Sie Sätze im Passiv mit einem passenden Verb (siehe **Übung A, Zum Textverständnis**). Achten Sie auf das Partizip des Verbs. Vergleichen Sie dann Ihre Sätze mit den anderen im Kurs.

BEISPIEL: Das Haus *wird geputzt/aufgeräumt.*

1. Brot und Kuchen _____.
2. Die Bücher und Illustrierten _____.
3. Bier und Sprudel _____.
4. Die Schuhe der Kinder _____.
5. Die Hemden des Mannes _____.
6. Der Boden _____.
7. Frische Blumen _____ auf den Tisch _____.
8. Die Geranien _____ auf dem Balkon _____.

Das Indefinitpronomen es

Man benutzt das Passiv im folgenden Kontext.

FRAGE: Was ist hier los?
ANTWORT: Es wird gearbeitet.

Das Indefinitpronomen **es** funktioniert als „Platzhalter". Wenn ein anderes Wort am Anfang des Satzes steht, dann fällt das **es** aus.

Es wird gearbeitet. *Oder:* **Jetzt wird** gearbeitet.

E *Es* **als Platzhalter.** Setzen Sie die folgenden Sätze ins Passiv.

BEISPIEL: Wir tanzen. →
Passiv: Es wird getanzt.

1. Jetzt kochen wir.

    Passiv: _____

2. Wir machen sauber.

    Passiv: _____

3. Jetzt kaufen wir ein.

    Passiv: _____

4. Wir spülen.

    Passiv: _____

F Kommunikation: Fragen zum Alltagsleben. Stellen Sie Ihrem Gesprächspartner oder Ihrer Gesprächspartnerin die folgenden Fragen.

1. Haben Sie ein Auto / ein Motorrad / ein Fahrrad? Wo wird es überprüft/repariert?
2. Lassen Sie Ihr Altpapier und Ihr Altglas wiederverarbeiten (recyceln)? Wird der Müll abgeholt, oder bringen Sie ihn zu einer Sammelstelle?
3. Wie oft wird in Ihrem Haus geputzt? Welche Hausarbeit machen Sie gern? Welche machen Sie sehr ungern?

VOM LESEN ZUM HANDELN

Kurz inszeniert

Lesen Sie die folgenden Situationen und finden Sie heraus, wie viele Personen für die Inszenierung nötig sind. Teilen Sie die Rollen unter Ihren Mitstudenten auf. Sie können den Verlauf des Rollenspiels schon vorher planen, bevor Sie es im Kurs vorspielen (oder mit einer Videokamera aufnehmen). Oder improvisieren Sie ganz einfach. Nach den Situationen sind mögliche Redewendungen angegeben, die Sie in Ihrem Rollenspiel verwenden können.

A Eheberatung. Die Frau und der Mann in der Geschichte stellen fest, daß sie immer noch unzufrieden sind, und gehen zu einer Eheberatung. Welche Fragen könnte der Eheberater oder die Eheberaterin stellen? In Gruppen schreiben Sie mögliche Fragen auf (z.B. Wollen Sie zusammen bleiben? Warum/Warum nicht? Seit wann sind Sie verheiratet? Sind Sie schon immer unglücklich? Was finden Sie gut an Ihrem Partner / Ihrer Partnerin?). Spielen Sie die Szene entweder vor der Klasse oder in kleinen Gruppen.

REDEWENDUNGEN

Wenn man einen Rat geben möchte, sagt man:
   Ich würde Ihnen raten, . . . zu . . .
   An Ihrer Stelle würde ich . . .
   Wäre es nicht besser, wenn Sie . . .?
   Darf ich Ihnen einen Rat geben?
   Ich würde Ihnen vorschlagen, daß Sie . . .

B Pantomime. Führen Sie die Geschichte als Pantomime auf, d.h. als ein Bühnenstück, das ohne Worte, nur durch Gebärden, Mienenspiel und Bewegung dargestellt wird. Sie können sich einen anderen Schluß ausdenken.

Mitdenken—Mitschreiben

A Beruf Hausfrau. Schreiben Sie Ihre Gedanken über den Beruf „Hausfrau" nieder. Übt die Hausfrau einen richtigen Beruf aus? Soll die Hausfrau ein Gehalt bekommen? Charakterisieren Sie die Arbeit, die die Hausfrau macht.

B Figurenanalyse. Schreiben Sie Ihre Gedanken über den Mann in der Geschichte nieder. Wie finden Sie ihn? Warum schimpft er so laut? Was für Aggressionen, glauben Sie, hat er?

C Familienporträt. Beschreiben Sie eine „typische" Familie in Ihrem Land. Was macht das Ehepaar? Wie viele Kinder sind in dieser Familie? Was tun sie als Familie in ihrer Freizeit?

4 Asylfamilien

Ein neues Leben mit Perspektive?

62 KAPITEL 4 Asylfamilien

VORSCHAU

Fluchtpunkt Deutschland

Seit Jahren drängen immer mehr Asylbewerber nach Deutschland. Schauen Sie sich die Tabelle unten an. Sie gibt zwei Informationen: die Anzahl von Asylbewerbern (*seekers of political asylum*) in der Bundesrepublik pro Jahr (von 1985 bis 1992) sowie die Anzahl und Herkunftsländer der Asylbewerber von Januar bis Mai 1993, drei Monate vor der Verabschiedung des neuen Asylgesetzes.*

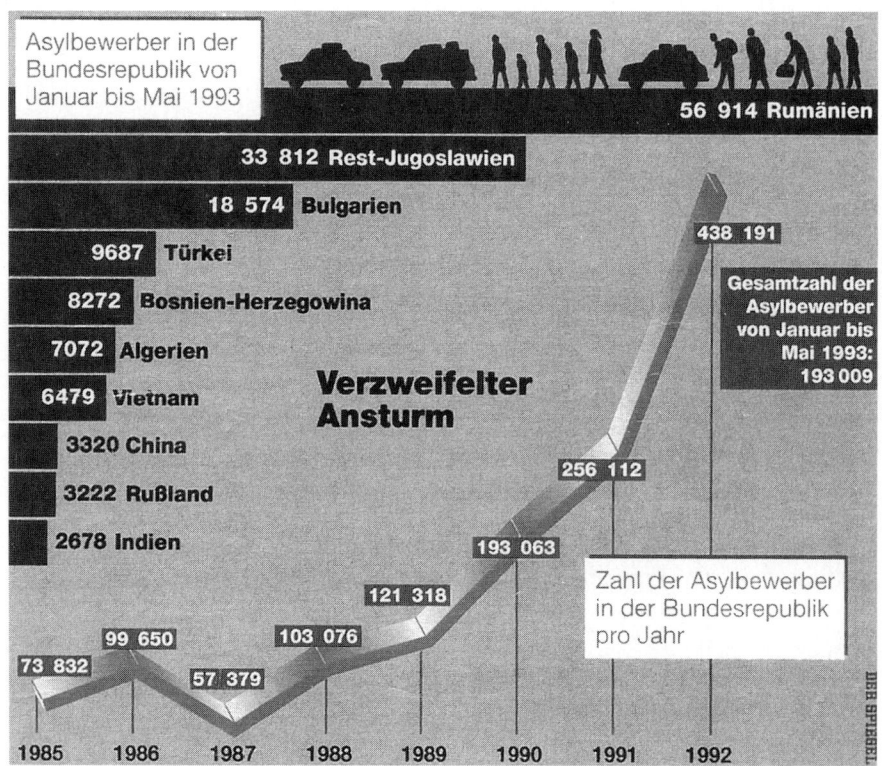

A Asylbewerber. Benutzen Sie die obige Tabelle, um die folgenden Fragen zu beantworten.

1. Aus welchem Land kommen die meisten Asylbewerber?
2. Wie viele Vietnamesen haben sich von Januar bis Mai 1993 um Asyl beworben?

---

*Verabschiedung . . . *passing of a new law regarding political asylum*

3. Wie viele Asylbewerber kommen aus Osteuropa?
4. Wie viele Asylbewerber kommen aus Afrika?
5. Welche Asylbewerber sind wahrscheinlich Kriegsflüchtlinge?
6. Wie viele Asylanträge (*petitions for political asylum*) gab es im Jahre 1992?
7. In welchem Jahr sank die Anzahl der Asylanträge?
8. In welchem Jahr gab es rund 260 000 Asylanträge?

B **Was glauben Sie?** Am 28. Mai 1993 hat der Bundesrat (das deutsche Parlament) eine neue Regelung des Asylrechts in Deutschland verabschiedet. Was wissen Sie über das neue Asylrecht? Warum kommen Zuwanderer aus aller Welt nach Deutschland? Markieren Sie den Satz, der Ihrer Vermutung entspricht.*

1. Warum kommen mehr Asylbewerber nach Deutschland als in alle anderen europäischen Länder?
    a. Das Asylrecht in Deutschland war bis jetzt sehr liberal.
    b. Deutschland ist ein reiches, demokratisches Land.
    c. Deutschland liegt im Mittelpunkt Europas.
    d. Alle (a, b, c) sind mögliche Gründe.
2. Nach dem neuen Asylgesetz sollen abgelehnte Asylbewerber innerhalb von _____ ins Heimatland zurückgeschickt werden.
    a. etwa sechs Wochen
    b. etwa drei Monaten
    c. etwa sechs Monaten
    d. einem Jahr
3. Nach der Asylreform werden Asylanträge abgelehnt,
    a. wenn die Asylbewerber nicht politisch verfolgt werden.
    b. wenn die Asylbewerber durch ein „sicheres Drittland" (z.B. Polen, Tschechische Republik) nach Deutschland kommen.
    c. sowohl a als auch b
    d. weder a noch b
4. Mögliche Argumente gegen das neue Asylrecht sind folgende.
    a. Politische Verfolgung in anderen Ländern kann man kaum feststellen.
    b. Verwaltungsrichter sagen, sie können nicht so schnell über Asylbewerber urteilen.
    c. Asylbewerber können sagen, daß sie sich nicht an ihre Reiseroute erinnern.
    d. Alle (a, b, c) sind mögliche Einwände (*objections*) gegen das neue Gesetz.

---

*Die Antworten sind 1. d, 2. a, 3.c, 4. d.

C Lesen Sie den Anfang eines Artikels im Nachrichtenmagazin *Der Spiegel*.

Schöne Zeiten für Schlepper

Seit letzter Woche nimmt Deutschland keine Asylbewerber aus den Nachbarländern mehr auf – Folge des monatelang debattierten neuen Asylrechts. Menschenrechtler fürchten, daß sich die Neuregelung auch gegen wirklich Verfolgte richtet. Sicherheitsexperten rechnen mit einer dramatischen Zunahme illegaler Grenzübertritte.

D Stimmt das oder stimmt das nicht? Stimmen die folgenden Aussagen mit dem Inhalt des Spiegel-Artikels überein? Kreuzen Sie die richtige Spalte an.

	STIMMT	STIMMT NICHT
1. Das neue Asylrecht war sehr umstritten.	☐	☐
2. Seit dem 1. Juli 1993 ist die Bundesrepublik für Zuwanderer aus aller Welt leichter zu erreichen als zuvor.	☐	☐
3. Wenn Asylsuchende aus Polen, der Tschechischen Republik, Österreich und der Schweiz einreisen, werden sie automatisch zurückgewiesen.	☐	☐
4. Die Grenzbeamten haben nicht mehr so viel zu tun.	☐	☐
5. Personen, die in ihrer Heimat tatsächlich verfolgt werden, sind nicht vom neuen Asylrecht betroffen.	☐	☐
6. Nach der neuen Regelung werden illegale Grenzübertritte sinken.	☐	☐
7. Die Schlepper werden vom neuen Asylrecht profitieren.	☐	☐

E Diskussion. In Deutschland bleiben die Grenzen offen, aber es darf nicht mehr jeder herein. Was denken Sie über diese Einschränkungen? Wie ist die Situation von Flüchtlingen in Ihrem Land? Diskutieren Sie im Plenum die folgenden Fragen.

1. Kommen viele Flüchtlinge in Ihr Land?
2. Werden alle Flüchtlinge unbegrenzt aufgenommen?
3. Wenn nein, welche Flüchtlinge werden nicht aufgenommen, sondern abgeschoben (zurückgeschickt)?
4. Sind Sie mit der Flüchtlingsregelung in Ihrem Land einverstanden? Warum oder warum nicht?

Einführung in das Thema

Literarisches Konzept: Die Handlung

Die Handlung einer Geschichte kann verschiedene Definitionen haben. Unter Handlung verstehen wir eine Reihe von Ereignissen, die oft kausal miteinander verknüpft sind.

Es gibt Erzählungen, die kaum eine Handlung haben. In solchen Texten sind andere Elemente wichtiger (wie z.B. die Beschreibung einer Figur).

Überlegen Sie sich beim Lesen der Geschichte „Der Krieg ist lange aus", ob die Handlung oder die Darstellung der Figuren wichtiger ist.

Spekulation

Die Geschichte „Der Krieg ist lange aus" stellt das Alltagsleben des Flüchtlingskinds Yanin in Deutschland dar. Im Text kommen verschiedene Themen vor. Bevor Sie den Text lesen, formulieren Sie eine treffende Frage zu jedem Thema.

BEISPIEL: Yanins Heimat →
Woher kommt Yanin?

1. Yanins Familie
2. Yanins jetziger Wohnort
3. Yanins Erfahrung in der deutschen Schule
4. Yanins Beziehung zu deutschen Mitschülern
5. Yanins Asylheim

Vergleichen Sie Ihre Fragen in **Übung B** mit denen anderer Studenten und Studentinnen in der Klasse. Entwickeln Sie mögliche Antworten auf alle Fragen.

von Jörg Meier

Der Krieg ist lange aus

Jörg Meier wurde 1956 in Castrop-Rauxel (bei Dortmund) geboren. Er lebt als freier Journalist in Lünen und veröffentlicht in Zeitungen und Zeitschriften. Seit 1992 ist er freier Mitarbeiter beim ZDF (Zweites Deutsches Fernsehen).

Manchmal schreckt er nachts auf.° Gestern hat ihn eine Sirene, die irgendwo in der fremden Stadt aufheulte,° aus dem Schlaf gerissen.° Das erinnerte Yanin an zu Hause.

In Yanins Heimat ist Krieg. Als er die Sirene hörte, dachte er an sein Dorf, an
5 seine Ziege° und den Baum mit den silbernen Blättern hinter dem weißen Haus. Und er dachte an seinen Vater, den die Soldaten mitgenommen haben. An den Onkel, der erschossen wurde und um den die Frauen der Familie geweint haben. In solchen Nächten kann er meist nicht wieder einschlafen.

Dann liegt er wach auf dem schmalen, harten Bett in dem kleinen, fremden
10 Raum. Oft hört Yanin seine kleine Schwester im Schlaf weinen. Traurig schaut er im Dunkel der Nacht seine Mutter an, die er schon lange nicht mehr hat lachen sehen. Es wird nie wieder wie früher sein, denkt Yanin dann.

Und er denkt daran, daß er in wenigen Stunden wieder in die fremde Schule gehen muß. „Du mußt dorthin, du mußt etwas lernen", sagt die Mutter, „du mußt
15 lernen, wie sie hier sprechen." Sie küßt Yanin auf die schwarzen Haare und packt ihm die Pausenbrote° in seine Tasche.

An manchen Tagen ist Yanin nicht in die Schule gegangen. Dann war er allein im Wald spazieren. Die anderen Kinder in der Schule mögen ihn nicht, sie spielen nicht seine Spiele, sprechen nicht seine Sprache. Manchmal lachen sie über ihn.
20 Wenn der Lehrer Yanin etwas fragt, braucht er sehr lange, um zu verstehen. Er kennt noch nicht alle Worte der fremden Sprache. Oft sind seine Antworten falsch. Dann flüstern die anderen Kinder und kichern.

In den Pausen spielt er meist allein. Yanin bastelt aus dünnen Zweigen kleine Hütten,° wie es ihm der Großvater daheim gezeigt hatte. Einmal schaute ihm
25 dabei ein Mädchen zu mit fast roten Haaren und lustigen Punkten° im Gesicht, wie Yanin es noch nie gesehen hatte. Sie kam auf ihn zu und fragte: „Warum hast du nur einen Arm, bist du krank?" Yanin blickte auf und antwortete: „Nein, Krieg zu Hause." Das Mädchen schüttelte den Kopf. „Du spinnst,° der Krieg ist lange aus. Hat mein Großvater gesagt", sagte sie und lief weg.
30 Yanin mag die Schule nicht. Lieber ist er in dem kleinen Dorf° mit den komischen Hütten aus buntem Eisen, in dem er und die anderen wohnen. Dort sind auch Kinder aus der Heimat. Manchmal spielt jemand auf der Gitarre. Yanin und seine Freunde singen dazu. Es riecht nach dem scharfen° Essen, das die Frauen zubereiten, und es ist fast wie daheim. Wenn doch alles wie früher sein könnte,
35 denkt Yanin dann.

Die fröhlichen Tage sind in der letzten Zeit selten geworden im Dorf. Die Erwachsenen schauen oft ernst und erzählen auch seltsame Geschichten. Andere Dörfer wären in Brand gesteckt worden,° sagen sie. Yanin kann merken, daß sie Angst haben. Warum haben die Fremden denn die Dörfer in Brand gesteckt, fragt er sich. Das Mädchen mit den roten Haaren hat doch gesagt, der Krieg wäre hier lange vorbei.

wären . . . had been set on fire

Diskussion zum Thema

A **Zum Textverständnis.** Fügen Sie das richtige Wort in die Lücken ein.

Angst	Fragen	lachen	Onkel
Asylheim	gesteckt	mögen	Pausen
Bett	Krieg	Mutter	Sprache
festgenommen			

1. Yanins Heimat: Es gibt _____ in seinem Dorf. Soldaten haben seinen Vater _____. Sein _____ wurde erschossen.
2. Yanins jetziger Wohnort: Er lebt in einer Hütte aus Eisen im _____. Er schläft auf einem schmalen, harten _____.
3. Yanins Familie: Er lebt mit seiner _____ und seiner Schwester zusammen.
4. Die deutsche Schule: Er hat Angst vor den _____ des Lehrers, denn er versteht die deutsche _____ nicht gut.
5. Die Schulkinder: Die Schulkinder _____ ihn nicht. Er ist allein in den _____. Die Kinder _____ über ihn.
6. Das Asylheim: Nachts hat Yanin _____. Man sagt, andere Asylheime wurden in Brand _____.

B **Meinungsaustausch.** Diskutieren Sie die folgenden Fragen mit Ihren Mitstudenten.

1. Was ist in der Geschichte wichtiger: die Handlung oder die Darstellung der Figuren?

2. Aus welcher Erzählperspektive wird die Geschichte erzählt? Von einem Ich-Erzähler oder einem Erzähler in der dritten Person?
3. Woher, glauben Sie, kommt Yanin? Warum sagt der Erzähler nicht genau, was Yanins Heimatland ist?
4. Wie alt, glauben Sie, ist Yanin? Auf welchen Textstellen beziehen Sie Ihre Meinung?
5. Wenn Yanin dem Mädchen vom Krieg in seiner Heimat erzählt, sagt das Mädchen: „Du spinnst, der Krieg ist lange aus. Hat mein Großvater gesagt". Welchen Krieg meint sie?
6. Wovor haben die Erwachsenen im Asylheim Angst? Warum werden andere Dörfer in Brand gesteckt? Wer sind „die Fremden", die die Asylheime niederzubrennen versuchen?

C Parallele. Lesen Sie das folgende Gedicht über die Lage des Asylanten in Deutschland, und beantworten Sie die anschließenden Fragen.

von Evelyne Stein-Fischer*

Weißt du, wie das ist?

Jemand hat dich in der Schule
mit einem Wort verletzt,
mit einer Lüge ausgestoßen,°   *rejected, ostracized*
plötzlich sind alle gegen dich.
Vielleicht
kannst du nach Hause gehen
und dich in dein Zimmer sperren,°   *lock up*
und alles, was du berührst, gehört dir.

Aber was ist,
wenn einer kein Zuhause mehr hat,
keine Sprache,
die der andere versteht,
wenn ihn nicht nur Worte,
sondern Steine treffen
und Feuer seine letzte Hoffnung
niederbrennt?

---

*Evelyne Stein-Fischer, geboren in Paris. Studium der Zeitungswissenschaften und Gebrauchsgrafik, lebt in Wien. Veröffentlichte Texte, Bilder, Kinderbücher.

Welche Parallelen zum Gedicht finden Sie in der Geschichte „Der Krieg ist lange aus"? Unterstreichen Sie die Textstellen im Gedicht, die auch auf Yanin zutreffen.

D Allgemeine Fragen zum Text

1. Wie finden Sie das Alltagsleben des Flüchtlingskindes Yanin?
2. Was glauben Sie? Ist diese Geschichte eine wahre oder eine fiktive Geschichte?* Warum glauben Sie das?

Kultur-Rundschau

Seit der Wiedervereinigung und dem Zerfall des Kommunismus strömen Flüchtlinge nach Deutschland, um dort ein neues Leben aufzubauen. Aus vielerlei Gründen (kulturelle Unterschiede, Passivität deutscher Politiker u.a.) entstanden große Spannungen in deutschen Gemeinden, in denen Asylheime errichtet wurden. Rechtsradikale (meistens Jugendliche) nutzen die schlechte Stimmung aus und greifen Asylheime und Polizei mit Molotow-Cocktails und Steinen an.

Fremdenhaß, Gewalt und Rechtsradikalismus sind große, ernsthafte Probleme und Sorgen im heutigen Deutschland. Viele Bürger versuchen, durch Erziehung, soziopolitisches Engagement, Kunst und den Einsatz von Medien die Fremdenfeindlichkeit in Deutschland zu bekämpfen.

- Suchen viele Flüchtlinge Asyl in Ihrem Land? Woher kommen sie?
- Gibt es in Ihrem Land das Problem der Fremdenfeindlichkeit und/oder des Rassismus? Wenn ja, nennen Sie Beispiele.
- Was machen die Bürger in Ihrem Land, um Rassismus und Fremdenhaß zu bekämpfen?
- Lesen Sie die Graffiti auf der Postkarte, die in Deutschland verkauft wird. Verstehen Sie die Ironie, die dahinter steckt? Wer ist „uns"? Welche „Deutsche" werden hier gemeint?

> ## AUSLÄNDER,
> ### LASST UNS MIT DEN DEUTSCHEN NICHT ALLEIN.

---

*Im Sammelband *Texte dagegen* wurde die Geschichte unter wahren Geschichten eingeordnet.

Stil und Sprache

Wörter und Ausdrücke

Substantive
die Frage, -n question
der Gedanke, -n thought
das Gelächter laughter
der Schlaf sleep
die Sprache, -n language

Verben
auf•heulen to howl
auf•schrecken to startle; to be startled
basteln to handcraft
denken to think
flüstern to whisper

fragen to ask
kichern to giggle
lachen to laugh
sich schämen to be ashamed
schlafen to sleep
sprechen to speak

Adjektive
fraglich questionable
gesprächig talkative
lachend laughing
nachdenklich thoughtful
schläfrig sleepy

A **Wortbildung.** Welche Form des Wortes ergänzt den Satz? Setzen Sie das Substantiv, das Verb oder das Adjektiv ein. Achten Sie auf die Form des Wortes (z.B. Zeitform (*tense*), Verbform der 3. Person usw.), damit es grammatisch stimmt.

schlafen   *der Schlaf*   *schläfrig*

1. Der Lärm von Sirenen hat Yanin aus dem _____ gerissen.

2. In der Schule war Yanin _____ , denn er hat die ganze Nacht nicht _____ können.

denken   *der Gedanke*   *nachdenklich*

3. Oft _____ Yanin an seine Heimat.

4. Die schlechten Erfahrungen haben Yanin sehr _____ gemacht.

5. Yanin macht sich _____ über sein neues, fremdes Leben in Deutschland.

sprechen   *die Sprache*   *gesprächig*

6. Yanin kennt noch nicht alle Wörter der fremden _____.

7. In der Schule ist Yanin nicht sehr _____.

8. Im Asylheim _____ Yanin seine Muttersprache.

fragen   *die Frage*   *fraglich*

9. Es ist noch sehr _____ , ob Yanin eine ganz normale Kindheit haben wird.
10. Wenn der Lehrer an ihn eine _____ stellt, muß Yanin lange überlegen, bevor er sie beantwortet.
11. Das Mädchen kam auf ihn zu und _____ ihn, warum er nur einen Arm hatte.

lachen   *das Gelächter*   *lachend*

12. Weil Yanin anders als sie war, _____ die Kinder über ihn.
13. Man konnte von weit weg _____ hören.
14. Yanin schämte sich vor den _____ Kindern.

B Wortschatz. Drücken Sie jeden Satz anders aus. Ersetzen Sie die unterstrichenen Ausdrücke mit dem passenden Verb aus der Geschichte.

auf•heulen   flüstern
auf•schrecken   kichern
basteln

1. Als die Schulkinder Yanins Antwort gehört haben, haben sie <u>leise gelacht.</u>
2. Yanin war sehr geschickt. Er konnte Sachen aus Holz <u>zusammenbauen.</u>
3. Die Sirene eines Krankenwagens <u>schrie</u> in der Stadt.
4. Nachts wird Yanin manchmal <u>erschrocken.</u>
5. Die Kinder haben <u>leise gesprochen,</u> damit der Lehrer sie nicht hört.

Relativsätze

Im Text kommen Relativsätze (Nebensätze) vor, die mit einem Relativpronomen eingeleitet werden. Die Form des Relativpronomens wird durch den Kasus, das Geschlecht und die Zahl (Plural/Singular) des Wortes bestimmt.

	MASK.	FEM.	NEUTR.	PL.
Nominativ	der	die	das	die
Akkusativ	den	die	das	die
Dativ	dem	der	dem	denen
Genitiv	dessen	deren	dessen	deren

Im Relativsatz kommt das Verb an das Ende des Satzes. Schauen Sie sich die folgenden Beispiele an.

Gestern hat ihn eine Sirene, **die** irgendwo in der fremden Stadt aufheulte, aus dem Schlaf gerissen.

Und er dachte an seinen Vater, **den** die Soldaten mitgenommen haben.

C Welches Relativpronomen? Setzen Sie das richtige Relativpronomen in den folgenden Textstellen ein. Vergleichen Sie dann Ihre Antworten mit dem Originaltext.

1. [Er dachte] an den Onkel, _____ erschossen wurde. (Z. 6–7)
2. [Er dachte an den Onkel,] um _____ die Frauen der Familie geweint haben. (Z. 6–7)
3. Traurig schaut er im Dunkel der Nacht seine Mutter an, _____ er schon lange nicht mehr hat lachen sehen. (Z. 10–12)
4. Lieber ist er in dem kleinen Dorf mit den komischen Hütten aus buntem Eisen, in _____ er und die anderen wohnen. (Z. 30–31)
5. Es riecht nach dem scharfen Essen, _____ die Frauen zubereiten, und es ist fast wie daheim. (Z. 33–34)

D Satzverbindung. Die folgenden Sätze stammen aus der Geschichte. Verbinden Sie die kurzen Sätze mit einem Relativsatz. Achten Sie auf den Kasus.

1. Er schläft auf einem schmalen, harten Bett. Das Bett steht in dem kleinen, fremden Raum.
2. In der Pause ißt Yanin belegte Brote. Seine Mutter hat die belegten Brote in seine Tasche gesteckt.
3. Yanin hatte eine gewisse Scheu vor den anderen Kindern. Er beherrscht ihre Sprache nicht. [Verbinden Sie **Kindern** und **Sprache** mit der Genitivform **deren**.]
4. Yanin hat seinen Arm durch den Krieg verloren. Der Krieg wird in seiner Heimat geführt.
5. Die Erwachsenen haben Angst vor Fremden. Die Fremden greifen Asylanten an und stecken die Asylheime in Brand.

VOM LESEN ZUM HANDELN

Kurz inszeniert

Lesen Sie die folgenden Situationen und finden Sie heraus, wie viele Personen für die Inszenierung nötig sind. Teilen Sie die Rollen unter Ihren Mitstudenten auf. Sie können den Verlauf des Rollenspiels schon vorher planen, bevor Sie es im Kurs vorspielen (oder mit einer Videokamera aufnehmen). Oder improvisieren Sie ganz einfach. Nach den Situationen sind mögliche Redewendungen angegeben, die Sie in Ihrem Rollenspiel verwenden können.

A Neue Freundschaft. Eine Person spielt ein Flüchtlingskind, und zwei andere spielen deutsche Kinder. Das Flüchtlingskind ist neu in der Schule, und die zwei Deutschen möchten sich mit ihm anfreunden. Die deutschen Kinder fragen das Flüchtlingskind über seine Herkunft, seine Familie, das Leben im Asylheim.

REDEWENDUNGEN

Wenn man sich (oder einen anderen) vorstellt, kann man sagen:
   (Guten) Tag! Ich heiße . . .
   Darf ich mich vorstellen? Ich heiße . . .
   Kann ich Ihnen (dir) einen Freund / eine Freundin von mir vorstellen?

B Sie sind Lehrer/Lehrerin. Es gibt ein neues Flüchtlingskind im Unterricht, und die anderen Schüler lachen, wenn seine Antworten falsch sind. Was sagen Sie zu den Kindern? Wie reagieren die Kinder? Verteidigen die Kinder ihr Verhalten, oder sehen sie ein, daß ihr Verhalten nicht richtig ist?

REDEWENDUNGEN

Wenn man sich entschuldigt, kann man sagen:
   Verzeihen Sie (Verzeihe) mir bitte.
   Entschuldigung (Verzeihung)!
   Das wollte ich (wirklich) nicht. Es tut mir leid.
   Verzeihen Sie! Ich habe es nicht so gemeint.

Mitdenken—Mitschreiben

A Feiertage. Beschreiben Sie einen Feiertag, den Personen einer anderen Kulturgruppe oder Nationalität auf traditionelle Art feiern. Für Ihre Beschreibung können Sie jemanden interviewen, oder Sie können die Informationen in der Bibliothek finden.

B Stammbaum. Zeichnen Sie einen Stammbaum, und schreiben Sie über Ihre Herkunft. Waren Ihre Vorfahren Immigranten, eventuell sogar Flüchtlinge? Berichten Sie darüber, wo Ihre Vorfahren gelebt haben, und was sie gemacht haben. Gibt es interessante Geschichten oder Anekdoten, die Sie auch erzählen können?

C Eine kleine Forschungsaufgabe. Gab es jemals Flüchtlingslager in Ihrem Land? Untersuchen Sie das Thema in der Bibliothek, und schreiben Sie auf deutsch, was Sie herausgefunden haben.

II Verwicklungen

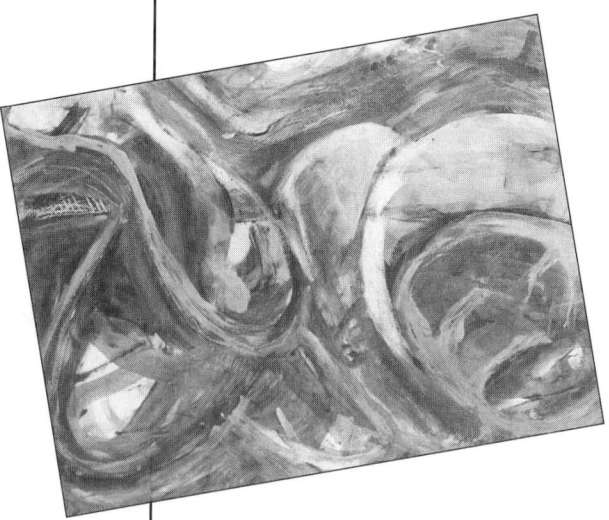

Manche Beziehungen scheinen problemlos zu verlaufen. In anderen sind die Partner so aufeinander fixiert, daß sie sich nicht mehr trennen können. Sie können weder mit, noch ohne den anderen leben. Die Grenze zwischen Haß und Liebe wird verwischt (*blurred*).

Kapitel 5: Was sind mögliche Ursachen aus denen partnerschaftliche Beziehungen in Krisen geraten? Der Leser / Die Leserin wird aufgefordert, anhand von Beziehungsfragmenten herauszuarbeiten, wie das Verhältnis der Partner zueinander ehemals ausgesehen haben mag.

Kapitel 6: Freundschaften und Liebschaften können auf seltsame Art beginnen. Eine unheimliche Begegnung zwischen einer Frau und einem Mann wird in dieser spannenden Geschichte dargestellt.

Kapitel 7: Eine Deutsche erzählt von der Problematik ihrer Beziehung mit einem Ausländer in Deutschland.

Kapitel 8: Die Frage nach dem Ursprung unserer Schönheitsideale und Glücksvorstellungen wird aufgeworfen. Dem Leser / Der Leserin wird erklärt, wie die blonde Susi den Künstler Edi für sich gewinnt.

5 Liebe und Haß

„O Lieb', wie bist du bitter,—
O Lieb', wie bist du süß."

Vorschau

Beziehungskiste

„Beziehungskiste" ist ein umgangssprachlicher Begriff, der besonders von der jüngeren Generation in den 80er Jahren verwendet worden ist. Beziehungskiste bedeutet alles, was mit der Beziehung zu einem Partner oder zu einer Partnerin zusammenhängt. Schauen Sie sich das Wort im Kontext an.

> Heinz ist immer eifersüchtig auf Christine. Christine hat langsam diese Beziehungskiste satt.
>
> Helga hat Angst, eine neue Beziehung mit Michael einzugehen, da sie schon so viele Beziehungskisten mit ihrem ehemaligen Freund Dieter hatte.

A **Problemen und Krisen.** Man kann die folgenden Probleme in einer Beziehungskiste finden.

- Verlustängste
- Angst vor Nähe
- Eifersucht
- Wunsch nach Unabhängigkeit
- Mangel an Verständnis und Kommunikation

Welche Beziehungskisten haben Sie schon erlebt? Welche erleben Sie noch? Oder haben Sie keine Beziehungskisten im Sinne von Problemen und Krisen?

B Deutsche Aphorismen. Über die Liebe und „Beziehungskisten" haben sich deutsche Schriftsteller und Philosophen schon immer Gedanken gemacht. Lesen Sie diese deutschen Aphorismen. Sagen Sie dann, welcher Aphorismus zu welcher Bedeutung paßt.

1. _____ Das ist uns noch geblieben: die Liebe kann man gottseidank nicht erzwingen. (Werner Bukofzer)*
2. _____ Zehn Küsse werden leichter vergessen als ein Kuß. (Jean Paul)†
3. _____ Die Forderung, geliebt zu werden, ist die größte der Anmaßungen (*arrogances*). (Friedrich Nietzsche)‡
4. _____ Die meisten Menschen brauchen mehr Liebe, als sie verdienen. (Marie von Ebner-Eschenbach)§

a. Das einmalige Erlebnis der Liebe beeindruckt mehr als eine längere Beziehung.
b. Das Bedürfnis nach Liebe ist der größte aller Egoismen.
c. Viele Menschen erwarten, daß sie geliebt werden, ohne je etwas dafür getan zu haben.
d. Liebe kommt immer spontan und natürlich.

Mit welchem Aphorismus stimmen Sie am meisten überein? Mit welchem stimmen Sie überhaupt nicht überein?

---

*Werner Bukofzer (*1903–). *Splitter. Prosa der Begegnungen.* Neuwied/Berlin: Luchterhand, 1968. S. 11.
†Jean Paul (Johann Paul Friedrich Richter, 1763–1825). „Bemerkungen über den Menschen". Bd. 2. *Sämtliche Werke. Hist.-krit. Ausgabe.* Hrsg. Eduard Berend et al. Weimar: Hermann Böhlau Nachf., 1927 (Berlin, 1952 ff).
‡Friedrich Nietzsche (1844–1900). „Menschliches, Allzumenschliches" I. Bd. 1 *Werke in 3 Bänden.* Hrsg. Karl Schlechta. München: Hanser, 1954. S. 523.
§Marie von Ebner-Eschenbach (1830–1916). *Das Gemeindekind. Novellen. Aphorismen. Werke. Bd. 3.* München: Winkler, 1956. S. 867.

Einführung in das Thema

Literarisches Konzept: Thema

Jede Geschichte hat ein Thema oder sogar mehrere Themen. Ein Thema ist das, was der Autor oder die Autorin mit der Geschichte behandeln möchte. Das Thema ist der Grundgedanke oder der Leitgedanke eines Werkes. Es kann sein, daß der Autor oder die Autorin in mehreren Geschichten über dasselbe Thema schreibt.

Gabriele Wohmanns Erzählung „Ein Rendezvous" kommt aus ihrem Buch *Alles zu seiner Zeit,* das mehrere Erzählungen enthält. Im Vorwort des Buches schreibt man über die Themen und Figuren, die in Wohmanns Erzählungen – darunter „Ein Rendezvous"–vorkommen.

A **Allgemeine Aussagen über Wohmanns Geschichten.** Die folgenden Ausschnitte stammen aus dem Vorwort des Wohmann-Buches *Alles zu seiner Zeit.* Lesen Sie jeden Ausschnitt, und markieren Sie denjenigen Satz, der den Sinn des Originals wiedergibt.

1. „Gabriele Wohmann schreibt an einer Stelle: ‚Je unglücklicher man liebt, desto mehr liebt man.'"
   a. Gabriele Wohmann schreibt: „Wenn man nicht liebt, ist man unglücklich."
   b. Gabriele Wohmann schreibt: „Man liebt eine Person mehr, wenn die Liebe unglücklich ist."
2. „Gabriele Wohmann greift (*takes*) ihre Themen aus dem oft miesen (*miserable*) bürgerlichen Alltagsleben."
   a. Gabriele Wohmann schreibt über das miserable Leben des Menschen aus dem Mittelstand.
   b. Gabriele Wohmann schreibt über wunderbare Dinge, die dem Alltagsmenschen nicht passieren.
3. „Fast immer sind es Frauen, die in diesen kurzen Geschichten leiden, Enttäuschungen erleben und verbittert, ratlos (*perplexed*) und letztlich allein sind."
   a. Die Hauptfiguren sind meistens Frauen, die schlechte Erfahrungen haben und am Ende allein und sehr enttäuscht sind.
   b. In ihren Geschichten gibt es Frauen, die hoffen, nicht ihr ganzes Leben lang alleine sein zu müssen.
4. „Gabriele Wohmanns Gestalten (*fictional characters*) leiden fast alle unter dem Unverständnis ihrer unmittelbaren (*immediate*) Umgebung."
   a. Die Figuren in Wohmanns Geschichten versuchen, ihre Umgebung zu verstehen.
   b. Die Figuren in den Geschichten von Wohmann haben das Problem, daß sie von ihren Bezugspersonen nicht verstanden werden.

5. „Hilflose Anstrengungen (*efforts*) der Figuren werden unternommen (*undertaken*), um zu verschleiern (*conceal*), daß die menschlichen Beziehungen gestört (*disturbed, abnormal*) sind; Freundschaften und Ehen zerbrechen."
   a. Die Figuren versuchen, ihre gestörten Beziehungen nicht zu zeigen. Ihre Freundschaften und Ehen gehen kaputt.
   b. Die Figuren versuchen, ihre gestörten Freundschaften und Ehen wiedergutzumachen.

B **Stichwörter.** Umkreisen Sie die Wörter, die die Geschichten von Gabriele Wohmann am besten beschreiben.

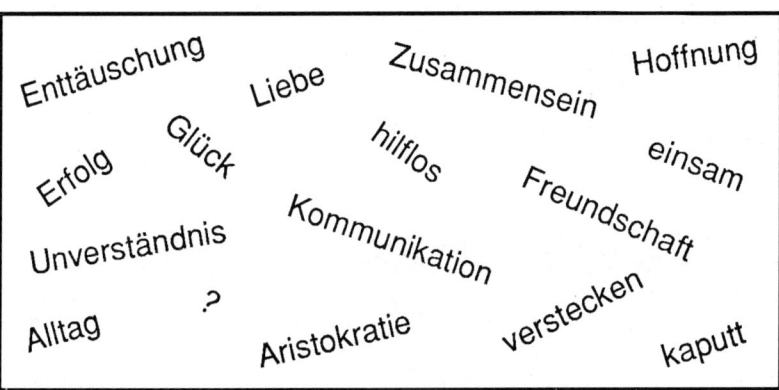

Spekulation

A Sie werden nun die Geschichte „Ein Rendezvous" lesen. In dieser Erzählung ruft eine Frau einen Mann, mit dem sie eine unklare Beziehung hat, in dessen Büro an. Sie sagt ihm, sie sei am Hauptbahnhof und warte dort auf ihn. Sie verabreden sich am Hauptbahnhof. Der Mann erzählt seiner Sekretärin, daß er einen Kunden treffe und begibt sich zu der Verabredung mit dieser Frau. Spekulieren Sie! Welche anderen Fragen kann man sich ausdenken?

1. Warum möchte die Frau den Mann am Bahnhof sehen?
2. Was für eine Beziehung hat sie mit ihm?
3. Was will sie von dem Mann?
4. Warum belügt der Mann seine Sekretärin?
5. Was geschieht, wenn der Mann und die Frau sich treffen?

B ▶ Leerstellen. In der Geschichte „Ein Rendezvous" werden Sie sehen, daß die Autorin Information über die Figuren und ihre Beziehung zueinander wegläßt. Die „Leerstellen" (*information gaps*) sind genauso wichtig zur Interpretation eines Textes wie das Geschriebene. Dies ist ein Beispiel einer „Leerstelle" im Text:

> —Aber ich konnte mich nur sehr schwer dazu entschließen, sagte sie, sehr sehr schwer. Vergiß das nicht. (. . .) Sehr sehr schwer, verstehst du?
> (. . .)
> —Wie gut, daß dus [du's] schließlich fertiggebracht hast.

In diesem Beispiel wird dem Leser / der Leserin nicht klar, wozu sich die Frau so schwer entschließen konnte. Das wird an keiner Stelle gesagt, und darüber kann man nur spekulieren. Während Sie den Text lesen, schreiben Sie über den Strich, der diese Leerstelle symbolisieren soll, eine Frage, die unbeantwortet bleibt. Mögliche Fragen für den obigen Ausschnitt könnten die folgenden sein.

> Frage: Wozu hat sich die Frau sehr schwer entschlossen?
> Was hat sie schließlich fertiggebracht?

von Gabriele Wohmann

Ein Rendezvous

Gabriele Wohmann wurde 1932 in Darmstadt geboren. Sie studierte Germanistik und Musikwissenschaft in Frankfurt am Main. Von 1953 bis 1956 arbeitete sie als Lehrerin auf Langeoog (eine ostfriesische Insel) und in Darmstadt. Seit 1960 ist sie freischaffende Schriftstellerin und Mitglied des PEN.* Heute lebt sie in Darmstadt.

Wohmann gehört zu den produktivsten Schriftstellerinnen in Deutschland. Sie hat zahlreiche Erzählungen, Romane und Gedichte veröffentlicht. Außerdem schreibt sie Fernsehfilme und Hörspiele.[†]

—Aber ich konnte mich nur sehr schwer dazu entschließen, sagte sie, sehr sehr schwer. Vergiß das nicht. Sie lachte, das Lachen war noch ein wenig zweideutiger geworden, es gefiel ihr, sie lachte es noch einmal. Sehr sehr schwer, verstehst du? Die Hörmuschel° war immer noch kühler als ihr Ohr, ihr Atem hatte den   *telephone earpiece*

---

*PEN-Club (poets, essayists, novelists); Internationaler Dichter- und Schriftstellerverband
[†]Die biographischen Informationen kommen aus: Gabriele Wohmann, *Alles zu seiner Zeit. Erzählungen*. München: Deutscher Taschenbuch Verlag, 1976. n.pag.

Taufilm° über den schwarzen Rillen° immer noch nicht geschlossen. Seine *film of moisture / grooves*
Stimme war immer noch vorsichtig und kühl:
—Wie gut, daß dus schließlich fertiggebracht° hast. *managed*

FRAGE: _____

—Dieser Bahnhof! Ein Menschengewimmel hier um meine Telefonzelle . . .
die Stadt muß groß sein, sagte sie, während sie sich auf dem Bett dehnte.° *stretched*
Seine fragende, störrische Stimme:
—Uns wird sie genügen.
—Du kennst dich aus, sagte sie. Aber daß dus nicht am Ton gemerkt hast, ich meine, daß ich so nah bin . . .
Er unterbrach sie:
—Also jetzt bist du hier und ich werds in fünfzehn Minuten schaffen bis zum
Bahnhof. Barsche° arrogante Stimme, zu stolz, um Freude zu verraten.° *gruff / betray*
Sie streckte das linke Bein in einem spitzen Winkel nach links.
—Du brauchst dich nicht zu eilen, sagte sie. Hier gibts viel zu sehen. Du
weißt, ich bin gern auf Bahnhöfen.

FRAGE: _____

Er scheuchte seine Sekretärin weg.° Er erinnerte sich an den Bleistift zwischen *scheuchte . . . weg chased away*
seinen Fingern, zeichnete auf den Briefbogen° einen Strich, hängte eine Kugel *sheet of notepaper*
daran auf, verband die Kugel mit einem andern Strich, machte eine neue Kugel
und einen neuen, jetzt etwas geschwungeneren° Strich und eine unförmigere *more sweeping*
Kugel.
—Trotzdem, sagte er. In einer Viertelstunde.
Sie lachte das Lachen.
—Auf Bahnhöfe eifersüchtig?
—Warum nicht, sagte er. Er erwürgte° den neuen Strich in einem irrsinnigen° *strangled / mad, crazy*
Geschmier,° dick und schwarz. *smear*
—Das ist schön, sagte sie, sie ließ das linke Bein federn° und bekam es jetzt *bounce, be elastic*
schon weit und stumpfwinklig° vom rechten weg. Ich muß aufhören, du glaubst *obtuse*
nicht, was für eine Schlange vor dieser Zelle wartet. Dieses Mal gelang° ihr das *succeed*
Lachen überhaupt nicht.
Er rief die Sekretärin, teilte ihr mit°, daß er einen wichtigen Kunden da und da *teilte . . . mit informed*
zu treffen habe, sie solle dies und jenes tun, er käme wahrscheinlich heute nicht
mehr zurück ins Büro. Als sie weggegangen war, betrachtete er seine Kugeln und
seine Striche und den fetten häßlichen zerstörenden Fleck. Er stand auf. Er zog
den Mantel an.

Sie wartete, ausgestreckt auf dem Bett. Sie zögerte, konnte sich nicht entschließen, wählte dann doch noch einmal die Nummer.

—Ja ja, ich bins wieder, sagte sie, gekränkt° von seiner Stimme, seiner unverändert hochmütigen° komischen Stimme. Als hätte die Stimme nicht vor, in wenigen Augenblicken auf dem Bahnhof irgendwas zu ihr zu sagen. *insulted* / *arrogant*

—Weil wir überhaupt keinen Treffpunkt ausgemacht° haben, sagte sie, das ist dir wohl nicht aufgefallen, wie, und dieser Bahnhof ist so groß, daß mans mit der Angst zu tun kriegen könnte. Aber ja, die Leute sind nett, wenigstens die hier vor der Zelle, aber auf Bahnhöfen sind die Leute meistens netter als sonstwo° . . . Das Lachen mißlang° auch. *arranged* / *anywhere else* / *failed*

Er schloß die Tür unnötig° leise, ging unnötig leise über den Gang° auf die Treppe zu, kehrte um, machte seine Tür wieder auf, ohne Veranlassung leise. Er lockerte den Schal, knöpfte den Mantel auf,° aber er ließ die Handschuhe an, als er ihre Nummer wählte. Er wartete. *unnecessarily / hallway* / *knöpfte . . . auf unbuttoned*

FRAGE: _____

Sie hörte dicht° an ihrem Ohr den Ruf des Telefons. Sie streckte den Arm aus; zog ihn zurück. Lang schrie das Telefon, jeden einzelnen Schrei hörte sie sich mit peinigender° Aufmerksamkeit an. Sie streckte den Arm aus und legte die schwitzende Hand auf den Hörer. *close* / *tormenting*

Während er die Rufzeichen gegen sein Ohr kläffen° ließ, stellte er sich ihr Zimmer vor, das Telefon, ihr leeres Zimmer, ihr vergeblich° kläffendes Telefon, das gefällige° Ding, jedermanns kläffender Dienstbote;° er stellte sich vor, wie sie dort an ihrem Treffpunkt, dort auf dem Bahnhof stand, auf und ab ging, stand, scheu und unverfroren° in einer bitteren Mischung. *ring shrilly (lit. yelp)* / *needlessly* / *obliging / domestic servant* / *impudent*

Sie sah auf die Uhr: jetzt wartete er schon vier Minuten. Etwas links von der Sperre,° dort stände er, unruhig und froh und immer noch arrogant, sein immer noch arroganter Blick auf der Suche. Sie streckte die Hand nach dem Hörer aus und ließ sie fallen. Sie zog die Decke hoch, starrte ihre Türe an. Sie zog die Decke noch höher, bis über den Hinterkopf, bis über das rechte Ohr, bis über Mund und Nase und versuchte zu weinen, konnte es nicht, versuchte es hartnäckig° und konnte es nicht. *barrier* / *stubbornly*

Kurz vor dem Bahnhof blieb er stehen, er ging zwei Schritte weiter und kehrte dann um, ohne zu zögern. Er ging zurück, Geschwindigkeit und Rhythmus seiner Schritte hatten sich nicht verändert. Er machte einen Umweg,° wollte *machte . . . made a detour*

einen größeren Umweg machen und ließ es, weil es kalt war. Die Tür zu seinem Büro öffnete er grundlos vorsichtig, er zog den Mantel aus, zog die Handschuhe aus, behielt den Schal an. Er setzte sich an den Schreibtisch, wartete, lehnte sich
75 gegen das glatte gebogene Holz seines Stuhls. Er rief seine Sekretärin, um ihr mitzuteilen, die Verabredung habe sich zerschlagen. Er sah ihr an, daß sie Bescheid wußte° und es nicht billigte° und zufrieden war und es nicht verstand.

Bescheid . . . *knew / approved*

FRAGE: _____

Etwas links von der Sperre: sein unsicheres, rastloses, immer noch hochmütiges Gesicht, immer noch lächelnd. Sie zog die Knie an, unter der Decke
80 war es warm, sie lächelte nicht.

Dort unter ihren netten Bahnhofsleuten, klein und bitter, ihr kleiner unverfrorener scheuer Mund, immer noch lächelnd. Er griff nach dem Poststapel, spürte den Schal am Hals, er lächelte nicht.

FRAGE: _____

▼ Diskussion zum Thema

A Zum Textverständnis. Die Handlung läßt sich in vier Teile zerlegen: erster Anruf, zweiter Anruf, dritter Anruf und der Schluß. Fassen Sie mit Ihrem Partner oder Ihrer Partnerin zusammen, was bei jedem Anruf passiert. Erzählen Sie auch den Schluß, d.h. das Ergebnis der Anrufe.

1. Erstes Gespräch: Die Frau ruft den Mann von zu Hause an und sagt,
    a. sie kommt in 15 Minuten.
    b. sie ist am Bahnhof und wartet auf ihn.
    c. er soll sich beeilen.
2. Zweites Gespräch: Die Frau ruft den Mann zum zweiten Mal an und sagt,
    a. sie sollen einen Treffpunkt ausmachen.
    b. sie hat Angst vor dem großen Bahnhof.
    c. sie ist nicht am Bahnhof, sondern zu Hause.
3. Dritter Anruf: Der Mann ruft die Frau bei ihr zu Hause an, und
    a. sie nimmt den Hörer ab.
    b. sie läßt das Telefon klingeln.
    c. sie hört das Telefon nicht.
4. Der Schluß: Wie ausgemacht, geht der Mann zum Bahnhof,
    a. und sie treffen sich.
    b. aber er findet sie am Bahnhof nicht.
    c. aber er geht nicht zum Treffpunkt, sondern kehrt um, ohne die Frau zu suchen.

B Beschreibung der Figuren. Lesen Sie den Text nochmals durch, und notieren Sie die Charakterzüge, die die Frau mit dem Mann verbinden. Danach notieren Sie die Charakterzüge, die der Mann mit der Frau verbinden.

WAS DIE FRAU ÜBER DEN MANN DENKT	WAS DER MANN ÜBER DIE FRAU DENKT
seine fragende, störrische Stimme	

1. Was denkt die Frau über den Mann? Wie beschreibt die Frau die Stimme, den Blick und das Gesicht des Mannes? Wird er liebevoll dargestellt? Steht er zu der Beziehung? Ist er treu und rücksichtsvoll?
2. Was denkt der Mann über die Frau? Wie beschreibt der Mann die Frau? Ist sie warm und herzlich? Ist sie liebevoll?

C Meinungsaustausch. Diskutieren Sie mit Ihren Mitstudenten die folgenden Fragen.

1. Was für eine Beziehung haben der Mann und die Frau? Sind sie verheiratet? Sind Sie ein Liebespaar? Befreundet? Getrennt?
2. Welche Wörter beschreiben die Beziehung zwischen dem Mann und der Frau (siehe **Einführung in das Thema, Übung B**)?
3. Der Bahnhof spielt eine wichtige Rolle als Treffpunkt. Die Frau sagt zu dem Mann: „Du weißt, ich bin gern auf Bahnhöfen." Warum sollen sich der Mann und die Frau am Bahnhof treffen? Warum beispielsweise nicht im Café?
4. Warum hat Gabriele Wohmann die Geschichte „Ein Rendezvous" genannt, obwohl kein Treffen stattgefunden hat?

D Gruppenarbeit: Fragen zu Leerstellen. Vergleichen Sie in Gruppen zu dritt die Fragen, die Sie über die Striche geschrieben haben, und diskutieren Sie mögliche Antworten. Finden Sie noch weitere vier Leerstellen. Machen Sie eine Liste der „unbeantworteten" Fragen, und tauschen Sie die Liste mit einer anderen Gruppe aus. Die neue Gruppe soll versuchen, die Fragen zu beantworten.

E **Allgemeine Fragen zum Text**

1. Gabriele Wohmann enthält uns, den Lesern, viele Informationen über die zwei Figuren und ihre Beziehung vor. Stört es Sie, daß Sie vieles nicht wissen? Oder haben Sie es gern, über vieles rätseln zu müssen?
2. Ist die Beziehung zwischen dem Mann und der Frau, Ihrer Meinung nach, außergewöhnlich oder normal? Warum ist die Beziehung kaputt? Was, glauben Sie, hat die Beziehung zerstören können?

Kultur-Rundschau

Viele Paare in Deutschland ziehen es heute vor, nicht mehr in der traditionellen Form der Ehe zusammenzuleben. Die Einstellung zur Ehe hat sich in den letzten Jahrzehnten sehr geändert. Kinder werden nicht mehr als Grund zum Heiraten betrachtet. Unverheiratete Eltern, die aber eine feste Bindung haben, gehören zum Alltag. Diejenigen, die doch heiraten, stehen vor relativ geringen Chancen, daß die Ehe halten wird. Denn in Deutschland wird jede dritte Ehe geschieden—und in Großstädten sogar jede zweite Ehe.

- In welchem Durchschnittsalter heiraten Leute in Ihrem Land? Wenn sie über oder unter dreißig sind?
- Gibt es viele Ehescheidungen? Warum?

Stil und Sprache

Wörter und Ausdrücke

Substantive
der Anruf, -e telephone call
der Fleck, -en spot, stain
die Hörmuschel, -n earpiece (of telephone receiver)
die Kugel, -n ball, sphere; bullet
der Poststapel, - pile of letters
die Schlange, -n line of people; snake
der Strich, -e line, dash
die Telefonzelle, -n telephone booth
der Treffpunkt, -e meeting point
die Veranlassung, -en cause, reason

Verben
sich bereit erklären to declare oneself ready
betrachten to observe
wählen to dial (a telephone); to choose
sich zerschlagen to come to nothing
zögern to hesitate

Adjektive
unschlüssig indecisive
zweideutig ambiguous

A **Wortschatz.** In der Geschichte von Wohmann finden Sie Wörter, die unter den folgenden Themen einzuordnen sind. Suchen Sie die Wörter im Text, und tragen Sie sie ein. Schreiben Sie die Artikel und Pluralendungen der Substantive auch dazu.

DAS TELEFON	KÖRPERTEILE	DAS BÜRO	KLEIDUNGSSTÜCKE
die Hörmuschel, -n die Nummer, -n wählen			

B **Wortschatzerweiterung.** Tragen Sie in Gruppen zu dritt weitere Wörter ein, die nicht in der Geschichte vorkommen, aber dennoch unter das Thema einzuordnen sind.

C **Wörter in der Praxis.** Bearbeiten Sie mit den passenden Wörtern die folgenden Aufgaben entweder schriftlich oder mündlich.

1. Ein deutscher Tourist oder eine deutsche Touristin fragt Sie, wie man von einer Telefonzelle aus einen Telefonanruf macht. Erklären Sie den Prozeß.
2. Beschreiben Sie jemanden in der Klasse sehr genau. Benutzen Sie den Wortschatz zum Körper und zur Kleidung.
3. Beschreiben Sie ein typisches Büro oder ein Büro, das Sie kennen.

D Gebräuchliche Ausdrücke. Was bedeuten diese Ausdrücke in der Geschichte? Lesen Sie das Wort im Kontext, und verbinden Sie den Ausdruck mit der richtigen Bedeutung.

1. _____ zweideutig (Z. 2)
2. _____ eine Schlange (Z. 32)
3. _____ Veranlassung (Z. 50)
4. _____ zögern (Z. 70)
5. _____ sich zerschlagen (Z. 76)

a. nichts werden
b. unschlüssig sein
c. doppelsinnig
d. viele Menschen, die hintereinander stehen
e. Grund

E Neuer Zusammenhang. Benutzen Sie die Wörter aus **Übung D** in einem anderen Kontext. Setzen Sie den passenden Ausdruck in die Lücke ein.

1. Sie hat sich bereit erklärt, beim Theaterstück mitzumachen, ohne zu _____ .

2. Deutsch ist ein so beliebtes Studienfach, daß eine _____ von Studenten vor der Registratur wartet, um sich für Deutschkurse einzuschreiben.

3. Es gab viele Interpretationen zur Geschichte von Wohmann, da viele Textstellen sehr _____ waren.

4. Das Interview mit der deutschen Schriftstellerin hat sich leider _____ , denn sie konnte wegen einer schweren Erkältung nicht kommen.

5. Ich möchte wissen, aus welcher _____ Andrea die Party so früh verlassen hat.

Indirekte Rede gegenüber direkter Rede

Im Deutschen wie im Englischen kann man das, was eine andere Person sagt, verschieden wiedergeben. Man kann zum Beispiel wörtlich zitieren.

Frau Schmidt sagt: „Die Stadt ist groß."   Mrs. Schmidt says, "The city is big."

Wenn man wörtlich zitiert, heißt das **direkte Rede.** Man kann auch umschreiben (paraphrasieren). Im Deutschen umschreibt man mit der **indirekten Rede.** In diesem Fall benutzt man den Konjunktiv (*subjunctive*), der zwei Formen annehmen kann: Konjunktiv I und Konjunktiv II. Man benutzt Konjunktiv II häufiger als Konjunktiv I.

KONJUNKTIV I
Frau Schmidt sagt, daß die Stadt groß **sei.**

ENGLISCH
Mrs. Schmidt says that the city is big.

KONJUNKTIV II
Frau Schmidt sagt, daß die Stadt groß **wäre.**

Konjunktiv I und II werden immer seltener beim Sprechen benutzt. Man begegnet dem Konjunktiv aber sehr häufig im schriftlichen Deutsch. In der Geschichte „Ein Rendezvous" wird der Konjunktiv verwendet.

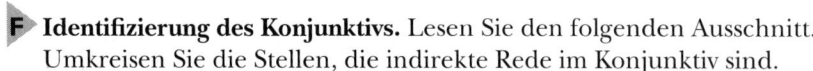 **F Identifizierung des Konjunktivs.** Lesen Sie den folgenden Ausschnitt. Umkreisen Sie die Stellen, die indirekte Rede im Konjunktiv sind.

Er rief die Sekretärin, teilte ihr mit, daß er einen wichtigen Kunden da und da zu treffen habe, sie solle dies und jenes tun, er käme wahrscheinlich heute nicht mehr zurück ins Büro. Als sie weggegangen war, betrachtete er seine Kugeln und seine Striche und den fetten häßlichen zerstörenden Fleck. Er stand auf. Er zog den Mantel an. (Z. 34–38)

Welche drei Dinge sagt der Mann zu der Sekretärin? Benutzen Sie den Indikativ oder Konjunktiv I bzw. II.

    a. Er sagt, _____

    b. Er sagt, _____

    c. Er sagt, _____

G Indirekte Rede. Schreiben Sie den Dialog in der Geschichte in die indirekte Rede (Konjunktiv I oder II) um.

  1. Er sagt: „Die Stadt wird uns genügen."

    Er sagt, daß _____

  2. Sie sagt: „Du kennst dich aus".

    Sie sagt, daß _____

  3. Er sagt: „Ich werde es in fünfzehn Minuten schaffen bis zum Bahnhof."

    Er sagt, daß _____

  4. Sie fragt: „Bist du auf Bahnhöfe eifersüchtig?"

    Sie fragt, ob _____

5. Sie sagt: „Wir haben keinen Treffpunkt ausgemacht".

   Sie sagt, daß _____

H Kommunikation. Interviewen Sie einen Studenten oder eine Studentin mit diesen Fragen. Machen Sie sich Notizen. Erzählen Sie dann den anderen im Kurs, was er oder sie gesagt hat. Benutzen Sie dabei indirekte Rede (Konjunktiv I oder II).

1. Woher kommen Sie?
2. Kennen Sie sich in dieser Stadt aus?
3. Sind Sie gern im Deutschunterricht?
4. Was wollen Sie heute nach dem Deutschunterricht tun?
5. Was haben Sie letztes Wochenende gemacht?
6. Was machen Sie gern in Ihrer Freizeit?

VOM LESEN ZUM HANDELN

Kurz inszeniert

Lesen Sie die folgenden Situationen und finden Sie heraus, wie viele Personen für die Inszenierung nötig sind. Teilen Sie die Rollen unter Ihren Mitstudenten auf. Sie können den Verlauf des Rollenspiels schon vorher planen, bevor Sie es im Kurs vorspielen (oder mit einer Videokamera aufnehmen). Oder improvisieren Sie ganz einfach. Nach den Situationen sind mögliche Redewendungen angegeben, die Sie in Ihrem Rollenspiel verwenden können.

A Büroszene mit Gestik. Setzen Sie die Szene im Büro in ein Minidrama um. Man braucht dazu drei Schauspieler: die Frau, den Mann und die Sekretärin. Der Mann sitzt an seinem Schreibtisch. Die Frau ruft an. Sie treffen eine Verabredung. Er erzählt seiner Sekretärin eine Lüge. Vergessen Sie nicht, die Gestik mitzuspielen. (z.B. Der Mann zeichnet mit dem Bleistift, während er mit der Frau spricht.)

B Ein anderer Schluß. Der Mann geht in den Bahnhof hinein und findet die Frau nicht. Er ruft sie zu Hause an. Dieses Mal nimmt sie den Hörer ab. Er fragt sie, warum sie ihn angelogen habe. Sie erklärt ihm die Gründe. Er reagiert darauf. Sie kommen zu einem Entschluß.

REDEWENDUNGEN

Wenn man Enttäuschung oder Wut zeigen will, kann man sagen:
   Das war gemein von dir!   Wie kannst du mir so etwas antun?
   Ich bin wütend auf dich!   Was fällt dir eigentlich ein?

Mitdenken—Mitschreiben

A Eine Vorgeschichte. Schreiben Sie eine Vorgeschichte, die genau an der Stelle endet, wo die Geschichte von Wohmann anfängt. Sie können die folgenden Fragen berücksichtigen:

Wie heißen der Mann und die Frau? Was macht die Frau? Wo lebt sie? Wie haben sich der Mann und die Frau kennengelernt? Was für eine Beziehung haben sie gehabt? Warum ist die Frau gern auf Bahnhöfen? Warum findet sie den Mann jetzt arrogant und kühl? Warum findet der Mann die Frau scheu und kalt? Welche Hoffnungen, Pläne oder Wünsche haben beide gehabt?

B Ein Telefongespräch. Schreiben Sie ein Telefongespräch zwischen dem Mann und der Frau, in welchem sie sich ihre wahren Gefühle gestehen. Zum Beispiel sagt die Frau ihm, daß seine Stimme kalt und arrogant klingt, und er sagt ihr den Grund. Wiederum sagt er ihr, was er über ihr Verhalten denkt, und sie erklärt ihm den Grund.

C Eine Analyse. Schreiben Sie eine Analyse. Was ist das Problem bei dieser Beziehung? Was fehlt in dieser Beziehung? Was muß man tun, um eine glückliche Beziehung zu haben?

6 Unheimliche Begegnungen

„Die großen Begebenheiten in der Welt werden nicht gemacht, sondern finden sich."
(Lichtenberg, Dtsch. Physiker und Schriftsteller)

KAPITEL 6 Unheimliche Begegnungen

VORSCHAU

Liebe gesucht

In Deutschland wie in anderen Ländern gibt es für ledige oder alleinstehende Leute die Möglichkeit, Kontakt mit anderen ledigen Menschen durch eine Anzeige in der Zeitung herzustellen. Lesen Sie die Ausschnitte aus der *Süddeutschen Zeitung*.

(a) ICH WÜNSCHE MIR SO SEHR..........
einen verständnisvollen, intelligenten Partner, der sich trotz meiner Körperbehinderung (etwas Fuß, Hände, Sprache) zu mir bekennt. Eine junge Münchenerin 26/164/54 kg, Steuergehilfin, sensibel, unternehmungslustig, reisefreudig, würde sich über Ihre Bildzuschrift sehr freuen unter ✉ ZS2422362 an SZ

(b) Ich habe die Nase voll !!...
... v. unseren Männern. Es gibt nichts schöneres als von einem "Italiener" als Frau begehrt, verwöhnt zu werden. Wenn Sie Mut haben schreiben Sie. Sie sollten was Außergewöhnlichs sein, ca. 35-45 J. Ich, w, Anf. 40, blond, blaue Augen ✉ ZS2418254

(c) Gutaussehender, ital. Rechtsanwalt, Anfang 50, Wohnsitz in Rom, würde sich über die Zuschrift einer attraktiven, hübschen, kultivierten Deutschen zwischen 30-40 Jhr. freuen, die an einer ernsten dauerhaften Beziehung interessiert ist. Bitt schreiben Sie mir (evtl. mit Bild) in ital, spanisch oder englisch unter ✉ ZS2411938

(d) Zahnarzt, 38, sympathisch, im finanziellen Ruin, sucht liebenswerte, geschäftstüchtige energische Frau zw. 30-40 J. zum Wiederaufbau einer Praxis od. einheirat. Gütertrennung zugesichert. ✉ ZS2416117

(e) Noch einmal Vater sein!
Warum erst mit 50, weil man vorher sich zu wenig Zeit nimmt.
Für Sie und Ihren Sohn oder Tochter will ich jetzt dasein. Bin bestimmt ein netter Mann, sportlich, naturverbunden nicht unvermögend. Gerne würde ich Sie kennenlernen. Ich warte auf Ihre Zuschrift ✉ AS2418812

(f) Liebe ist vergänglich...
...außerdem kann ich es mir nicht mehr erlauben, mich nach Gefühlen zu orientieren. Was ich, 39, 168, gesch., brauche: einen Herrn zwecks Ehe auf rein freundschaftlicher Basis. Er sollte Haus mit Garten im Grünen im Raum München besitzen, Tiere mögen, für meinen Lebensunterhalt sorgen und nur wenig zeitliche Ansprüche an mich stellen. Wenn Sie das alles nicht abschreckt, dann antworten Sie bitte unter ✉ AS2423297 an SZ

A Kontakte. Welche Anzeigen treffen auf die Frage zu? Umkreisen Sie die richtigen Buchstaben.

1. Wer sucht eine Frau?   a b c d e f
2. Wer sucht einen Mann?   a b c d e f
3. Wer sucht jemanden zum Heiraten?   a b c d e f
4. Wer möchte eine Familie gründen?   a b c d e f
5. Wer sucht eine/n ausländische/n Partner/in?   a b c d e f
6. Wer sucht jemanden aus praktischen Gründen?   a b c d e f
7. Welche Frau würde gut zu Mann (c) passen?   a b f

B Gesucht wird! Würden Sie eine Anzeige in die Zeitung setzen? Was würden Sie in der Anzeige schreiben? Nehmen Sie die Anzeigen oben als Musterform, und schreiben Sie eine Anzeige. Wen suchen Sie? Welche Eigenschaften soll die Person haben? Wie beschreiben Sie sich? Welche Art von Beziehung (fest, ernsthaft, freundschaftlich) möchten Sie haben? Wenn Sie Ihre Anzeige geschrieben haben, tauschen Sie sie mit Ihren Mitstudenten aus. Schreiben Sie zum Spaß nun eine Antwort auf die Anzeige, die Sie bekommen haben.

Überschrift im Fettdruck:
_____
_____
_____
_____
_____

Chiffre:*
_____

C Der erste Eindruck. Wenn man Fremden begegnet, kann man die Menschen oft nur vom Aussehen her einschätzen. Schauen Sie sich diese Bilder von fremden Menschen an. Stellen Sie sich vor, daß Sie allein auf einer Bank sitzen und der Mensch im Bild auf Sie zukommt. Der Mensch bittet Sie um einen Gefallen. Wie würden Sie auf den Menschen auf Seite 97 reagieren? Ist ihr oder sein Aussehen sympathisch oder unsympathisch, verdächtig oder vertrauensvoll, schön oder häßlich, nett oder böse, interessant oder langweilig?

**Reference number*

PHOTO-NUMMER	GESCHLECHT	ALTER (UNGEFÄHR)	MÖGLICHER BERUF	AUSSEHEN
1				
2				
3				
4				

Vergleichen Sie Ihre Einschätzungen mit anderen im Kurs. Gibt es Meinungsunterschiede? Wenn ja, welche?

Einführung in das Thema

Literarisches Konzept: Motivation

Eine Figur in einer Erzählung handelt aus einer bestimmten Motivation. Die Motivation der Figur kann durch bewußte oder unbewußte Interessen, Umstände, Charakterzüge oder Verhaltensweisen erzeugt werden. Motivation ist das, was die Figur zu einer Entscheidung oder zum Handeln bringt.

 Diskussion. Basiert auf den Geschichten, die Sie bis jetzt gelesen haben, diskutieren Sie folgendes mit Ihren Mitstudenten.

1. Was war wichtiger in der Geschichte: die Beschreibung einer Figur oder die Handlung?
2. Überlegen Sie in den Geschichten, die um das Handeln der Figur gehen, was die Figur tut. Welche Motivation bringt die Figur zum Handeln oder zur Entscheidung?

Einführung in das Thema **97**

①

②

③

④

Spekulation

A In der nächsten Geschichte, „Das Alibi", geht eine einsame Frau im Englischen Garten (ein Park inmitten der Großstadt Genf) spazieren, und dort begegnet sie einem Mann. Lesen Sie die folgenden Zitate aus dem Text und spekulieren Sie über den Handlungsablauf.

Er drehte sich um und kam auf mich zu. . . . „Bitte bleiben Sie, Sie müssen mir helfen."	Anfang
„Doch. Wir kennen uns. Wir sind einander oft begegnet, hier am See. Wir kennen uns, Sie wissen es."	Mitte
„Ich ging wie unter einem inneren Zwang. Ich ging mit ihm hinein."	Ende

B Spekulieren Sie!
1. Was will der Mann von der Frau?
2. Was für eine Beziehung haben sie?
3. Welche Motivation treibt sie, mit dem Mann wegzugehen?
4. In welches Gebäude gehen sie hinein?
5. Warum heißt die Geschichte „Das Alibi"? Was ist ein Alibi? Wofür ist die Person ein Alibi?

Das Alibi

von Aurelia Bundschuh

Aurelia Bundschuh wurde 1933 in Bregenz (Österreich) geboren und ist da aufgewachsen. Sie arbeitete neun Jahre lang als Buchübersetzerin und freie Journalistin in Wien und Genf. Heute ist sie als Verlagslektorin in Genf tätig.

Bundschuh schrieb hauptsächlich Liebesgeschichten, darunter „Das Alibi", die „nicht nur von der Hinwendung [*devotion*] des Ich zum Du, von beglückender [*gladsome*] Zweisamkeit, sondern von der immerwährenden [*everlasting*] Liebe zum Leben" handeln. Zur Erzählkunst der österreichischen Autorin sagte man folgendes: „Ihre Kraft ist Unmittelbarkeit [*directness*]. Ihr Tiefgang berührt die Seele. Die Schönheit ihrer Sprache besticht [*pierces*]."*

---

*Die Informationen kommen aus: Aurelia Bundschuh. *Strömungen – Lieben, lachen, weinen.* Genf: Ariston, 1980.

Das Alibi

Seit ich wieder allein lebe, habe ich mir angewöhnt,° stundenlange Spaziergänge zu machen. Fast täglich gehe ich gegen Abend zum See hinunter. Dort, im Englischen Garten, kann eine Frau allein spazieren, ohne gleich in den Verdacht zu kommen,° Anschluß zu suchen.°

Gleichwohl° wird man bisweilen° auch angesprochen. Doch es ist, als ob dort nicht einfach jedermann spazierenginge, obschon der Englische Garten ein öffentlicher Platz ist. Da sind natürlich auch Paare. Paare spazieren, um beisammen zu sein. Frauen mit Kindern oder Männer mit Hunden spazieren, damit diese an die Luft und jene zu ihrer Bewegung kommen. Der Spaziergang ist ihnen nur Mittel zum Zweck. Menschen hingegen,° die allein spazierengehen, tun das meistens nicht auf Grund eines äußeren Anlasses.° Sie sind vielmehr von innen her getrieben.

Gerne beobachte ich diese einsamen Spaziergänger. Ich versehe° sie mit Schicksalen, dichte ihnen Geschichten an° und versuche aus ihren Gesichtern zu lesen, warum sie nicht mit Partnern, Kindern oder Hunden spazieren.

Es war schon spät im Herbst. Ich saß mit hochgeschlagenem Mantelkragen auf einer Bank in Ufernähe.° Es fröstelte mich.°

So ein Fröstelgefühl hat etwas Verlockendes°—wie alles, das man durch eigenes Eingreifen° ändern kann. Dieses Eingreifen zögere ich gerne hinaus und spiele mit dem Gedanken, wie es wäre, wenn man nicht eingreifen, an einer gegebenen Situation nichts ändern könnte. So blieb ich noch auf der Bank sitzen, obschon ich fröstelte. Ich malte mir aus,° wie es wäre, wenn ich die ganze Nacht hier sitzen bleiben müßte—wenn ich keine warme Wohnung, kein Bett, keine Bücher, keine Musik, keinen Kaffee und keine Zigaretten hätte. Und ich kostete gleichzeitig das beruhigende Gefühl aus,° im Genuß all dieser Dinge zu sein, sobald ich es nur wollte. Ich mußte ja nur nach Hause gehen.

Auch fiel mir ein Mann auf, der schon seit mehr als einer halben Stunde am Geländer° lehnte und ins Wasser starrte. Er war groß, sehr schlank, fast mager° und hatte dunkle Haare. Er war nachlässig° gekleidet und, wie ich zu bemerken glaubte, sehr nervös. Ich wußte plötzlich, daß ich, während ich mein Gedankenspiel getrieben hatte,° die ganze Zeit ihn beobachtet und er sich auch öfter nach mir umgedreht hatte. Wie hätte ich sonst auch wissen können, daß er dunkle, sehr tiefliegende Augen und knochige, lange Hände hatte? Seine Hände umklammerten, wenn er nicht gerade rauchte, das Eisengeländer.

Er drehte sich um und kam auf mich zu. Ich wurde verlegen,° stand auf und wollte gehen.

„Bitte bleiben Sie, Sie müssen mir helfen. Ich spüre: Sie werden mir helfen."

„Wie könnte ich . . .?" Etwas hielt mich zurück. Etwas verwickelte° mich in seine Sache. „Wie kann ich Ihnen helfen?" fragte ich und blieb wie gebannt° stehen.

embroiled
wie . . . as if spellbound

„Ich weiß, Sie werden mir helfen. Ich sah Sie häufig hier am See. Sie sind anders als die anderen. Sie spazieren—wie ich—immer allein. Bitte helfen Sie mir, gehen Sie jetzt nicht weg."

„Aber wie soll ich Ihnen denn helfen? Sagen Sie doch wenigstens, was ich für Sie tun soll."

„Ich brauche ein Alibi. Ein Alibi für gestern abend."

Mir war inzwischen kalt geworden. Ich zog die Handschuhe an. Wir gingen, als ob es so vereinbart° gewesen wäre, miteinander am Ufer entlang. Zunächst schwiegen wir beide. Ich sah ihn von der Seite her an und wußte, daß mir noch nie ein Mann so gut gefallen hatte.

agreed on

Fast tonlos hörte ich mich selbst sagen: „Erzählen Sie, wer Sie sind; wir kennen uns ja nicht."

„Doch. Wir kennen uns. Wir sind einander oft begegnet, hier am See. Wir kennen uns, Sie wissen es. Und dann . . . Gestern abend ist eine Frau ermordet in ihrer Villa aufgefunden worden. Man meint, ich sei der Mörder."

„Was haben denn Sie damit zu tun? Man gerät° doch nicht zufällig in einen derart ungeheuerlichen Verdacht? Wer wurde umgebracht?"°

falls
killed

„Die Schauspielerin Rose von Meyen. Ich war mit ihr einmal eng befreundet. Zweifellos mußte der Verdacht auf mich fallen. Wir haben uns vor drei Monaten getrennt. Ich fuhr heute früh nach Lausanne. Im Zug las ich davon in der Zeitung. Abends fand ich zu Hause die Vorladung.° Ich bin auf dem Weg zum Polizeiposten. Ich brauche aber ein Alibi. Ein Alibi für gestern abend."

subpoena

„Ja, und haben Sie denn kein Alibi für gestern abend? Wo waren Sie gestern abend?"

„Spazieren. Hier am See. Ich habe Sie gesehen. Sie trugen den gleichen Mantel wie heute. Gestern trugen Sie auch noch eine weiße Mütze. Sie stand Ihnen gut. Ich habe Möwen° gefüttert. Ihr Hungergeschrei geht mir aus der Jugend nach.° Aber Möwen können kein Zeugnis ablegen,° das mir als Alibi diente."

seagulls
geht . . . takes me back to my childhood / Zeugnis . . . bear witness

Wir waren weit gegangen, die ganze Uferpromenade entlang. Die Straßen schluckten uns auf. Von weitem sah ich die Leuchtschrift „Polizei".

„Ist es hier? Müssen Sie sich hier melden?"° Er nickte.

report

„Sagen Sie, daß Sie mich gesehen haben. Daß wir miteinander gesprochen haben. Ein paar Worte wenigstens. Es hätte doch sein können. Ich wollte Sie schon mehrmals ansprechen, doch ich glaubte zu spüren, daß Sie allein sein wollten. Menschen, die allein spazierengehen, wollen meistens auch allein bleiben. Hätte ich Sie nur angesprochen! Dann hätten wir uns gestern schon gekannt. Dann hätten wir gestern miteinander gesprochen."

Ich ging wie unter einem inneren Zwang.° Ich ging mit ihm hinein. Ich suchte seine Hand. Ich spürte den Druck seines knochigen Ellbogens an meinem Oberarm. Er hatte gerade noch Zeit zu sagen: „Sie sind eine wunderbare Frau. Ich wußte es." *force*

Er zog die Vorladung aus der Tasche und gab sie dem Beamten hinter dem Pult.° Dieser warf ihm einen unmißverständlichen° Blick zu und holte einen anderen, den zuständigen.° *desk / knowingly*
in charge

„Wo waren Sie gestern abend zwischen fünf und sieben Uhr abends?"

„Ich, ich . . ."

„Er war bei mir, mein Herr, bei mir im Bett, wenn Sie erlauben."

Nach Erledigung° endloser Formalitäten konnten wir gehen—vorläufig° wenigstens. *completion / for the time being*

Bevor wir zu mir gegangen sind, spazierten wir noch lange. Zu zweit—ein neues Paar, das spazierengeht, weil es zusammen bleiben möchte.

Diskussion zum Thema

A **Zum Textverständnis.** Die Stichwörter in der Liste kommen in der Geschichte „Das Alibi" vor. Arbeiten Sie in einer Gruppe von vier oder fünf Personen. Jede Person zieht ein Stichwort und erzählt das Wesentliche über die Textstelle, wo das Wort vorkommt.

BEISPIEL: Englischer Garten (Z. 3) →
Eine einsame Frau geht im Englischen Garten spazieren.

1. Bank (Z. 21)
2. nervös (Z. 30)
3. ermordet (Z. 54)
4. die Vorladung (Z. 61)
5. Polizei (Z. 71)
6. ein neues Paar (Z. 92)

B Meinungsaustausch. Diskutieren Sie die folgenden Fragen mit Ihren Mitstudenten.

1. Machen Sie sich Gedanken über die Motivation der Frau. Warum hat sie diesem wildfremden Mann geholfen? Aus Freundlichkeit? Aus Einsamkeit? Aus Mitleid? Aus sexueller Anziehung?
2. Was denken Sie über die Handlungsweise der Frau? Finden Sie das Verhalten der Frau naiv? Leichtsinnig? Romantisch? Verrückt? Nicht wahrscheinlich? Großartig?
3. Wo findet das Geschehen statt? Finden Sie den Ort und die Jahreszeit wichtig für die Erzählung? Welche Stimmung will die Autorin mit dem Ort und der Jahreszeit erzeugen?
4. Stellen Sie sich vor, Sie verfilmen die Geschichte von Bundschuh für das Fernsehen. Welche Schauspieler würden Sie engagieren? Wer spielt die Frau? Wer spielt den Mann?

C Allgemeine Fragen zum Text

1. Fanden Sie die Geschichte realistisch oder unrealistisch?
2. Hat Ihnen die Geschichte gefallen? Warum (nicht)?
3. Hätten **Sie** dem Mann geholfen? Warum (nicht)?
4. Stellen Sie sich vor, Sie seien der Mann. Hätten Sie eine fremde Person um ein Alibi gebeten? Warum (nicht)?

D „Ein Rendezvous" im Vergleich zu „Das Alibi"

1. Welche Geschichte hat Ihnen besser gefallen? Oder haben Sie die beiden auf ihre Art gleich gut gefunden?
2. Vergleichen Sie die Geschichte von Bundschuh mit der Geschichte von Wohmann unter den folgenden Gesichtspunkten:

	EIN RENDEZVOUS	DAS ALIBI
a. Erzählperspektive: Ich-Erzählerin oder Erzählerin in der 3. Person?		
b. Darstellung der Frauenfiguren: Wie ist die Frauenfigur? Wie wird sie beschrieben?		
c. Darstellung der Männergestalten		
d. Handlung: z.B. geradlinig (*linear*), Leerstellen, einfach, kompliziert		
e. Thema/Themen: z.B. Liebe, Haß, Verständnis oder Unverständnis, Angst usw.		

Kultur-Rundschau

Zweiundzwanzig Prozent der Bundesrepublik bestehen aus Naturparks, also Gebieten, die unter Landschafts- oder Naturschutz stehen. Zur Natur haben die Deutschen traditionell eine enge Beziehung. Begriffe wie „Waldgeist", „Naturfreund" und „Wanderlust" drücken die Liebe vieler Deutscher für das Wandern in der Natur aus.

- Stehen viele Gebiete in Ihrem Land unter Naturschutz? Finden Sie das in Ordnung? Warum oder warum nicht?
- Gehen viele Leute in Ihrem Land im Grünen spazieren?

Stil und Sprache

Wörter und Ausdrücke

Substantive
der Anschluß contact; connection
die Begegnung, -en unexpected meeting, encounter
der Verdacht suspicion
die Vereinbarung, -en agreement, arrangement
die Verwicklung, -en entanglement

Verben
an•schließen to join
auf•fallen to be conspicuous
begegnen to meet, unexpectedly encounter, run into (someone)
dienen to serve
geben to give
gefallen to please
helfen to help
stehen to fit, suit (*article of clothing*)
verdächtigen to suspect
vereinbaren to agree upon
verwickeln to embroil, involve

Adjektive
anschließend subsequently
verdächtig suspicious

A Wortbildung. Die folgenden Wörter kommen in der Geschichte vor. Ergänzen Sie den Satz mit der passenden Form des Wortes (z.B. Zeitform, Verbform der 3. Person usw.), damit es grammatisch stimmt.

   der Verdacht   *verdächtigen*   *verdächtig*

1. Die Polizei hat ihm des Diebstahls _____ (Partizip).
2. Ich habe den _____, daß sie das Geld gestohlen hat.
3. Der Mann da drüben sieht _____ aus.

   die Verwicklung   *verwickeln*   *verwickelt*

4. Er war im Geschäft seines Vaters so sehr _____, daß er davon nicht mehr wegkam.
5. Wegen politischer _____ hat der Präsident die Wahl verloren.
6. Laß dich nicht in diesen Streit _____!

   die Vereinbarung   *vereinbaren*   *vereinbart*

7. Er ist nicht um die _____ Zeit gekommen.
8. Die Professorin hält ihre Sprechstunde nach _____. Ich werde sie also fragen, ob sie morgen um vier Zeit hat.
9. Wir haben uns _____, uns um 20 Uhr vor dem Kino zu treffen.

der Anschluß   *anschließen*   *anschließend*

10. Er ging auf die Fete alleine und suchte da _____.
11. Willst du dich unserer Gruppe _____? Wir gehen in den Bergen wandern.
12. Erst gehen wir essen und _____ gehen wir in die Jazzkneipe.

Dativ-Verben

In der Geschichte kommen sogenannte Dativ-Verben vor, wie zum Beispiel die Verben **auffallen** und **gefallen**. Lesen Sie die folgenden Sätze.

Als ich auf der Bank saß, **fiel** mir ein Mann **auf**.
Mir hatte noch nie ein Mann so gut **gefallen**.

Beide Verben sind unregelmäßig, denn ihr Verbstamm ändert sich in der dritten Person (Präsens) und im Präteritum.

INFINITIV	3. PERSON PRÄSENS	PRÄTERITUM
gefallen	gefällt	gefiel
auffallen	fällt . . . auf	fiel . . . auf

B **Sätze aus der Geschichte.** Setzen Sie das richtige Dativ-Verb in die Lücke ein. Passen Sie auf die Zeitform und Person auf. Welche Verben sind regelmäßig und welche sind unregelmäßig?

begegnen   dienen   geben   helfen   stehen

1. Der Fremde sagte der Frau, „Ich spüre: Sie werden mir _____." (Z. 37)
2. „Wir sind einander oft _____, hier am See." (Z. 53)
3. „[Die Mütze] _____ Ihnen gut." (Präteritum) (Z. 66–67).
4. „Aber Möwen können kein Zeugnis ablegen, das mir als Alibi _____." (Z. 68 – 69)
5. [Er] _____ dem Beamten [die Vorladung]. (Z. 83)

C Bilden Sie mit den Dativ-Verben Fragen über den Text, und stellen Sie dann jemandem im Kurs diese Fragen. Achten Sie auf die Wortstellung! Schauen Sie das Beispiel an.

BEISPIEL: gefallen →
Gefällt ihr der Mann? (NICHT: Gefällt der Mann ihr?)

D **Kommunikation.** Stellen Sie Ihrem Partner oder Ihrer Partnerin die folgenden Fragen. Ersetzen Sie dann die unterstrichenen Wörter mit anderen Wörtern, und stellen Sie Ihrem Partner oder Ihrer Partnerin neue Fragen.

1. Wer oder was ist Ihnen am ersten Tag im Kurs aufgefallen?
2. Welcher (deutsche) Schauspieler gefällt Ihnen?
3. Stehen Ihnen Mützen?
4. Wer hat Ihnen mit der Deutsch-Hausaufgabe geholfen?
5. Wem begegnen Sie oft in der Mensa (Cafeteria für Studenten)?
6. Wer dient der Gesellschaft als guter Politiker / gute Politikerin?
7. Wem geben Sie gerne Geschenke?

VOM LESEN ZUM HANDELN

Kurz inszeniert

Lesen Sie die folgenden Situationen und finden Sie heraus, wie viele Personen für die Inszenierung nötig sind. Teilen Sie die Rollen unter Ihren Mitstudenten auf. Sie können den Verlauf des Rollenspiels schon vorher planen, bevor Sie es im Kurs vorspielen (oder mit einer Videokamera aufnehmen). Oder improvisieren Sie ganz einfach. Nach den Situationen sind mögliche Redewendungen angegeben, die Sie in Ihrem Rollenspiel verwenden können.

A **Ein seltsamer Gefallen.** Sie sitzen allein auf einer Bank. Ein Fremder oder eine Fremde geht auf Sie zu und bittet Sie um einen seltsamen Gefallen. Sie sind überrascht. Sie stellen dem oder der Fremden z.B. die folgenden Fragen:

1. Warum fragen Sie **mich** (und nicht einen anderen)?
2. Wer sind Sie überhaupt?
3. Warum haben Sie so eine Bitte? Erklären Sie mir den Grund!
4. Sagen Sie mir, warum ich Ihnen helfen sollte.

Der/Die Fremde versucht, Sie davon zu überzeugen, ihm oder ihr zu helfen.

REDEWENDUNGEN

Der/Die Fremde könnte so anfangen:
Verzeihen Sie die Störung.
Entschuldigung, wenn ich Sie störe.
Bitte, würden Sie so freundlich sein und mir einen Augenblick zuhören?
Könnten Sie mir bitte helfen?

B Eine neue Wendung. Jemand spielt die Frau in der Geschichte und ein anderer im Kurs den Mann. Sie spazieren durch den Park als „ein neues Paar, das zusammen bleiben möchte." Im Laufe des Gesprächs sagt der Mann der Frau, daß er doch die Schauspielerin ermordet hat. Wie reagiert die Frau auf diese Nachricht? Was macht der Mann? Versucht er, die Frau zu beruhigen? Wollen die beiden dennoch zusammen bleiben?

REDEWENDUNGEN

Wenn man sehr überrascht ist, kann man sagen:
   Das darf nicht wahr sein!
   Das gibt's doch gar nicht!
   Ich werde verrückt!
   Ich kann das nicht fassen!

Mitdenken—Mitschreiben

A Eine wichtige Begegnung. Schreiben Sie über eine beeindruckende oder wichtige Begegnung mit einer Person, die Sie kaum kannten.

1. Wo sind Sie sich begegnet?
2. Wer war diese Person?
3. Was ist zwischen Ihnen passiert?
4. Warum war die Begegnung für Sie so wichtig?
5. Haben Sie noch Kontakt zu dieser Person?

B Eines Tages . . . Bekanntschaften oder Liebschaften können auf interessante Weisen beginnen. Erzählen Sie davon, wie sich ein Freundespaar, Liebespaar oder Ehepaar, das Sie kennen, kennengelernt hat.

1. Wer ist das Paar?
2. Wann und wo haben sie sich kennengelernt?
3. Haben sie sich sofort verliebt? Haben sie geheiratet?
4. Sind sie noch zusammen? Wie ist ihre Beziehung? Verstehen sie sich gut?

7 Bikulturelle Beziehungen

Intoleranz ist das größte Verbrechen

Vorschau

Binationale Partnerschaften

Lesen Sie das Gedicht von Gino Chiellino.*

von Gino Chiellino

Es† liebe

sie hatten sich in einer Kneipe
kennengelernt

er sprach ein singendes Deutsch
sie war freier als er hoffte
5 beide fanden es toll

später nannten sie es Liebe
taten viel zusammen

als es zu Ende war
ahnten sie nicht, daß
10 ihre Liebe
ein wenig Exotik gegen
ein bißchen Integration
gewesen
war

A Beantworten Sie die Fragen.

1. Was ist besonders an diesem Liebespaar?
2. Warum hat sie sich in ihn verliebt?
3. Warum hat er sich in sie verliebt?

---

*Dr. phil. Gino Chiellino aus Italien, geboren 1946, seit 1970 in Deutschland. Lektor für Italienisch an der Universität Augsburg. Herausgeber von Werken von Autoren nichtdeutscher Muttersprache. 1987 zusammen mit Franco Biondi Preisträger des Adalbert-von Chamisso-Preises.
†**Es** ist Italienisch für **Es ist.**

▶ **Interessante Fakten.** Was wissen Sie über binationale Beziehungen in Deutschland? Markieren Sie der richtigen Antworten.

1. Die Zahl binationaler Eheschließungen in Deutschland _____.
   a. ist extrem gering
   b. geht zurück
   c. steigt stetig an
   d. ist sehr hoch

2. Jährlich schließen etwa _____ deutsche Frauen und etwa 9 000 deutsche Männer eine Ehe mit einem Ausländer bzw. einer Ausländerin.
   a. 9 000
   b. 19 000
   c. 90 000
   d. 190 000

3. Binationale Beziehungen in Deutschland _____.
   a. sind verboten
   b. werden oft negativ aufgefaßt
   c. sind in der Gesellschaft völlig integriert
   d. sind jetzt Mode

4. Wenn eine Deutsche einen Ausländer heiratet, _____.
   a. verliert sie ihre deutsche Staatsangehörigkeit
   b. muß sie sich entweder für die deutsche Staatsangehörigkeit oder die ihres Ehemanns entscheiden
   c. kann sie die doppelte Staatsangehörigkeit nur dann beantragen, wenn das Land ihres Ehemanns sie automatisch zur Staatsbürgerin macht
   d. erhält ihr Mann automatisch die deutsche Staatsangehörigkeit

5. Welche Kinder erwerben **nicht** automatisch die deutsche Staatsangehörigkeit bei ihrer Geburt in Deutschland _____?
   a. Kinder mit einem Elternteil, der deutsch ist
   b. Nichteheliche Kinder einer deutschen Frau und eines ausländischen Mannes
   c. Kinder, deren Eltern beide Deutsche sind
   d. Kinder, deren Eltern beide Ausländer sind

Haben Sie die richtigen Antworten gewählt?* Schlagen Sie im Anhang nach.

▶ **Hin- und hergerissen.** Michael kommt aus Heilbronn und Eleni aus Nicosia, der Hauptstadt von Zypern. Sie haben sich in München kennengelernt, als Eleni an der Universität Informatik studierte. Michael arbeitet als Drehbuchautor an der Münchener Volkshochschule. Nach elfjähriger Partnerschaft kehrte Eleni 1991 nach Zypern zurück.

Zur Problematik bikultureller Beziehungen sagt Michael folgendes: „Ein großes Problem ist das Getrenntsein der Partner von ihren Familien und ihrer Heimat. Sie sind immer hin- und hergerissen."

---

*Die Antworten sind 1. c, 2. b, 3. b, 4. c, 5. d.

Welche anderen Probleme, glauben Sie, kann ein binationales Paar im Gegensatz zu einem Paar in einer Beziehung gleicher Nationalität haben?

Einführung in das Thema

Literarisches Konzept: Das Interview

Literatur umfaßt nicht nur fiktive Werke, sondern auch Werke, die auf Tatsachen und realen Fällen basieren. Zu nicht fiktiven literarischen Werken gehört zum Beispiel das Interview. Im Interview befragt ein Berichterstatter oder eine Berichterstatterin eine Person über ihre Ansichten oder Erfahrungen, mit der Absicht, diese an die Öffentlichkeit zu bringen.

Um die Problematik der binationalen Beziehung in Deutschland besser zu verstehen, haben Berichterstatter Dietrich Gronau und Anita Jagota Interviews mit deutschen Frauen geführt, die einen ausländischen Partner haben. Der Text, den Sie in diesem Kapitel lesen werden, enthält Bruchteile eines Interviews, das sie mit der deutschen Lehrerin Martina geführt haben.

▶ **Ein Interview.** Stellen Sie sich vor, Sie wären ein Interviewer oder eine Interviewerin. Welche Fragen würden Sie an eine Deutsche in bezug auf ihre binationale Beziehung stellen? Schreiben Sie zu jedem Themenbereich eine Frage.

THEMENBEREICHE	FRAGEN DIREKT AN DIE DEUTSCHE	FRAGEN ÜBER IHREN AUSLÄNDISCHEN PARTNER
1. Herkunft	*Woher kommen Sie?*	*Woher kommt Ihr Partner?*
2. Alter		
3. Religion		
4. Beruf		
5. Einstellung gegenüber Ausländern bzw. Einheimischen		
6. Ehevorstellung		
7. Kindererziehung		
8. Ferienreisen		
9. Beziehung zu Eltern bzw. Schwiegereltern		
10. Beziehung zu Nachbarn		
11. ?		

Denken Sie an die Fragen, die Sie formuliert haben, während Sie die folgenden Ausschnitte aus dem Interview mit Martina lesen, eine Deutsche, die über ihre

Beziehung zu ihrem iranischen Freund Hamid spricht. Unterstreichen Sie die Informationen in dem Interview, die Ihre Fragen beantworten.

Spekulation

▶ Bevor Sie das Interview lesen, machen Sie sich Gedanken über den Titel, „Es war selbstverständlich wieder ein sehr schöner Mann". Was sagt der Titel über Martinas Beziehung zu Hamid? Was scheint Martina besonders anzuziehen? Ist die Beziehung zu Hamid ihre erste Beziehung?

Von Dietrich Gronau und Anita Jagota

Martina: Es war selbstverständlich wieder ein sehr schöner Mann

Ein Interview

Als sie den Tee in drei verschiedene Gefäße° eingegossen hatte, der Rekorder und das Mikrofon installiert waren und der Kater° seinen ersten furiosen Protesttanz über den vollgestellten Fußboden begann, sagte Martina, sie freue sich auf das Interview, denn es würde ihr vielleicht etwas
5 helfen, ihre gegenwärtige Situation zu klären. . . .

„Ich bin in Ostpreußen geboren, im heutigen Kaliningrad, und habe meine ersten Lebensjahre auf der Flucht° verbracht. Ich glaube, daß das einen Teil meines Lebens stark geprägt° hat, denn ich konnte nirgendwo mehr Heimat finden und hatte auch niemals mehr ein Heimatgefühl. Mein Vater war Richter.°
10 Seine Erziehungsmaximen° lauteten: Halte dich immer zurück und versuche besser zu sein als die anderen. Als Flüchtlinge° mußten wir ja dann auch zeigen, daß wir was können.

Wir kamen nach Hamburg, wo ich in der Schule zunächst als Wunderkind betrachtet wurde. Als ich selber zu denken anfing, wehrte ich mich schlichtweg,°
15 dieses Wunderkind zu spielen, und habe mit Ach und Krach° mein Abitur gemacht. Nach meiner Ausbildung zur Bibliothekarin arbeitete ich nur kurze Zeit in diesem Beruf, denn er langweilte mich furchtbar. Ich wollte etwas machen, was mit dem Theater zusammenhing. Also belegte ich Kurse an der Uni in Theaterwissenschaft und Germanistik, lernte an der Volkshochschule, um selber Sprache
20 unterrichten zu können, und über Tausende von Workshops, Seminaren und

pots
male cat

auf . . . in flight, on the run
formed, influenced
judge
childrearing principles
refugees

simply
mit . . . with great difficulty

Zusatzausbildungen habe ich so ungefähr das gefunden, was ich eigentlich wollte. Ich arbeite jetzt in einem Freizeitheim mit den Schwerpunkten Theater für Kinder und Jugendliche und Literatur für Frauen."

Zwei Tage nach ihrer Konfirmation trat Martina, zum Entsetzen ihrer Eltern, aus der Kirche aus. Noch heute hält sie an ihrem eigenen Credo fest: „Ich glaube an den Menschen, und ich glaube an die Liebe zwischen den Menschen. Das ist mein Glaube, und der ist unerschütterlich.°"   *unshakable*

Etwa gleichzeitig mit ihren Religionsstunden fanden auch, auf eigene Initiative, ihre ersten Begegnungen mit Ausländern statt.°   *fanden . . . statt took place*

„Ich habe seit meinem sechzehnten Lebensjahr immer mal Ausländer nach Hause gebracht. Ich erinnere mich, daß ich einen Schwarzen auf der Straße aufgegabelt° hatte, und wie entsetzt ich war, als meine Mutter ihm in sein Kraushaar faßte. Wie kann man so etwas machen, dachte ich. Mein damaliges Verhalten zeigt mir aber, daß ich nie Vorbehalte° gegen Menschen hatte, die anders aussehen oder von woanders herkommen. Für mich war das auch natürlich, denn ich befand mich in einer ähnlichen Situation: Ich habe zwei verschiedenfarbige Augen, kam aus Ostpreußen, wuchs in Hamburg auf, sprach ein breites Ostpreußisch und wurde deswegen von allen geärgert.° Wahrscheinlich habe ich schon seit dieser Zeit eine gewisse Affinität zu Ausländern, also zu Leuten, die auch keine Heimat haben und die auch nicht gern gesehen sind." . . .   *picked up*   *reservations*   *teased*

„Hamid war mir zunächst nicht weiter aufgefallen. Er saß mit vielen anderen Ausländern in meiner Klasse, der ich Deutschunterricht gab. Meine Schüler bildeten insgesamt ein sehr interessantes Gemisch, vom Kind bis zum Opa. Eines Tages sagte er zu mir, er suche Kontakt zu Deutschen, um Kaffee zu trinken und um sich zu unterhalten. Ich sagte, ich will versuchen, jemanden für dich zu finden. Er sah mich aber immer nur weiter an, und da hatte ich so ein Gefühl, das ich auch in einem meiner Gedichte auszudrücken versuchte: Als ich in deinen Augen meine Träume sah, vergaß ich alles, was ich gelernt hatte.

Na gut, dachte ich, soll er sich mal meine Bücher angucken, aber ich kam mir schon schlimm dabei vor,° denn ich kenne mich, und ich wußte, daß es nicht bei den Büchern bleiben würde. Ich hatte gerade die Enttäuschung mit Pedro hinter mir, und zum ersten Mal war ich durch meine Eltern, die beide kurz nacheinander starben, mit dem Tod konfrontiert worden. Und plötzlich sah ich in Hamid das blühende Leben vor mir.   *ich . . . I felt guilty*

Er kam dann auch, brachte Blumen mit, wir tranken Kaffee, wahrscheinlich Tee, unterhielten uns eine Weile, und ich hatte das Gefühl, den möchte ich nicht mehr loslassen. Auch er war selbstverständlich wieder ein sehr schöner Mann, sehr feingliedrig,° sehr mädchenhaft. Er war Anfang zwanzig und ich neununddreißig oder vierzig Jahre alt.

Es wurde immer später und später, wir redeten und redeten, so gut wir konnten, halb englisch und halb deutsch. Ich zeigte ihm auch ordnungsgemäß° meine Bücher und empfahl ihm, ein paar Kinderbücher zu lesen, ein paar Bildgeschichten, eben was man so tut, wenn man sich als Lehrerin versteht. Als er mir erzählte, daß er mit sechs anderen Asylanten° in einem Zimmer wohne, fragte ich ihn, ob er nicht bei mir übernachten wolle. Ja. Und da dachte ich, das ist ja nicht schlimm, sondern schön, und daraus wurde dann eine mehrjährige Beziehung." . . .

„Hamid wuchs als Einzelkind auf, denn seine nächstälteste Schwester wurde erst etwa zwanzig Jahre nach ihm geboren. Nach allem, was ich so konstruiert° habe, hat er seine Mutter sehr geliebt, weil sie für ihn Verständnis aufbrachte.° Es ärgerte° ihn daher auch, daß sie immer die ganze Arbeit machen mußte, selbst dann noch, als sie unter Schmerzen litt und nicht mehr so recht konnte.°

Außerdem interessierte er sich schon damals, im Iran, für Europa. Er wollte reisen und andere Länder kennenlernen. Daß er Hals über Kopf° weg mußte, war natürlich eine andere Situation, als wenn er sich gesagt hätte, gut, ich studiere mal drei Semester im Ausland." . . .

Nachdem sich die Beziehung gefestigt° hatte, tauchten allmählich immer häufiger Landsleute von Hamid in der gemeinsamen Wohung auf° – „manchmal kampierten fünf, sechs Iraner, die aus Westdeutschland kamen, auf Schlafsäcken bei uns, denn ich hatte ihm gesagt, du kannst alle deine Freunde einladen" –, oder er traf sich außerhalb mit ihnen. Zu diesem Zeitpunkt gab es die ersten Anzeichen,° daß er sich, vor allem was das Verhältnis der Geschlechter zueinander betrifft,° kaum vom islamischen Verhaltenskodex befreit hatte.

Martina rebellierte diesmal von Anfang an. „Ich konnte bis zum Schluß kein Verständnis dafür aufbringen, daß wir uns außerhalb der Wohnung nicht anfassen° durften. Das hat mich immer sehr gestreßt. Wir mußten so tun, als gehörten wir nicht zusammen. Am besten, jeder auf einer Straßenseite. Das war zu viel für mich. Später konnte ich das besser verstehen, aufgrund seiner Herkunft° und aufgrund der Lebensformen im Iran, wo Chomeini in den letzten Jahren verboten hatte, daß Männer mit Frauen auf der Straße sprechen, geschweige denn° sie anfassen, und wenn sie nicht nachweisen° konnten, daß sie verheiratet waren, drohten° ihnen wirklich harte Strafen bis hin zum Tod.

Trotzdem muß ich sagen, ich könnte niemals viel Rücksicht auf dieses Getue° nehmen. Mir scheint das widersinnig.° Wenn alle Türen geschlossen und wir allein waren, verhielt Hamid sich wie der zärtlichste, liebste und anhänglichste° Mann, den ich mir vorstellen kann, aber sobald jemand auch nur in die Nähe kam, durften wir uns nicht kennen. Als ob plötzlich ein Vorhang° heruntergezogen würde." . . .

„Ich glaube, das war sein schwerster Konflikt. Für ihn gab es nur zwei Möglichkeiten. Wenn man mit einer Frau schläft, ist man mit ihr für das ganze Leben verheiratet. Lebt man aber lange mit einer Frau zusammen und schläft mit ihr, muß man sie eigentlich verachten° und kann sie nicht mehr heiraten. Obwohl ich niemals wieder heiraten wollte, sagte ich zu ihm, überleg es dir, manches wird für dich dadurch leichter, dein Status hier, dein Verhältnis zu deiner Religion und deine geistige° Entwicklung.

Er argumentierte daraufhin mit meinem Alter. Wenn ich jünger wäre, würde er sofort eine Ehe eingehen.° Das verstand ich noch, denn Kinder und eine Familie konnte ich ihm nicht bieten. Später aber kam er immer öfter damit, daß ich fast schon fünfzig sei. Alle anderen schätzten mich zehn Jahre jünger, und keiner wollte mein wahres Alter glauben, denn die Frauen aus ihren Ländern altern° früher.

Ich bin ja eine ziemlich selbstbewußte Frau, andererseits lasse ich mich, wenn ich liebe, leicht verunsichern.° Hamid wiederholte permanent, daß er sich nicht mit mir auf der Straße sehen lassen könne, daß er sich schäme. Prompt fing ich an, öfter in den Spiegel zu gucken und diese und jene Falte festzustellen,° mich eklig° zu finden, so daß ich mich selber nicht mehr zeigen wollte." . . .

„Er erlaubte sich den Spaß,° mich jedesmal von unterwegs anzurufen, um mir zu sagen, jetzt ist Schluß mit uns. Viermal bot ich ihm an zurückzukommen. Beim fünften Mal ist wirklich Schluß, sagte ich mir, aber ich ließ mir auch das fünfte Mal gefallen,° weil ich dachte, im Grunde möchte er ja bei mir sein, er ist nur immer wieder anderen Einflüssen ausgesetzt,° und wir werden es schon schaffen."°

Martina hatte durch ihre neue Tätigkeit als Erzieherin in einem Jugendfreizeitheim, in dem sie auch einem Literaturkreis für Frauen beitrat,° ihr altes Selbstbewußtsein° zurückgewonnen.

Dort begegnete sie auch einem etwa gleichaltrigen [Deutschen], der ihr viele ihrer ehemaligen Vorbehalte durch seine ausgeglichene° Persönlichkeit nahm.

Noch komplizierter gestaltete sich die bisher letzte Phase der endlosen Trennung. Die Kindheitsfreundin Hamids aus dem Iran kündigte ihren Besuch an,°

was Hamid neuen Auftrieb° gab. Und Martina entdeckte, daß ihr deutscher   neuen . . . *fresh impetus*
130 Freund für sie mehr sei als nur eine belanglose° und vorübergehende°   *unimportant / passing*
Beziehung.

„Ich bin entschlossen, mit meinem deutschen Freund zusammenzubleiben. Er liebt mich und vertraut° mir, und das ist die sicherste Methode, mich zu halten.   *believes in*
Er sagte an jenem Vormittag sogar, nach einem halben Jahr unserer Bekanntschaft
135 könne er nicht erwarten, daß meine lange und tiefe Beziehung zu Hamid einfach zu Ende sei. Sollte sich diese Frau aus dem Iran hier einleben, wären wir praktisch zwei Paare. Hamid und ich möchten weiterhin Kontakt behalten, wenn wir auch Probleme darin sehen, uns allein zu treffen. Ich bin noch nie einem Menschen so nahe gekommen, und er auch nicht."

Diskussion zum Thema

A Zum Textverständnis. Was erfahren wir über Martina und Hamid? Schreiben Sie die Informationen in die passenden Kästchen.

THEMENBEREICHE	MARTINA	HAMID
Herkunft		
Alter		
Religion		

THEMENBEREICHE	MARTINA	HAMID
Beruf		
Einstellung zu Ausländern		
Verhalten als Paar in der Öffentlichkeit		
Ehevorstellung		

B **Große Unterschiede.** Stellen Sie anhand der Tabelle die Unterschiede zwischen Martina und Hamid dar. Verwenden Sie die verschiedenen Wörter und Ausdrücke, um den Kontrast zwischen den beiden zu zeigen.

    im Gegensatz   dagegen
    jedoch   aber

BEISPIELE: **Im Gegensatz zu Hamid** ist Martina berufstätig.

Martina arbeitet als Lehrerin; **jedoch/dagegen** übt Hamid keinen Beruf aus.

Martina arbeitet als Lehrerin, **aber** Hamid übt keinen Beruf aus.

C **Meinungsaustausch.** Diskutieren Sie die folgenden Fragen mit Ihren Mitstudenten.

1. Warum fühlt sich Martina von Ausländern angezogen? Warum identifiziert sie sich mit ihnen? Ist Martina „typisch" deutsch?
2. Aus welchen Gründen, glauben Sie, verliebte sich Martina in Hamid? Kann ein Grund die Exotik (wie im Gedicht von Chiellino) sein? Warum (nicht)?

3. Aus welchem Grund, glauben Sie, kam Hamid nach Deutschland? Stellen Sie seine Beziehung zu Martina dar. Inwiefern war seine Beziehung zu ihr problematisch? In welchem Zwiespalt lebt er?
4. Martina sagt: „Ich bin ja eine ziemlich selbstbewußte Frau, andererseits lasse ich mich, wenn ich liebe, leicht verunsichern." Warum fühlt sich Martina in der Liebe eher unsicher und verletzlich als sicher und stark? Ist das ein normales Gefühl, wenn man verliebt ist?
5. Martina glaubt, die Beziehung wäre gut gegangen, wenn Hamid nicht „immer wieder anderen Einflüssen ausgesetzt" gewesen wäre. Welche Einflüsse meint Martina? Glauben Sie, daß solche Einflüsse überwindbar sind?
6. Martina will sich von ihrem iranischen Freund endgültig trennen und mit ihrem deutschen Freund zusammenbleiben. Glauben Sie, Martina hat den richtigen Entschluß gefaßt? Glauben Sie, die Beziehung zu Hamid ist aussichtslos? Was hätten Sie in Martinas Lage getan?

D Allgemeine Fragen zum Text

1. Wie reagieren Sie auf die Beziehung zwischen Martina und Hamid? Finden Sie das Verhältnis exotisch, außergewöhnlich, rührend, schön, traurig, schmerzhaft, unmöglich?
2. Welche Eigenschaften muß ein binationales Paar haben, damit es die kulturellen Unterschiede und Probleme des Alltags besser überwinden kann? Mut? Optimismus? Aufgeschlossenheit? Toleranz?

Kultur-Rundschau

Rainer Werner Fassbinder gehört zu Deutschlands bekanntesten Filmregisseuren. Er war sicher Deutschlands produktivster Regisseur. Bevor er mit 36 Jahren starb, hat er durchschnittlich zwei bis drei Filme jährlich gedreht.

1974 wurde sein Film „Angst essen Seele auf" uraufgeführt. Dieses Sozialdrama hat zu seinem Durchbruch in der breiten Öffentlichkeit beigetragen.

Schon 1974 zeigt Fassbinder die rassistischen und sexistischen Klischees und Vorurteile, die binationale Paare heutzutage in Deutschland oft bekämpfen müssen.

- Gibt es viele binationale Beziehungen oder Ehen in Ihrem Land?
- Werden bikulturelle Beziehungen in Ihrem Land oft negativ aufgefaßt? Oder sind sie in der Gesellschaft völlig integriert?

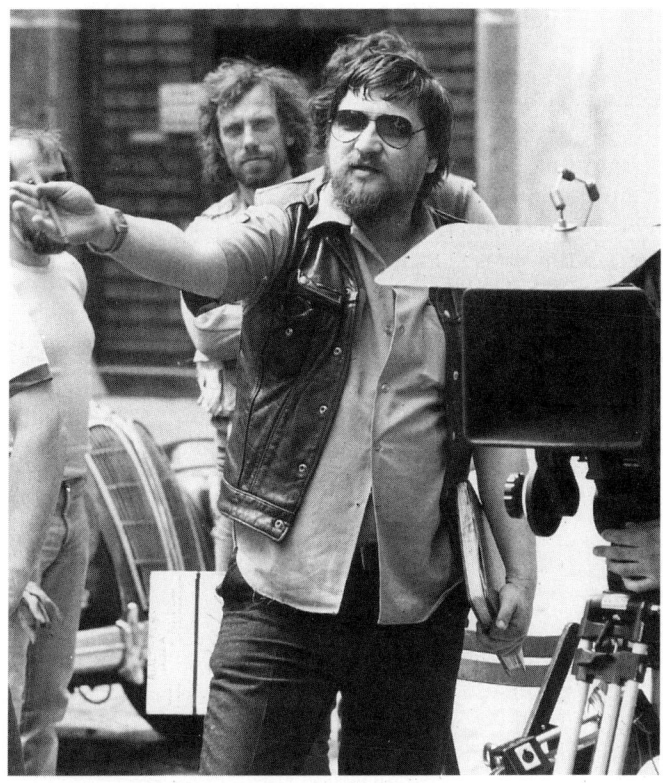

Rainer Werner Fassbinder

Stil und Sprache

Wörter und Ausdrücke

Substantive
das Abitur German high school diploma
die Ausbildung, -en training, education
der Bibliothekar, -e - die Bibliothekarin, -nen librarian
das Fach, ̈-er academic subject
das Freizeitheim, -e recreation center
die Germanistik German studies
das Gymnasium academic high school
der Kurs, -e university course
die Lehrveranstaltung, -en any organized event with the purpose of formal instruction
der Schwerpunkt, -e emphasis

das Seminar, -e university seminar
die Theaterwissenschaft drama studies
die Volkshochschule, -n community college
der Workshop, -s workshop
das Wunderkind, -er child prodigy
die Zusatzausbildung, -en supplementary courses

Verben
belegen to take (a course)
immatrikulieren to matriculate, enroll

Ausdruck
mit Ach und Krach with great difficulty

A **Wortschatz.** Lesen Sie den folgenden Textausschnitt. Unterstreichen Sie alle Wörter, die mit der Ausbildung zusammenhängen.

Wir kamen nach Hamburg, wo ich in der Schule zunächst als Wunderkind betrachtet wurde. Als ich selber zu denken anfing, wehrte ich mich schlichtweg, dieses Wunderkind zu spielen, und habe mit Ach und Krach mein Abitur gemacht. Nach meiner Ausbildung zur Bibliothekarin arbeitete ich nur kurze Zeit in diesem Beruf, denn er langweilte mich furchtbar. Ich wollte etwas machen, was mit dem Theater zusammenhing. Also belegte ich Kurse an der Uni in Theaterwissenschaft und Germanistik, lernte an der Volkshochschule, um selber Sprache unterrichten zu können, und über Tausende von Workshops, Seminaren und Zusatzausbildungen habe ich so ungefähr das gefunden, was ich eigentlich wollte. Ich arbeite jetzt in einem Freizeitheim mit den Schwerpunkten Theater für Kinder und Jugendliche und Literatur für Frauen. (Z. 13–23)

B **Wörter in der Praxis.** Beantworten Sie die folgenden Fragen mit dem entsprechenden Wortschatz aus dem obigen Text.

1. Welche Fächer kann man an der Uni studieren?
2. Welchen Abschluß macht man am Gymnasium?
3. Wo kann man nach dem Gymnasium studieren?
4. Welche verschiedenen Lehrveranstaltungen gibt es? Kurse, . . .

C **Satzbildung.** Bilden Sie Sätze. Wie viele Kombinationen finden Sie?

man	studieren	an der Universität
ich	immatrikulieren	den Kurs
wir	lehren	an einem Seminar
der Professor	belegen	eine Vorlesung
die Professorin	halten	
	hören	
	unterrichten	

D **Studienbeschreibung.** Beschreiben Sie mit dem obigen Wortschatz, was Sie an Ihrer Universität machen. Zum Beispiel: An welcher Universität sind Sie immatrikuliert? Wie viele Kurse belegen Sie? Hören Sie Vorlesungen? Wenn ja, in welchem Fach? Welche(n) Kurs(e) haben Sie mit Ach und Krach bestanden?

Die Infinitiv-Konstruktion

In dem Text „Martina" findet man häufig die Konstruktion **zu** + Infinitiv. Meistens kommen auch andere Wörter in dieser Konstruktion vor. In solchen Fällen spricht man vom „erweiterten Infinitiv". Hier wird die Konstruktion durch Kommas vom Satz abgetrennt. Wo aber nur **zu** + Infinitiv ohne andere Wörter auftritt, wird kein Komma gesetzt (siehe Nummer 7 in **Übung E** unten).

Ich versuche, jemanden für dich **zu finden.**   *I will try **to find** someone for you.*

E **Satzanalyse: zu + Infinitiv.** Lesen Sie die folgenden Sätze aus dem Text. Unterstreichen Sie die **zu** + Infinitiv-Konstruktion und umkreisen Sie das Verb, das durch die **zu** + Infinitiv-Konstruktion ergänzt wird.

1. Es würde ihr helfen, ihre Situation zu klären.
2. Seine Erziehungsmaximen lauteten: Halte dich immer zurück und versuche besser zu sein als die anderen.
3. Als ich selber zu denken anfing, wehrte ich mich, dieses Wunderkind zu spielen.
4. Ich empfahl ihm, ein paar Kinderbücher zu lesen.
5. Ich fing an, öfter in den Spiegel zu gucken und diese und jene Falte festzustellen, mich eklig zu finden.
6. Er erlaubte sich den Spaß, mich jedesmal von unterwegs anzurufen.
7. Ich bot ihm an zurückzukommen.
8. Ich entschloß mich, mit meinem deutschen Freund zusammenzubleiben.

F Welche Verben in **Übung E** können durch die **zu** + Infinitiv-Konstruktion ergänzt werden?

BEISPIEL: helfen

2. _____
3. _____ / _____
4. _____
5. _____
6. _____
7. _____
8. _____

Können Sie andere Verben in der Geschichte finden, die durch die **zu** + Infinitiv-Konstruktion ergänzt werden?

Nomen mit der **zu** + Infinitiv-Konstruktion

Die Konstruktion **zu** + Infinitiv wird auch an Nomen angeschlossen. Lesen Sie die Beispiele aus dem Text.

                NOMEN   ZU + INFINITIV
Das ist die sicherste Methode, **mich zu halten.**
This is the surest way **to hold me.**

                    NOMEN   ZU + INFINITIV
Wir sehen darin Probleme, **uns allein zu treffen.**
We realize it is a problem **for us to meet alone.**

G Machen Sie Aussagen über sich selbst. Vervollständigen Sie die folgenden Satzfragmente mit einer Infinitiv-Konstruktion.

1. Ich habe Lust, _____.
2. Ich habe null Bock, _____.
3. Ich habe die Absicht, _____.
4. Ich habe die Gelegenheit, _____.
5. Für mich besteht die Möglichkeit, _____.

Die Konstruktion **um . . . zu**

Die Konstruktion **um . . . zu** bedeutet im Englischen *in order to*. Der Infinitivsatz **um . . . zu** hat kein eigenes Subjekt. Vergleichen Sie die folgenden Beispielsätze.

                                              INFINITIV   MODAL VERB
Ich lernte an der Volkshochschule, **um** selber Sprache unterrichten **zu** können.
I studied at the community college **in order to** *be able to teach language myself.*

                                                 REFLEXIVES VERB
Er sucht Kontakt zu Deutschen, **um** Kaffee **zu** trinken und **um** sich **zu** unterhalten.
He seeks contact with Germans **in order to** *have coffee and converse.*

              TRENNBARES VERB
Er stellte eine Frage, um mich abzulenken.
He asked a question **in order to** *distract me.*

H Übung mit **um . . . zu.** Verbinden Sie die folgenden Sätze mit **um . . . zu.** Das Modalverb **wollen** fällt im Infinitivsatz weg.

1. Martina wurde Deutschlehrerin. Sie will Ausländern helfen.
2. Hamid kam nach Deutschland. Er bewirbt sich um politisches Asyl.

3. Martina lädt Hamid zum Kaffeetrinken ein. Sie will ihn besser kennenlernen.
4. Hamids Kindheitsfreundin kommt nach Deutschland. Sie will Hamid heiraten.
5. Martina trennt sich von Hamid. Sie will mit ihrem deutschen Freund zusammenbleiben.

Persönliche Aussagen. Erzählen Sie von sich selbst, indem Sie die folgenden Satzfragmente mit dem Infinitivsatz **um . . . zu** vervollständigen.

1. Ich lerne Deutsch, um . . . zu . . .
2. Ich studiere _____, um . . . zu . . .
3. Ich lese die Zeitung jeden Tag, um . . . zu . . .
4. Ich mache Sport, um . . . zu . . .
5. Ich _____, um . . . zu . . .

VOM LESEN ZUM HANDELN

Kurz inszeniert

Lesen Sie die folgenden Situationen und finden Sie heraus, wie viele Personen für die Inszenierung nötig sind. Teilen Sie die Rollen unter Ihren Mitstudenten auf. Sie können den Verlauf des Rollenspiels schon vorher planen, bevor Sie es im Kurs vorspielen (oder mit einer Videokamera aufnehmen). Oder improvisieren Sie ganz einfach.

A **Und zum Nachtisch eine Überraschung.** Sie sind mit einer Person einer anderen Nationalität verlobt und entschließen sich, mit Ihrem Verlobten / Ihrer Verlobten zusammenzuleben. Sie beide sind bei Ihren Eltern zum Abendessen eingeladen. Sie erzählen Ihren Eltern von der Verlobung. Wie reagieren sie? Welche Fragen stellen sie Ihnen und Ihrem Verlobten oder Ihrer Verlobten? (Siehe Tabelle in **Übung A,** Einführung in das Thema.)

B **Eine Zweckehe oder nicht?** Sie haben einen Ausländer oder eine Ausländerin geheiratet. Sie müssen jetzt eine Aufenthaltserlaubnis *(residence permit)* und Arbeitserlaubnis *(work permit)* beantragen. Die Beamten werden Sie und Ihren Mann oder Ihre Frau interviewen, um sicher zu sein, daß Sie keine falsche bzw. keine **Zweckehe** eingegangen sind. Sie werden von einem Beamten und Ihr Mann oder Ihre Frau von einem anderen Beamten interviewt. Die Beamten stellen die gleichen Fragen, um zu sehen, ob Sie und Ihr Ehepartner oder Ihre Ehepartnerin die gleichen Antworten geben.

Bevor Sie die Szene vorführen, schreiben Sie in einer Gruppe die Fragen auf, die die Beamten an das Ehepaar stellen sollen. Nachdem die Beamten diese Fragen gestellt haben, vergleichen sie die Ergebnisse der getrennten Interviews. Stimmen die Antworten überein? Fragen der Beamten können die folgenden sein.

1. Wo und wie haben Sie sich kennengelernt?
2. Wo und wie haben Sie geheiratet?
3. Warum haben Sie geheiratet?
4. Kennen Sie Ihre Schwiegereltern? Wie heißen sie (Wo leben sie? Was machen sie?)?
5. Seit wann kennen Sie sich?
6. Haben Sie gemeinsam Reisen gemacht? Wohin? Wann? Wie lange? usw.

Mitdenken—Mitschreiben

A Ein Interview. Kennen Sie ein binationales oder bikulturelles Paar? Führen Sie ein Interview mit ihnen, und schreiben Sie einen Bericht über sie. Welche kulturellen Unterschiede gibt es? Welche Schwierigkeiten hat das Paar im Gegensatz zu einer Beziehung gleicher Nationalität? Welche Vorteile hat man in einer bikulturellen Beziehung?

B Eine bikulturelle Familie in Ihrem Land. Kennen Sie jemanden, der ausländische Eltern oder einen ausländischen Elternteil hat? Führen Sie ein Interview mit dieser Person, und schreiben Sie einen Bericht über sie. Welche Sprache(n) spricht die Person und mit wem? Wie ist das Familienleben? Unterscheidet es sich von dem Familienleben anderer Familien in Ihrem Land? Haben sie andere Sitten und Gewohnheiten? Wie ist das Essen? Welche Religion wird ausgeübt? Wie ist die Beziehung zu Verwandten im Ausland? Hat er/sie eine doppelte Staatsbürgerschaft?

C Wie wäre es? Stellen Sie sich vor, Sie heiraten einen Deutschen oder eine Deutsche. Welche kulturellen Unterschiede gibt es? Würden Sie mit Ihrem Ehepartner oder Ihrer Ehepartnerin in Deutschland leben? Warum (nicht)?

8 Sein oder Schein?

So zeigt man sich in seiner wahren Gestalt

KAPITEL 8   Sein oder Schein?

VORSCHAU

Idealbild

Haben Sie sich einmal überlegt, inwieweit Ihre Schönheits- und Glücksvorstellungen durch Werbung und Zeitschriften manipuliert werden?

A Stimmt das? Die Zeitschrift *Stern* hat am 5. Juli 1993 einen Artikel über den Einfluß der Medien auf das Selbstbewußtsein und die Schönheitsvorstellung der Deutschen veröffentlicht. In diesem Artikel kommen einige interessante Aussagen vor. Was glauben Sie? Stimmen die folgenden Aussagen über die Lage in Deutschland, oder stimmen sie nicht?

	STIMMT	STIMMT NICHT
1. Es werden immer mehr Operationen nur für Schönheitszwecke durchgeführt.	☐	☐
2. Fitneßstudios und Beautyfarmen werden stark besucht.	☐	☐
3. Monatlich erscheinen im Schnitt zehn neue Diätbücher.	☐	☐
4. Der Schönheitszwang stammt hauptsächlich von den Bildern der Mustermenschen in den Medien.	☐	☐

Die Antworten: Nach dem *Stern*-Artikel stimmen alle obigen Aussagen.

B Vergleiche. Wie ist der Schönheitszwang in Ihrem Land? Ist Schönheitschirurgie auch ein wachsendes medizinisches Fachgebiet? Gehen viele Leute in die Fitneßstudios, um schön zu werden? Gibt es in Ihrem Land auch ein Dauerbombardement von Covergirls in den Medien? Besprechen Sie das Thema in Gruppen zu dritt oder viert.

C Interviews. Im *Stern*-Artikel gibt es Interviews mit verschiedenen deutschen Frauen, die ihre Meinung über ihren Körper sagen. Lesen Sie die drei Aussagen unten.

ELKE, 25, MODEL	JOHANNA, 25, SCHNEIDERIN	ADELHEID, 32, KÜNSTLERIN
„Ich mag meine Haare, meine Haut und meine harten Muskeln. Deshalb mach' ich jeden Tag eine halbe Stunde Bodybuilding. Ich rauche nicht und trinke keinen Alkohol. Ich finde mich echt schön."	„Ich mag nur mein Gesicht. Meine Beine sind zu kurz. Ich brauche eine Menge Selbstbewußtsein, wenn ich mich im Mini-Rock auf die Straße traue. Meine Mutter hat mir immer gesagt, ich sei häßlich. Es hat lange gedauert, bis ich wenigstens mein Gesicht mochte."	„Mein Bauch stülpt sich oft wie eine Kugel vor, dann fühle ich mich unwohl und mache wieder Diäten, weil ich so einen flachen Bauch möchte wie die Frauen in den Zeitschriften."

1. Welche Frau scheint mit ihrem Körper zufrieden zu sein?
2. Welche Frau scheint mit ihrem Körper sehr unglücklich zu sein?
3. Wer ist eindeutig von Foto-Modellen in den Medien beeinflußt?
4. Wer hat viel Selbstbewußtsein?
5. Wer leidet an mangelndem Selbstbewußtsein?
6. Warum glaubt Johanna, daß sie keinen schönen Körper hat?

D **Was sagen die Männer dazu?** Die Zeitschrift *Stern* hat keinen Mann gefragt, was er von seinem Körper hält. Warum nicht? Die Zeitschrift behauptet, daß Frauen sich wesentlich kritischer als Männer beurteilen. Stimmen Sie damit überein? Interviewen Sie zwei Männer, und schreiben Sie die Ergebnisse auf. Würden diese Männer etwas an ihrem Körper verändern, wenn sie es könnten?

E **Was glauben Sie?** Wie sieht der Mustermensch in den Medien aus? Beschreiben Sie die Idealfrau und den Idealmann in der Zeitschrift mit diesen möglichen Adjektiven.

schlank/rund   voll/flach   schmal/breit   knabenhaft/weiblich
klein/groß   lang/kurz   muskulös/weich   faltig/glatt
dick/dünn   dunkel/hell   glänzend/glanzlos

KÖRPERTEILE	FRAUEN	MÄNNER
das Haar, -e		
die Nase		
die Brust		
das Bein, -e		
die Haut		
der Bauch		
die Hüfte, -n		

KAPITEL 8 Sein oder Schein?

Finden Sie das Aussehen eines Menschen wichtig? Fühlen Sie den Druck des Schönheitszwangs?

Einführung in das Thema

Literarisches Konzept: Die Ironie

Wenn Autoren und Autorinnen ironisch sind, sagen sie etwas, meinen aber in Wirklichkeit das Gegenteil des Gesagten. Oft versuchen sie, durch Ironie gesellschaftliche Probleme zu kritisieren und zu beseitigen. Unter dem Schein der Ernsthaftigkeit oder Billigung machen Autoren und Autorinnen sich über eine Sache lustig. Den höchsten Grad bitterer Ironie nennt man Sarkasmus.

In der folgenden Geschichte, „Aufforderung zur Unfreundlichkeit", kritisiert die Autorin Elfriede Jelinek zwei Menschentypen mit bitterer Ironie. Über Sarkasmus sagte Jelinek 1983 folgendes in einem Interview mit der *Zeit*.*

> Ich habe oft versucht, meine Diktion, meine ästhetische Methode zu ändern, aber ich merke, daß ich immer wieder in meiner Sprache lande, die offenbar meine Sprache ist. Wenn ich gewaltsam von diesem Sarkasmus, von dieser bösartig-verzerrten Weltsicht[†] wegzukommen suche, dann plage ich mich nur ein paar Wochen länger. Offenbar ist diese Bösartigkeit die mir gemäße Art zu schreiben, und irgendwann schreibe gar nicht mehr ich, sondern es fängt an, mich zu schreiben.

A Welche Aussage ist richtig, a oder b?
1. In anderen Worten sagt Jelinek,
   a. ihr Schreibstil ist nicht mehr sarkastisch.
   b. sie kann ihren sarkastischen Schreibstil nicht ändern.
2. Sarkasmus
   a. inspiriert sie und gehört zu ihrer Lebenseinstellung.
   b. plagt sie und hält sie vom Schreiben ab.

B **Die Darstellung von Menschentypen.** In der folgenden Geschichte, „Aufforderung zur Unfreundlichkeit", erklärt die Ich-Erzählerin uns, warum sie ihren Freund Edi an die blonde Susi verliert.

---

*Sigrid Löffler. „Spezialistin für den Haß." *Die Zeit* 11 (1983): n. pag.
[†]bösartig-verzerrten . . . *maliciously twisted worldview*

1. Der Frauentyp „Susi" wird folgendermaßen dargestellt. Notieren Sie alle Wörter oder Ausdrücke, die Susi beschreiben.

   Susi ist sehr zerbrechlich und zart. Auch innen, im Wesen, ist Susi sehr zerbrechlich. Alle, die Susi berühren, geben acht, daß sie sie nicht irrtümlich zerbrechen, weil es schade ist, wenn etwas so Schönes zerbrochen wird. An Susi soll man sich noch länger freuen dürfen. Ein so gut gemachtes Kunstwerk der Natur soll nicht zu Bruch gehen. (Z. 7–11)

   a. Welche Eigenschaften soll Susi haben?
   b. Findet die Erzählerin diese Eigenschaften in Wirklichkeit gut, oder macht sie sich über die Zerbrechlichkeit Susis lustig?
   c. Werden also die „weiblichen" Eigenschaften Susis ironisiert?

2. Der Freund und Künstler Edi wird folgendermaßen dargestellt. Notieren Sie auch die Ausdrücke, die seine Person beschreiben.

   Edi, der Künstler-Edi, war sehr sensibel und mußte immer allein sein, oder zumindest sehr viel allein sein, damit er auch seine große Kunst richtig machen konnte. Wenn man ein Künstler ist, dann ist man etwas andres als andre Menschen, dann ist man sensibler und hat oft das Gefühl, ganz allein und einsam auf der Welt zu sein, das ist ein Gefühl, unter dem man irgendwie leiden muß, das einen aber über die andren irgendwie hinaushebt. Das ist ein gutes Gefühl, einmalig. Edi war einmalig. Edi sucht die Einsamkeit auf, wenn er aber in der Einsamkeit ist, dann will er sie oft nicht mehr, sondern dann will er zur Abwechslung Zweisamkeit oder auch Mehrsamkeit. (Z. 46–55)

   a. Welche Eigenschaften soll der Künstler-Edi haben?
   b. Glaubt die Erzählerin, daß Edi ein wahrer Künstlertyp ist? Oder wird Edi als Künstler sarkastisch dargestellt?

   Während Sie den Text lesen, unterstreichen Sie Stellen, die Sie sarkastisch finden.

Spekulation

▶ Überlegen Sie sich die Bedeutung des Titels, „Aufforderung zur Unfreundlichkeit". Wer wird aufgefordert *(urged, called upon)*, unfreundlich zu sein? Warum unfreundlich? Wem gegenüber soll man unfreundlich sein? Wer stellt diese Aufforderung?

von Elfriede Jelinek

Aufforderung zur Unfreundlichkeit

Elfriede Jelinek* wurde 1946 in Mürzzuschlag (Steiermark, Österreich) geboren. Sie ist in Wien aufgewachsen. An der Universität Wien studierte sie Theaterwissenschaft, Kunstgeschichte und Musik, brach aber das Studium nach sechs Semestern ab. 1971 schloß sie am Wiener Konservatorium als staatlich geprüfte Organistin ab; seit 1966 ist sie freie Schriftstellerin. 1974 heiratete sie Gottfried Hüngsberg. Sie ist Mitglied der Grazer Autorenversammlung.

Jelineks Schreibkunst wurde mit vielen Preisen ausgezeichnet: Unter anderem erhielt sie den Würdigungspreis des Bundesministeriums für Unterricht und Kunst, 1983; den Heinrich-Böll Preis, 1986; den Literaturpreis des Landes Steiermark, 1987; und den Preis der Stadt Wien für Literatur, 1989. Sie schreibt Lyrik, Prosa, Drehbücher und Hörspiele. Unter ihren Romanen befinden sich *Die Klavierspielerin*, 1983; *Oh Wildnis, oh Schutz vor ihr*, 1985 und *Lust*, 1989. Sie lebt heute in Wien und München.

Was einem bei Susi gleich auffällt, ist ihr schönes langes blondes Haar, das ihr bis zu den Hüften hinabhängt. Dieses Haar ist etwas, das so auf Männer wirkt, daß sie das Haar und seine Besitzerin sofort selber besitzen° wollen. Jeder, der Susi sieht, will sie besitzen, auch deshalb, weil   *possess*
5 sie eine schlanke Figur und tiefblaue Augen hat. Viele Männer wollen gerne Frauen wie Susi heiraten und mit ihnen dann glücklich sein. Je länger und blonder, desto besser. Susi ist sehr zerbrechlich und zart. Auch innen, im Wesen, ist Susi sehr zerbrechlich. Alle, die Susi berühren, geben acht,° daß sie sie nicht   *are careful*
irrtümlich° zerbrechen, weil es schade ist, wenn etwas so Schönes zerbrochen   *by mistake*
10 wird. An Susi soll man sich noch länger freuen dürfen. Ein so gut gemachtes Kunstwerk der Natur soll nicht zu Bruch gehen.

Auch deshalb muß Susi geschont° werden, weil es nicht mehr viele wie sie   *taken care of*
gibt. Leider sind heute viele Frauen durch den Beruf so verhärtet, daß ihre weiblichen Eigenschaften immer mehr verschwinden. Susis weibliche

---

*Biographische Informationen kommen aus: Christa Gürther, Hrsg. *Gegen den schönen Schein: Texte zu Elfriede Jelinek*. Frankfurt: Verlag Neue Kritik, 1990.

Eigentümlichkeiten° sind noch ganz da, daher muß man auf sie sehr achtgeben. Wenn die weiblichen Eigenschaften einmal kaputt sind, kann sie niemand mehr ersetzen.° Es ist, wie wenn eine kostbare Porzellanvase einen Sprung kriegt. Man muß es Susi auch hoch anrechnen,° daß sie sich kosmetisch pflegt, daß sie gut kochen kann, was heute kaum mehr jemand kann, und daß sie oft fließende weiche Kleider aus Seide trägt, wo heute alles nur mehr Jeans trägt. Susi ist ein bißchen altmodisch, aber gerade das lieben alle an ihr sehr. Man kann sich bei ihr ausruhen. Auch ein Mann, der aus einer Arztpraxis, einem Rechtsanwaltsbüro, einer höheren Schule oder einem Architektenatelier nach Hause kehrt, kann sich bei Susi ausruhen. Susis Helfer dabei sind leise Musik, ein langes weiches Hauskleid, ein eiskalter Drink und Freundlichkeit und Verständnis. Alles, was niedriger° als eine Arztpraxis, ein Anwaltsbüro, eine höhere Schule oder ein Architektenatelier ist, existiert für Susi einfach nicht. Susi will sich nicht hinunterziehen° lassen, sie will sich hinaufziehen lassen, weil sie weiß, daß man nur von gleichen oder besseren etwas lernen kann. Susi will keineswegs etwas lernen. Sie will nur etwas Besseres bekommen und dann behalten. Susi will die Sonne ins Heim bringen und sie dann dortbehalten.

    Sie will auch immer frisch bleiben, was sie nur kann, wenn sie sich nicht dem harten Existenzkampf aussetzt,° der an ihrer Schönheit nagen° und fressen würde. Susi könnte sich natürlich auch jeden Tag eine Stunde in den Eisschrank, in dem sie mindestens fünf Sorten Bier für den müden Akademiker oder Künstler bereithält, hineinsetzen. Aber das ist ihr zu mühsam.° Trotzdem aber ist ihre Schönheit noch intakt und nicht angenagt.

    Man kann auch Bücher lesen, damit man für den Mann ein Gesprächspartner ist, damit man auch eine Diskussion führen kann. Susi liest Bücher, damit man nicht sagen kann, daß sie zwar schön, aber dumm ist. Es ist auch für die Kinder dann besser, wenn ihre Mutter intelligent ist. Susi möchte einen sehr intelligenten Mann in einer sehr guten Position bekommen. Susi hat einen schneeweißen Bademantel im Badezimmer hängen. Das macht sich gut.°

    Ich hab überhaupt keinen Bademantel, sondern ich ziehe meinen Regenmantel an, wenn ich ins Bad gehen möchte. Das macht sich schlecht.

    Jetzt noch ein paar Zeilen über Edi, der ein großer Künstler gewesen ist. Edi, der Künstler-Edi, war sehr sensibel° und mußte immer allein sein, oder zumindest sehr viel allein sein, damit er auch seine große Kunst richtig machen konnte. Wenn man ein Künstler ist, dann ist man etwas andres als andre Menschen, dann ist man sensibler und hat oft das Gefühl, ganz allein und einsam auf der Welt zu sein, das ist ein Gefühl, unter dem man irgendwie leiden° muß, das einen aber über die andren irgendwie hinaushebt.° Das ist ein gutes Gefühl, einmalig. Edi war einmalig. Edi sucht die Einsamkeit auf, wenn er aber in der Einsamkeit ist, dann will er sie oft nicht mehr; sondern dann will er zur Abwechslung Zweisamkeit° oder auch Mehrsamkeit.

Am liebsten war Edi immer mit Männern zusammen, die auch Künstler waren. Mit ihnen konnte er dann einen Erfahrungsaustausch über die Kunst durchführen.° Da war er unter seinesgleichen,° obwohl er besser war als die andren. Ein richtiger Mann fühlt sich auch unter richtigen Männern am wohlsten. Edi war ein richtiger Mann. Einen richtigen Mann erkennt man sofort, wenn man ihn sieht, an seiner Männlichkeit und an seiner Härte.

Ich war damals noch die Freundin von diesem Edi. Das war keineswegs eine schöne Zeit, nicht deshalb, weil große Künstler privat oft schwierig sind. Was gut an Edi war: daß er sehr für die Unabhängigkeit der Frauen eingetreten° ist. Er hat zum Beispiel oft gesagt, daß man ganz offen miteinander umgehen° muß, daß man sich keineswegs aneinanderklammern° darf, weil sonst alles kaputtgeht. Edi ist der Ansicht, daß jeder, ob Mann oder Frau, ein eigenes Eigenleben° führen muß und sich nicht an den andren hängen darf. Jeder soll auch seinen eigenen Freundeskreis haben.

Soweit Edi. Man muß auch der Umwelt zeigen, daß man voneinander unabhängig ist, denn Abhängigkeit° ist der Anfang vom Ende. Das war auch immer meine Meinung. Auf einem Fest zum Beispiel, hat das so ausgesehen, daß Edi, kaum daß wir bei der Tür drinnen waren, sofort auf einen andren Mitkünstler zugegangen ist und mit ihm ein Gespräch über Kunst begonnen hat, das den Rest des Abends gedauert hat. Das sollte ein Zeichen° für seine Unabhängigkeit sein, dieses Zeichen ist ihm gelungen, jeder hat es erkannt. Im Lauf des Abends hat Edi dann kein Wort mehr mit mir gesprochen zum Zeichen für unsre Unabhängigkeit. Außerdem war ich sowieso kein Mann, sondern etwas Schlechteres. Außerdem war ich sowieso keine richtige Frau (kein weißer Bademantel, keine Lockenwickler,° keine langen Hauskleider), sondern etwas Schlechteres.

Etwas Schlechteres als ein Mann und etwas Schlechteres als eine Frau sind zu schlecht für einen Mann wie Edi, für den das Beste gerade gut genug ist. Die Edis

glauben immer, daß das Beste für sie gerade gut genug ist. Wer ist das Beste?
85 Richtig, das Beste heißt Susi, wir haben schon erklärt warum.

Edi hat also nur sich selbst gehört, und ich habe auch nur mir selbst gehört, so lange, bis eines Tages Edi plötzlich Susi gehört hat, und Susi Edi, da waren beide genau an der richtigen Adresse. Zwei Spitzenleute° füreinander wie geschaffen. Sofort hat Edi seine Quadratlatschen° unter den echt antiken Tisch
90 von Susi gepflanzt und ist von dort nicht mehr aufgestanden. Und plötzlich hat eine große Liebe zwischen zwei großen romantischen Personen stattgefunden. Die zarte kleine Frau, Susi, war genau richtig für den starken unabhängigen Mann und Künstler, Edi. Nesthäkchen° ist heimgekehrt ins Nest. Edi ist heimgekehrt zu seiner Mama. Es folgt für Edi die Phase der Verwöhnung,° Bedienung und
95 Beweihräucherung,° die ihr euch alle sicher vorstellen könnt. Ich selbst habe nie ein Weihrauchfaß* besessen.

top people
big, thick shoes

the last one to fly the coop
pampering
flattery, adulation

Susi, der zarte Schmetterling, umschwirrt° jetzt Edi. Ich habe nie jemanden umschwirrt, deswegen sitze ich auch allein auf meinem Drehsessel° vor meinem Schreibtisch. Ein Susivöglein, das um mich herumflattert,° würde mich nur nervös
100 machen. Es stört auch bei der Arbeit.

buzzes around
swivel-chair
flutters around

Auch Edi sitzt zu diesem Zeitpunkt vor seinem Schreibtisch und saugt Susis Gegenwart ein° wie eine Biene den Blütenstaub. Bei Susi denkt man auch sofort an Bienen, Blumen und Honig. Süß.

saugt . . . ein sucks in

Wenn einmal etwas Häßliches geschieht, nimmt es sich Susi gleich sehr zu
105 Herzen, dann weint sie. Das kommt von ihrer Sensibilität. Daher muß Edi die schöne Aufgabe vollbringen,° Susi in ihrer kleinen Welt daheim vor der großen Welt draußen abzuschirmen.° Und zu beschützen. Wer kann Susi besser beschützen° als Edi, der Supermann? Keiner. Edi läßt auch keinen andren Mann an Susi heran, zur Sicherheit. Susi soll am besten gar nicht erfahren, daß es auch
110 andre Männer gibt. Neben dem Kontrastmittel Susi wirkt Edi noch härter als vorher. Auch das Gespräch mit den Kollegen braucht er jetzt nicht mehr, solange er Susi etwas vorkrähen° kann. Edi imponiert° Susi mehr als seinen Kollegen. Das tut gut.

accomplish
screen
protect

crow (like a rooster) /
impresses

Ich erzähle euch das, nicht um mir eine Freude zu machen,° sondern weil
115 euch das genauso passieren kann wie mir.

nicht . . . not because it gives me pleasure

---

*The word **beweihräuchern** has a double meaning. It literally means *to incense* and also has the figurative meaning of *to flatter*. The word **Weihrauchfaß**, which means *incense holder*, is a play on words.

Ständig werden nämlich Frauen wie Susi beschützt und verhätschelt,° ständig bleiben Frauen, die auf die kleinen sogenannten weiblichen Tricks verzichten,° auf der Strecke.° Es gibt nämlich Edis, für die Worte wie Unabhängigkeit oder Selbständigkeit nur so lange gelten,° wie es für sie angenehm und bequem ist. Sobald aber eine kleine Mutter auftaucht,° die einen bedient und bewundert, dann ist es aus damit,° darum sollt ihr, wenn ihr Mädchen seid, in keine weißen Bademäntel mehr hineinsteigen. Daher sollt ihr den Edis den Fraß ins Gesicht schmeißen,° wenn sie ihn nicht selber kochen wollen, deswegen sollt ihr auch keine dreckigen° Schuhe mehr putzen, mit denen ihr nicht selber im Moor herumgelatscht seid. Ihr sollt auch keine Lockenfrisuren mehr zaubern° (man nennt es zaubern, obwohl es ein natürlicher Vorgang ist). Seid nicht mehr freundlich, seid unfreundlich! Ihr seid schon zu lange freundlich gewesen.

Wenn aber ein Edi daherkommt und euch von Autonomie und Freiheit quatscht,° aber auf den ersten besten Seidenfetzen° und die ersten besten fünf Biersorten im wohlgefüllten Kühlschrank hereinfällt, dann jagt° ihn am besten zu seiner Mutti zurück, wo er hingehört, zu seiner Mutti, die ihm eingeredet° hat, daß er genau das verdient° und noch mehr. Die Mutti hat ihm gesagt, daß ihm das zusteht',° weil er so ein großer Mann ist.

Mit Freiheit meint Edi immer nur seine eigene, nicht eure! Und ihr sollt auch nicht den Fehler machen, daß ihr die Susis, die da herumschwirren, die da mit ihren Ärschen wackeln,° nachahmen° wollt, um einen Edi zu bekommen oder festzuhalten. Nicht daß ihr plötzlich einzukaufen beginnt: schicke° Röcke, Pulloverchen oder Haarschleifen.° Nicht daß ihr plötzlich zu kochen anfangt oder mit melodisch sanfter Stimme zu zwitschern.°

Dann schickt den Edi zu seiner Mama zurück, die ihm immer gesagt hat, er ist der größte, stärkste und klügste von allen, und keiner, schon gar nicht eine Frau, kann ihm auch nur das Wasser reichen, oder das Bier. Das hat der Edi als Kind immer gehört, und heute glaubt er das immer noch, stellt euch vor.°

Die Edimutter hat gesagt: such dir eine Frau, die für dich sorgt,° wie ich jetzt für dich sorge. Und schon ist der Edi losgerannt und hat so eine gesucht und letzten Endes auch gefunden. Dumme gibt es ja genug. Seid also nicht mehr bequem, seid unbequem! Seid keine kleinen Mamis mehr, seid lieber erwachsene Menschen. Wenn Susi dem Edi Honig ums Maul schmiert, dann tut sie das, weil ihre eigene Mutter ihr immer eingebleut hat,° daß die Edis das gerne hören, daß man einen besonders guten Edi nur kriegt, wenn man ihm kräftig schmeichelt.°

Und Edi wiederum hört das gern, weil seine Mutter ihm gesagt hat, daß das stimmt, was die Susi da quatscht.

Heute sind also Susi und Edi ein glückliches junges Paar wie tausende andre. Sie passen gut zueinander° und haben sogar einen Lebensstandard, was unerläßlich° ist, wie Susi meint. Edi muß fleißig Geld verdienen. Sie sind auch ein schönes Paar, das gemeinsam° Sport betreibt und Reisen macht. Das gehört sich so.

Seid keine schönen jungen Paare mehr! Seid lieber wachsam.° Seid keine hübschen Mädchen mehr, schlagt sofort zurück,° wenn man das von euch verlangt. Hübsches Mädchen ist ein entsetzliches Schimpfwort.° Das darf man sich gar nicht gefallen lassen. Und wenn ihr Jungen wie Edi seid, dann nehmt euch vor uns in acht.° Denn wenn ein Mädchen das aufgegeben hat, mit den Wimpern zu klimpern,° sich aufzutakeln° und euch zu verwöhnen, dann müßt ihr wissen, daß sie es auf diese Weise viel schwerer hat als die braven kuschelweichen° Töchter wie Susi eine ist. Dann müßt ihr wissen, daß so ein Mädchen heute viel mehr belastet° ist, wenn es sich nicht mehr in Übereinstimmung° mit den Modeheften, den bunten Plakaten und den Filmen befindet. Solche Mädchen brauchen viel mehr Kraft für ihr Leben jeden Tag als eine, die sich aufführt° wie Susi.

Überlegt einmal, daß so ein Mädchen viel mehr Druck aushalten° muß, daß sie es inmitten der duftenden Susis viel schwerer hat. Sie hat nicht nur die duftenden° Susis gegen sich, sie hat auch einen ganzen riesigen Markt voll mit Schönheitsmitteln, Säuberungsmitteln, bunten Fetzen° und Glitzerzeugs gegen sich.

Vergeßt nicht, daß eine, die gleich jammert° und auf hilflos und schutzbedürftig° macht, daß die keine besondre Leistung° leistet. Wenn ihr aber Jungen seid, dann schützt nicht die scheinbar Hilflosen, dann schützt die Starken und Unabhängigen, diejenigen, die scheinbar niemand brauchen, die allein zurechtkommen,° die auf ihre Trickkiste, auf Farben und Täuschung° verzichten gelernt haben. Die verlangen von euch nämlich auch nicht, daß ihr die starken, überlegenen° Jungen zu sein habt, die immer einen Rat wissen und immer eine Schulter zum Ausweinen bereit haben. Bei denen dürft ihr nämlich auch selber einmal heulen,° wenn euch danach zumute ist. Die nehmen euch als das, was ihr seid, und was sie selber sind, nämlich als Menschen unter andren Menschen.

Wenn ihr also Jungen seid, dann gebt auf die Mädchen gut acht, die euch stark vorkommen und nicht auf die, die schwach aussehen.

Andrerseits müßt ihr jetzt aber auch verstehen, wenn ihr Jungen seid, daß wir nicht mehr viel Geduld mit euch haben können, daß unsre Toleranz bald erschöpft° ist, daß ihr uns nicht mehr allzu lange strapazieren° dürft, weil unsre Haut schon sehr dünn und empfindlich geworden ist, aber nicht von den Cremes und Salben, sondern davon, daß ihr schon ein wenig zu lange drauf herumgetrampelt seid.

exhausted / strain

Und auch deshalb, weil das alles schon ein wenig zu lange gedauert hat.

Diskussion zum Thema

A **Zum Textverständnis: Beschreibung von Susi.** Welche Eigenschaften des „Frauentyps Susi" fallen Ihnen ein? Fügen Sie zusammen mit Ihrem Partner oder Ihrer Partnerin oder in einer Gruppe die richtigen Buchstaben oder Wörter ein, die Susis „weibliche" Eigenschaften und Taten beschreiben.

SUSI
1. Sie hat schöne, b___ ___ ___ ___ ___ Haare.
2. Sie ist zer___ ___ ___ ___ ___ ___ ___ ___ und zart.
3. Sie ist ein gut gemachtes Kunst___ ___ ___ ___ der Natur.
4. Sie trägt Kleider aus ___ ___ ___ d___.
5. Sie zieht sich einen schneeweißen ___ ___ ___ ___ ___ ___ ___ ___ ___ an.
6. Sie ist kl___ ___ ___.
7. Sie verhält sich wie eine M___ ___ter.
8. Sie ist ___ ___ ___ ___empfindlich.
9. Ihre Kleider sind immer sch___ ___ ___.
10. Sie umschwirrt Edi wie ein ___ ___ ___ ___ ___ ___ ___ling.
11. Sie putzt die ___ ___ ___ ___ ___ des Mannes.
12. Sie hat eine melodisch s___ ___ ___ ___ ___ Stimme.*

B **Charakterdarstellung von Edi.** Welche Eigenschaften hat der Künstlertyp Edi? Schreiben Sie zusammen mit Ihrem Partner oder Ihrer Partnerin oder in einer Gruppe Edis „männliche" und „künstlerische" Eigenschaften und Taten auf. Stellen Sie dann Edis Charakter mit Hilfe der Stichwörter (Wörter auf Ihrer Liste) mündlich oder schriftlich dar.

---

*Antworten: 1. *blonde,* 2. zer*brechlich,* 3. *Kunstwerk,* 4. *Seide,* 5. *Bademantel,* 6. kl*ein,* 7. M*utter,* 8. *über*empfindlich, 9. sch*ick,* 10. *Schmetter*ling, 11. *Schuhe,* 12. s*anfte.*

C Meinungsaustausch. Diskutieren Sie die folgenden Fragen mit Ihren Mitstudenten.

1. Bewundert die Erzählerin Frauen wie Susi?
2. Die Erzählerin schreibt, „Auch deshalb muß Susi geschont werden, weil es nicht mehr viele wie sie gibt." (Z. 12–13) Was meint die Erzählerin? Glaubt sie wirklich, daß man Susi schützen soll, oder meint sie ironischerweise das Gegenteil? Stimmen Sie damit überein, daß Frauentypen wie Susi aussterben?
3. Die Erzählerin fordert Mädchen auf, nicht Frauen wie Susi zu werden. Wie sollen sich nach Ansicht der Erzählerin Mädchen benehmen? Was wäre eventuell der Gegentyp von Susi?
4. Die Erzählerin glaubt, Mädchen brauchen „viel mehr Kraft für ihr Leben jeden Tag als eine, die sich aufführt wie Susi." (Z. 167–168) Stimmen Sie damit überein? Glauben Sie, daß Frauen, die dem Schönheitsideal entsprechen, alles leichter haben?
5. Wie finden Sie die Beziehung zwischen der Erzählerin und Edi, als sie noch befreundet waren? Finden Sie Edis Verhalten normal?
6. Warum will Edi lieber mit Susi zusammen sein als mit der Erzählerin?
7. Die Erzählerin beschreibt sich selbst als „Etwas Schlechteres als ein Mann und etwas Schlechteres als eine Frau". (Z. 82)
    a. Warum ist sie schlechter als ein Mann?
    b. Warum ist sie schlechter als eine Frau?
8. Was bedeutet der Titel „Aufforderung zur Unfreundlichkeit"? Was meint die Autorin mit „Unfreundlichkeit"? Finden Sie die Textstelle, die Ihre Meinung unterstützt.
9. Glauben Sie, daß Frauen viel mehr nach ihrem Äußeren als nach ihrer Leistung eingeschätzt und beurteilt werden? Glauben Sie auch, daß „ein Mädchen heute viel mehr belastet ist, wenn es sich nicht mehr in Übereinstimmung mit den Modeheften, den bunten Plakaten und den Filmen befindet"? (Z. 165–167)
10. Glauben Sie, daß Männer Frauentypen wie Susi den starken und unabhängigen Frauen vorziehen?

D Allgemeine Fragen zum Text

1. Hat Ihnen die Geschichte gefallen? Ist sie zu schwarz-weiß gemalt?
2. Wie würden Sie den Grundton der Erzählerin beschreiben? Bitter? Ironisch? Traurig? Neutral?
3. Stimmen Sie mit der Kritik Jelineks überein? Oder glauben Sie, daß die Autorin übertreibt? Die Geschichte wurde in den siebziger Jahren veröffentlicht. Gibt es heutzutage noch Frauentypen wie Susi?

Kultur-Rundschau

Der deutsche Zeitschriftenmarkt ist breit gefächert: Mehr als 20 000 Titel werden angeboten. International bekannt ist das Nachrichtenmagazin *Der Spiegel*, das Rudolf Augstein 1946 im Alter von 23 Jahren gegründet hat. Das Vorbild für den *Spiegel* war das US-Nachrichtenmagazin *Time*. *Der Spiegel* ist bekannt für einen besonderen Schreibstil, den man „Spiegel-Deutsch" nennt. Rund eine Million Spiegel-Exemplare werden pro Auflage verkauft. Noch mehr verkauft wird die Illustrierte *Stern*, die den *Spiegel* 1991 auflagenmäßig überholte. Der *Stern* ist eine Illustrierte; *Der Spiegel* dagegen zielt auf eine bestimmte, eher links-intellektuelle Leserschaft.

- Lesen Sie Zeitschriften? Wenn ja, welche?
- Welche Zeitschriften sind Nachrichtenmagazine? Modehefte? Illustrierte?
- Nach welchen Kriterien beurteilen Sie die Berichterstattung einer Zeitschrift? Gut oder schlecht? Subjektiv oder objektiv? Konservativ oder liberal? Seriös oder reißerisch?

Stil und Sprache

Wörter und Ausdrücke

Substantive
die **Einsamkeit** loneliness
die **Selbständigkeit** independence

Verben
(auf jemanden) acht•geben to pay attention to (someone)
sich auf•führen to behave
sich aus•ruhen to rest
belasten to burden
bewundern to admire
fest•halten to hold tight
imponieren to impress

verhätscheln to pamper, spoil

Adjektive
altmodisch old-fashioned
eigentümlich peculiar
sensibel sensitive
verhärtet hardened
zerbrechlich fragile

Ausdruck
jemandem Honig ums Maul schmieren to butter someone up

A Erweiterung des Wortschatzes: Synonyme. In der Geschichte kommen folgende Ausdrücke vor. Markieren Sie die Buchstaben, die das Synonym des unterstrichenen Wortes kennzeichnen.

1. Man kann sich bei Susi <u>ausruhen</u>.
    a. entspannen **b.** ärgern **c.** kosmetisch pflegen **d.** freuen
2. Edi, der Künstler Edi, war sehr <u>sensibel</u> und mußte immer allein sein.
    a. vernünftig **b.** eigentümlich **c.** reizempfindlich **d.** empfindsam
3. Edi <u>imponiert</u> Susi mehr als seinen Kollegen.
    a. sieht **b.** beschützt **c.** beeindruckt **d.** umschwirrt
4. Ständig werden Frauen wie Susi beschützt und <u>verhätschelt</u>.
    a. zu sehr verwöhnt **b.** ausgenutzt **c.** bewundert **d.** geschmeichelt
5. Wenn Susi dem Edi <u>Honig ums Maul schmiert</u>, dann tut sie das, weil ihre eigene Mutter ihr immer eingebleut hat, daß die Edis das gerne hören.
    a. umschwirrt
    b. Süßigkeiten aufs Brot tut
    c. schmeichelt
    d. Cremes und Salben gibt
6. Dann müßt ihr wissen, daß so ein Mädchen heute viel mehr <u>belastet ist</u>, wenn es sich nicht mehr in Übereinstimmung mit den Modeheften, den bunten Plakaten und den Filmen befindet.
    a. erleichtert ist
    b. unter Druck steht
    c. beschützt wird
    d. ausgesucht wird

7. Solche Mädchen brauchen viel mehr Kraft für ihr Leben jeden Tag als eine, die sich aufführt wie Susi.
   a. sich ausweint
   b. sich an andere hängt
   c. sich schön macht
   d. sich benimmt

B Gegensätze. Welche Wörter sind Antonyme?

1. ___h___ verhärtet
2. _____ eigentümlich
3. _____ (auf sie) achtgeben
4. _____ altmodisch
5. _____ Einsamkeit
6. _____ Selbständigkeit
7. _____ bewundern
8. _____ festhalten

a. Abhängigkeit
b. gewöhnlich
c. ignorieren
d. loslassen
e. Mehrsamkeit
f. modern
g. verachten
h. zerbrechlich

Konjunktionen

Wie Sie gemerkt haben, schreibt die Autorin relativ lange Sätze, die mehrere Nebensätze haben. Schauen Sie sich die folgenden Beispielsätze aus dem Text an. Die unterstrichenen Nebensätze können nicht ohne Hauptsatz alleine stehen. Eine Konjunktion verbindet den Nebensatz mit dem Hauptsatz. In den Beispielsätzen sind **daß** und **weil** Konjunktionen.

                    KONJUNKTION   NEBENSATZ

Dieses Haar wirkt so auf Männer, **daß** sie das Haar und seine Besitzerin sofort besitzen wollen.

                    KONJUNKTION   NEBENSATZ

Jeder, der Susi sieht, will sie besitzen, auch deshalb, **weil** sie eine schlanke Figur und tiefblaue Augen hat.

C Satzanalyse. Lesen Sie die folgenden Sätze. Unterstreichen Sie den Nebensatz, und umkreisen Sie die Konjunktion. Es kann sein, daß Sie mehr als einen Nebensatz und eine Konjunktion in einem Satz finden. Achten Sie auf die Wortstellung von Verben im Nebensatz.

1. Alle, die Susi berühren, geben acht, daß sie sie nicht irrtümlich zerbrechen, weil es schade ist, wenn etwas so Schönes zerbrochen wird.

2. Man kann auch Bücher lesen, damit man für den Mann ein Gesprächspartner ist, damit man auch eine Diskussion führen kann.
3. Da war [Edi] unter seinesgleichen, obwohl er besser war als die andren.
4. Auch das Gespräch mit den Kollegen braucht [Edi] jetzt nicht mehr, solange er Susi etwas vorkrähen kann.
5. Sobald aber eine kleine Mutter auftaucht, die einen bedient und bewundert, dann ist es aus damit, darum sollt ihr, wenn ihr Mädchen seid, in keine weißen Bademäntel mehr hineinsteigen.
6. Wenn Susi dem Edi Honig ums Maul schmiert, dann tut sie das, weil ihre eigene Mutter ihr immer eingebleut hat, daß die Edis das gerne hören, daß man einen besonders guten Edi nur kriegt, wenn man ihm kräftig schmeichelt.

Welche sieben Konjunktionen hat die Autorin in diesen Sätzen verwendet?

▶ **Satzbildung.** Vervollständigen Sie die folgenden Sätze aufgrund der Geschichte.

1. Susi fällt auf, weil . . .
2. Man muß Susi schonen, damit . . .
3. Susi versucht, eine intelligente Partnerin zu sein, indem . . .
4. Wenn man ein Künstler ist, . . .
5. Sobald Edi Susi kennenlernte, . . .
6. Obwohl Edi unabhängig sein wollte, . . .
7. Edi will von Susi hören, daß . . .
8. Die Susis werden es leichter haben, solange . . .

Die Konstruktion **wenn . . . dann**

Wenn man eine Bedingung stellt, dann benutzt man **wenn.** Um ihre Erfüllung oder ihr Resultat auszudrücken, benutzt man **dann.**

BEDINGUNG	RESULTAT
Wenn die weiblichen Eigenschaften einmal kaputt sind,	dann kann sie niemand mehr ersetzen.

E **Welche Satzteile gehören zusammen?** Verbinden Sie die Bedingungen links mit den logischen Resultaten oder Erfüllungen rechts. Merken Sie, daß alle Sätze im Indikativ (und nicht Konjunktiv) stehen?

1. _____ Wenn man ein Künstler ist,
2. _____ Wenn Edi aber in der Einsamkeit ist,
3. _____ Wenn einmal etwas Häßliches geschieht,
4. _____ Denn wenn ein Mädchen das aufgegeben hat, mit den Wimpern zu klimpern,
5. _____ Wenn ihr also Jungen seid,

a. dann weint sie. (Z. 104–105)
b. dann gebt auf die Mädchen gut acht, die euch stark vorkommen und nicht auf die, die schwach aussehen. (Z. 184–185)
c. dann ist man sensibler und hat oft ein Gefühl, unter dem man irgendwie leiden muß. (Z. 49–51)
d. dann müßt ihr wissen, daß sie es auf diese Weise viel schwerer hat. (Z. 162–165)
e. dann will er sie oft nicht mehr. (Z. 53–54)

VOM LESEN ZUM HANDELN

Kurz inszeniert

Lesen Sie die folgenden Situationen und finden Sie heraus, wie viele Personen für die Inszenierung nötig sind. Teilen Sie die Rollen unter Ihren Mitstudenten auf. Sie können den Verlauf des Rollenspiels schon vorher planen, bevor Sie es im Kurs vorspielen (oder mit einer Videokamera aufnehmen). Oder improvisieren Sie ganz einfach. Nach den Situationen sind mögliche Redewendungen angegeben, die Sie in Ihrem Rollenspiel verwenden können.

A **Eifersucht.** Arbeiten Sie in Gruppen zu dritt. Jede Person soll eine Rolle spielen: Susi, Edi oder die Erzählerin (die Exfreundin Edis). Sie sind alle bei der Party, wo Susi und Edi sich kennenlernen. Edis Freundin (die Erzählerin) lauert im Hintergrund. Edi und Susi stellen sich vor. Die Anziehung zwischen beiden wird sofort merkbar. Mögliche Gesprächsthemen sind: Beruf, Kleider, Kunst, Essen, Sport und Tanz. Edis Freundin schaut zu und wird eifersüchtig. Sie unterbricht das Gespräch.

REDEWENDUNGEN

Wenn Susi und Edi einander Komplimente machen, können sie sagen:
Du siehst toll (schön, großartig, klasse) aus!
Das Kleid (der Anzug usw.) steht dir gut.
Deine Haarfarbe (Augen usw.) gefällt (gefallen) mir.
Ich muß dir da wirklich ein Kompliment machen.
Du kannst toll (wunderbar, wirklich gut) tanzen (malen, kochen usw.).

B **Zwanzig Jahre später.** Zu dritt spielen Sie Edi, Susi und Edis Exfreundin, die sich 20 Jahre später auf einer Party wieder treffen. Was ist aus den beiden geworden? Wie sehen sie aus? Sind sie immer noch das Traumpaar? Wie reagiert Edis Exfreundin auf das unerwartete Wiedersehen?

> REDEWENDUNGEN
>
> *Wenn Edis Exfreundin überrascht wird, kann sie sagen:*
> Na sowas!
> Ach, du Lieber!
> Täusche ich mich?! Bist du es?
> Es ist nicht zu fassen!
> Ich traue meinen Augen nicht!

Mitdenken—Mitschreiben

A **Stereotypen.** Beschreiben Sie ein Stereotyp in bezug auf Geschlecht, Beruf oder Erziehung. Mögliche Typen sind zum Beispiel: ein Yuppie, ein Intellektueller oder ein Alternativer. Denken Sie an verschiedene Studententypen. Wie würden Sie sie nennen und miteinander vergleichen?

B **Stellungnahme.** Schreiben Sie Ihre Meinung über **eine** von den zwei Aussagen von Jelinek. Stimmen Sie mit Jelinek überein oder nicht? Geben Sie Ihre Gründe mit Beispielen an.

1. „[Das Mädchen] hat nicht nur die duftenden Susis gegen sich, sie hat auch einen ganzen riesigen Markt voll mit Schönheitsmitteln, Säuberungsmitteln, bunten Fetzen und Glitzerzeugs gegen sich." (Z. 170–173)
2. „Viele Männer wollen gerne Frauen wie Susi heiraten und mit ihnen dann glücklich sein." (Z. 5–6)

Konfrontationen

Daß der Mensch ständig mit Problemen konfrontiert wird, gehört zum Leben. Es gibt verschiedene Arten von Konfrontationen. Manche können sehr positiv sein, indem sie dazu herausfordern, Hindernisse oder sogar Bedrohungen zu bewältigen (*overcome*).

▶ *Kapitel 9:* Ein ungewöhnliches, schockierendes Ereignis findet im Duschraum eines öffentlichen Schwimmbades statt.

▶ *Kapitel 10:* Ein junger Taxifahrer versucht, eine Konfrontation mit zwei arbeitslosen Jugendlichen durch Ehrlichkeit und Verständnis zu lösen.

▶ *Kapitel 11:* Türkische Reisende fahren mit dem Bus nach Deutschland, dem „Land der Hoffnung". An der Grenze werden sie angehalten und von der Grenzkontrolle aufgefordert auszusteigen.

▶ *Kapitel 12:* In jedem Land wird der Mensch mit Gewalt (*power; force; violence*) konfrontiert. Die folgenden Texte zeigen drei verschiedene Beispiele, wie man mit Gewalt umgehen kann.

9 Spiel oder Realität?

Ist das Spiel heute aus?

VORSCHAU

Jugendkriminalität

Gut 18 Millionen junge Menschen leben in Deutschland, davon sind über zwei Millionen Jugendliche ausländischer Herkunft. In den alten Bundesländern ist fast jeder vierte Einwohner jünger als 20 Jahre.

Ein wachsendes Problem, nicht nur in Deutschland, aber auch in anderen Ländern, ist die zunehmende Gewaltbereitschaft (*increasing readiness to use violence*) unter Jugendlichen.

A Straftatverdächtige. Schauen Sie sich die folgende Tabelle an, und beantworten Sie die Fragen.

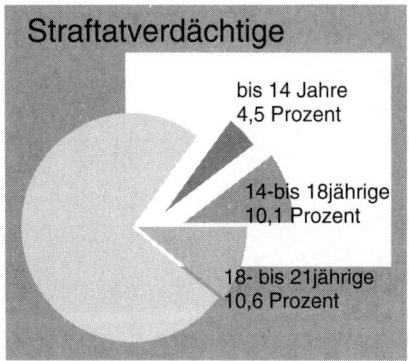

1. Wieviel Prozent der Straftatverdächtigen sind Jugendliche unter 14 Jahren?
2. Welche Altersgruppe macht 10,1 Prozent aller Straftatverdächtigen aus?
3. Wieviel Prozent der Straftatverdächtigen insgesamt sind unter 21 Jahren?

B Opfer oder Täter? Was sind das für Jugendliche, sogar Kinder, die gewalttätig werden? Warum neigen so viele Jugendliche zu Gewalttaten? Was glauben Sie? Beurteilen Sie die folgenden Behauptungen im Hinblick auf unwahrscheinliche, mögliche oder sichere Gründe für Jugendkriminalität.

URSACHEN	UNWAHRSCHEINLICH	MÖGLICH	SICHER
1. Jugendliche Täter sind geisteskrank.	☐	☐	☐
2. Sie sind Produkte einer kaputten Gesellschaft.	☐	☐	☐

URSACHEN	UNWAHRSCHEINLICH	MÖGLICH	SICHER
3. Sie haben kein klares Wertsystem; sie können Gutes nicht von Bösem unterscheiden.	☐	☐	☐
4. Sie haben viel Gewalt gesehen und verinnerlicht.	☐	☐	☐
5. Sie kommen aus nicht intakten Familien.	☐	☐	☐
6. Die Erziehungsmethoden ihrer Eltern treiben sie in die Kriminalität.	☐	☐	☐
7. Sie werden von der Gewalt im Fernsehen beeinflußt.	☐	☐	☐
8. Sie werden von den Texten von Rap- und Heavy-Metal-Musik beeinflußt, die Gewalt verherrlichen.	☐	☐	☐
9. Sie imitieren Greueltaten, die sie in Horrorvideos gesehen haben.	☐	☐	☐
10. ?	☐	☐	☐

C **Was sagt man über die Jugendlichen heute?** Aus dem *Spiegel*bericht (Nr. 9, 1993) stammen die folgenden Fakten und Zitate. Mit welcher Behauptung in **Übung B** hängt das Faktum oder Zitat zusammen?

1. _____ 20 Prozent der Grundschüler sehen pro Woche mehr als 40 Stunden fern.

2. _____ Der Heidelberger Ethnologe Hans Peter Duerrs in seiner düsteren (*gloomy*) These: „Das Zivilisierungsprogramm der Menschheit ist gescheitert (*failed*). Das Gewissen hat versagt (*no longer functions*)."

3. _____ Die Auflösung *(disintegration)* der Familie halten viele Psychologen für die wichtigste Ursache der wachsenden Gewalt.

4. _____ Bereits in der fünften Klasse haben 23 Prozent der Schüler Horrorvideos wie den „Menschenfresser" oder „Großangriff der Zombies" gesehen.

Inwieweit Gewalt im Fernsehen Kinder beeinflußt ist noch umstritten.

5. _____ „Wir sind eine unmenschliche Gesellschaft geworden", sagt der Hamburger Psychologieprofessor Stefan Schmidtchen, „und so werden auch unsere Kinder".

6. _____ Der Rap-Musiker Ice-T beschreibt in seinem Lied „Cop Killer" mit der Zeile „Stirb, stirb, stirb, Schwein, stirb" einen Mord an einem Polizisten.

7. _____ Die Ellenbogengesellschaft mit ihren erodierten Normen hat Gewalt hoffähig (akzeptabel) gemacht.

8. _____ „Der Überfall *(hold-up)* war eine Mutprobe *(test of courage)*" sagte der Junge, den Polizisten erst zwei Tage später fassen konnten. Er wollte „besser sein" als die Bankräuber, die „im Fernsehen immer geschnappt werden".

9. _____ Die Gruppe Public Enemy läßt in einem Video einen korrupten weißen Politiker von schwarzen Guerilleros liquidieren.

10. _____ „Wenn Kinder zu mir kommen", sagt der Marburger Kinderpsychiater Matthias Martin, „dann frage ich schon gar nicht: ‚Was machen denn dein Papi und deine Mami', sondern: ‚Bei wem wohnst du denn?'"

11. _____ Das pädagogische Laisser-faire ist ein „resignativer Erziehungsstil", wie der Bochumer Kriminologe Hans-Dieter Schwind sagt. Eltern lassen ihre Kinder allein.

12. _____ „Soziale Ungleichheit", so der hannoversche Kriminologe Christian Pfeiffer, „fördert abweichendes (*deviant*) Verhalten".

13. _____ Durchschnittlich sind an jedem Fernsehwochenende etwa 800 Gewalttaten, darunter 150 Morde, zu sehen.

14. _____ Die Normen, welche für die Elterngeneration galten (*were valid*), haben dramatisch an Wert verloren.

D Was ist Ihre Reaktion? Diskutieren Sie die folgenden Fragen in kleinen Gruppen.

1. Mit welchen Aussagen aus **Übung C** stimmen Sie überein? Begründen Sie Ihre Antwort.
2. Welche Fakten finden Sie überraschend? Welche Fakten haben Sie schon gewußt oder geahnt?
3. Kennen Sie Fälle von Kinder- oder Jugendkriminalität? Wenn ja, erzählen Sie von einem.
4. Wenn Sie Kinder hätten, was würden Sie machen, damit sie niemals zu Gewalt als Lösung für Konflikte ergreifen?

Einführung in das Thema

Literarisches Konzept: Der Schauplatz

Der Schauplatz (*setting*) ist der Ort und die Zeit des Geschehens. In manchen Geschichten trägt der Schauplatz zur Stimmung oder Atmosphäre der Geschichte bei.

A Mögliche Schauplätze. Es gibt stereotypische Schauplätze für bestimmte Typen von Geschichten. Stellen Sie sich vor, daß Sie eine Geschichte oder einen Roman schreiben. Je nach Typ der Geschichte wählen Sie einen bestimmten Schauplatz aus.

1. _____ Liebesgeschichte
2. _____ Abenteuergeschichte
3. _____ Kriminalroman
4. _____ Märchen
5. _____ Western
6. _____ Science Fiction
7. _____ Gespenstergeschichte
8. _____ ?

a. im Weltraum
b. in der Wüste
c. auf dem Friedhof
d. im Flugzeug
e. im Stadtpark
f. am Strand
g. in den Alpen
h. im Schloß
i. im Wald
j. ?

▶ **Die unerhörte Begebenheit.** Die unerhörte Begebenheit ist ein literarischer Ausdruck für das ungewöhnliche, meist schockierende Ereignis in einer Geschichte oder Novelle. Für die folgende Geschichte, „Dieser Tage über Nacht", ist der Schauplatz sehr wichtig für die unerhörte Begebenheit, die am Höhepunkt der Erzählung stattfindet.

Der Schauplatz der Geschichte ist ein Hallenbad, ein öffentliches Schwimmbad in einem Gebäude. Das Hauptgeschehen der Geschichte

findet im Duschraum statt, wo die Erzählerin sich duscht, bevor sie schwimmen geht.

Schauen Sie sich das Bild auf Seite 154 an. Identifizieren Sie folgende Sachen: der Bademeister, das Schwimmbad, der Umkleideraum, ein Schließfach, der Duschraum.

Spekulation

Bevor Sie die Geschichte lesen, überlegen Sie sich folgende Fragen:

1. Waren Sie einmal in einer Situation, in der Sie sich von einem anderen Menschen bedroht gefühlt haben oder Sie sogar angegriffen (*attacked*) wurden?
2. Wenn ja, wie haben Sie auf diese Situation reagiert?
3. Wenn nicht, können Sie sich so eine Situation vorstellen? Wie würden Sie reagieren?

von Karin Reschke

Dieser Tage über Nacht

Karin Reschke* wurde 1940 in Krakau (Polen) geboren. Sie ist in Berlin aufgewachsen. Seit 1975 schreibt sie Romane, Novellen, Hörspiele und Rezensionen. Sie ist Mitglied des Verbands deutscher Schriftsteller/Schriftstellerinnen. 1982 erhielt sie den Frankfurter Allgemeinen Zeitungs-Preis für Literatur.

Ihre Werke sind u.a. *Texte zum Anfassen. Ein Frauenlesebuch* (1978); *Memoiren eines Kindes* (1980); *Verfolgte des Glücks. Findebuch der Henriette Vogel* (1982) sowie Beiträge im *Kursbuch* und in Anthologien.

Zu meiner ersten Verabredung mit mir lief ich in das nahe gelegene Hallenbad. Löste eine Eintrittskarte. War drinnen. Ich warf die Kleider in den Schrank, zog den Schlüssel ab, hielt ihn am Bändel. Nackt mit Schlüssel trat ich unter die Dusche. Es waren Frauen da, verschiedenen Alters, in

---

*Die biographischen Informationen kommen aus zwei Quellen: Inge Bauer-Kerber and Karin Dietrich-Chénel, *Neue Literatur von Frauen*. Berlin, München: Langenscheidt, 1986. S. 68; und F.P. Künzel, Hrsg., *P.E.N.-Zentrum Bundesrepublik Deutschland. Autorenlexikon*. München, Zürich: Piper, 1988. S. 168.

Schwimmanzügen und Badekappen. Sie kamen aus dem Becken,° ihre Körper glänzten bleich und porig. Sie schäkerten° miteinander und redeten von günstigen Einkäufen. Das heiße Wasser prasselte°* auf ihre Schultern. Sie trampelten und schrien leise auf. Sie stampften mit kräftigen Füßen, ließen die Träger ihrer Anzüge° über die Schultern gleiten, halfen mit den Händen nach, entblößten° Brüste und Bäuche. Sie waren sich vertraut.° Boten Rückansichten dar,° weiche Rücken, zerfließende Hinterteile. Sie beugten Rumpf° und Knie, wuschen ihre zusammengeringelten Badehüllen° aus, die schwammen in Seife. Ich wäre wie sie gewesen. Verbunden mit einem Leben außerhalb der Badeanstalt. Verbunden mit Ehemännern, Säuglingen, erwachsenen Kindern, Enkeln. Ich hätte für sie eingekauft, gewußt, was zu tun war, jede Sekunde. Ihre Ellenbogen tanzten nach allen Seiten, auch aus der Reihe. Sie kamen und gingen. Ich blieb. Wurde weich und faltig, weißhäutig. Eine Zeitlang sah ich durch das Glasfenster auf die Schwimmenden. Es wimmelte.° Pfiffe ertönten. Kinder schossen kopfüber° vom Beckenrand hinab. Ein ganzer Chor von Männern und Frauen schwamm hin und her. Sie hielten Takt, blieben im Rhythmus, ließen sich nicht aus ihrer Bahn drängen.° Der Bademeister erteilte Lektionen mit Pfeife und Faust. Seine Aufmerksamkeit galt den Jugendlichen,° die sich immer wieder, gegen die Schwimmordnung verstoßend,° seitlich des Bassins ins Wasser stürzten,° schrien, tauchten, ungebührlich° spritzten. Dann ging ich dazu über, Wechselbäder zu nehmen. Vom heißen Strahl unter den kalten. Bald spürte ich weder Wärme noch Kälte. Andere Frauen taten es mir nach.° So sprangen wir herum oder umeinander, lachend, Rücken und Beine zeigten rote Flecken. Ein letztes Mal spülte ich das Haar, zwirbelte° es mit den Fingerspitzen.

Da standen zwei Halbwüchsige° in tigergemusterten Badehosen und starrten. Von einer zur anderen. Wir hielten wohl alle gleichzeitig den Atem an,° rührten° uns nicht, gaben nicht Laut. Sogar das Wasser aus den Duschsieben° schwieg. Mein Haar klatschte herunter auf die Schultern. Es klang wie eine Ohrfeige.° Ein Stück Seife rutschte quer in den Raum° bis zur Wand. Die Jungen setzten einen Fuß vor den anderen, kamen näher heran. Sie hatten blanke, unschuldig

pool
joked
pattered

Träger . . . bathing suit straps
exposed / Sie . . . They felt intimate.
Boten . . . showed their backsides / trunk
bathing garments

Es . . . It was swarming.
head first

ließen . . . did not let themselves be driven from thier course
Seine . . . He paid special attention to youngsters.
gegen . . . going against swimming-pool rules
dived improperly

taten . . . did the same as I

twisted

juveniles
Wir . . . We all held our breath at the same time / move
shower filter
slap in the face

rutshte . . . glided across the room

---

*Die Autorin verwendet „Lautmalerei" (Onomatopöie). Lautmalerei ist der Gebrauch von Wörtern wie z.B. **prasseln, klatschen, juchzen, kreischen, flackern** oder **flatschen.** Der Klang dieser Wörter ruft eine bestimmte Bedeutung hervor, indem das Wort Naturlaute, Geräusche oder Klänge nachahmt.

dreinschauende° Gesichter, Augen, die vom Tauchen gerötet waren. Breitbeinig bauten sie sich auf° zwischen den Duschen und hatten blitzartig spitze Messer in den Händen. Sie wippten auf den Fersen,° reckten° die schmächtigen° Schultern. Sie öffneten ihre Münder. Aus ihren Kehlen dröhnte Kriegsgeschrei.° Sie riefen: Los, Frauen, zeigt, was ihr habt!

Sie stürzten auf uns zu, schwangen die Klingen,° juchzten:° Bewegt euch! Seid ihr Ölgötzen°? Hoch das Bein. Mutti, marsch, marsch! Sie fuchtelten° mit ihren Armen durch die Luft, pfiffen. Pfiffen uns an:

Ja, bückt euch°! So ist es schön – du auch. Alte, hopp, hopp – dreht euch um! Tiefer bücken! Keine falsche Regung° bitte! Welch freundliche Aufforderung.° Ich hatte im Niederbeugen der Knie nach einem im Wasser liegenden Handtuch gegriffen, einen Knoten hineingewürgt° und schleuderte° es mit aller Wucht° gegen ihre Köpfe, trat mit einem heftigen Satz nach vorn aus der Duschnische und stieß mit dem rechten Fuß in ihre Tigerhosen. Ich trat zu, einmal, zweimal, ich weiß nicht wie oft. Die Frauen neben mir lösten sich° die Luft ausstoßend aus ihrer Starre. Ein Wutgeheul erbrach sich,° ein hohes kreischendes Klagen. Das flackernde Fleisch, siedend und sottend° vor Zorn. Wie stürzten wir Frauen uns auf die Mannszwerge,° und wie jung waren ihre Gesichter unter unseren wallenden Schenkeln.°

Sie alle, es waren noch drei Frauen, traten auf die Jungen ein, immer wieder, daß sie ins Wanken gerieten° und über die blanken Fliesen forttaumelnd zu Fall kamen.° Ihre Messer glitten davon, trieselten° wie die Seife an die Wand.

Tumult erhob sich. Der Duschraum füllte sich mit Menschen. Der Bademeister hatte seinen Auftritt. Er erteilte schrill Befehle an seine weißbekittelten Untergebenen.°

Die Polizei wurde geholt. Die beiden Missetäter,° von einer Meute Schaulustiger eskortiert,° abgeführt. Die Opfer° verschwanden. Das Schwimmbecken leerte sich. Der Betrieb konzentrierte sich auf den Vorfall.°

Ich eilte durch die Gänge der Frauenabteilung° in die Garderobe, rannte von Schrank zu Schrank, hatte meine Nummer vergessen, der Schlüssel fand sich nicht mehr. Also zurück an den Tatort.° Flaschen und Fläschchen standen herum, die Seife lag noch an der Wand. Badeanzüge hingen vor den Duschen, Plastikschuhe flatschten über dünnen Rinnsalen.° Das Handtuch mit dem triefenden Knoten drapierte sich auf dem Boden. Ich tastete° über den Schauplatz, fand die Messer neben der Seife, bückte mich, nahm sie auf. Sie

waren aus Gummi.° Ihre scharfen Schneiden Kinderspielzeug. Ich ließ sie fallen, *rubber*
und mit ihnen fiel der Schlüssel zum Schrank aus meiner linken Faust. In der
Umkleidekabine sank ich auf die schmale Bank, starrte vor mich hin, zupfte° aus *pulled*
meiner Tasche frische Wäsche hervor, Strümpfe, Hosen, Pullover. Automatisch
kleidete ich mich an. Knie und Knöchel° zitterten.° Die Turnschuhe klebten° wie *ankles / trembled / stuck*
Waschlappen° an meinen Füßen. *washcloths*

Diskussion zum Thema

A Zum Textverständnis. Finden Sie die richtigen Wörter (Nomen, Verben oder Adjektive) oder Ausdrücke, die in die Lücken der folgenden kurzen Zusammenfassung der Geschichte passen.

Vorfall	Wanken	Bewegt euch!	abgeführt
ein Handtuch	Nacht	glitten	Schwimmbad
Jugendliche	Messer	verließ	Schlüssel
Bademeister	erschrocken	Gummi	wehrten sich

Die Geschichte „Dieser Tage über _____¹" von Karin Reschke handelt von einer Frau, die allein in ein _____² ging. Während sie sich duschte, traten zwei _____³ in Tigerbadehosen ein, die spitze Messer in den Händen hatten. Als die Frauen die zwei Jungen sahen, wurden sie _____⁴. Die zwei Jungen riefen: _____⁵ Die Erzählerin griff _____⁶ und schleuderte es gegen ihre Köpfe. Die anderen Frauen faßten Mut und _____⁷. Die Jungen gerieten ins _____⁸ und fielen auf den Boden. Die Messer _____⁹ über die blanken Fliesen. Wegen des Geschreis kam der _____¹⁰ und andere Menschen zu Hilfe. Die Jungen wurden in der Begleitung von Zuschauern _____¹¹. Als die Erzählerin ihren _____¹² im Duschraum suchte, fand sie die _____¹³. Sie entdeckte, daß die Messer aus _____¹⁴ waren. Sie kleidete sich an und _____¹⁵ das Hallenbad. Der _____¹⁶ hat sie sehr erschüttert.

B Vergleichen Sie Ihren vervollständigten Text in **Übung A** mit den Ergebnissen Ihrer Mitstudenten. Welche Wörter kann man mit Synonymen ersetzen?

C **Meinungsaustausch.** Diskutieren Sie die folgenden Fragen.

1. Handelt die Geschichte von einer „unerhörten Begebenheit", einem unglaublichen, empörenden Vorfall? Fassen Sie den Vorfall mit Ihren eigenen Worten zusammen.
2. Was verstehen Sie unter dem Anfangssatz: „Zu meiner ersten Verabredung mit mir lief ich in das nahe gelegene Hallenbad"? Normalerweise hat man eine Verabredung mit einer anderen Person, aber nicht mit sich selbst. Soll das bedeuten, daß sie seit langer Zeit etwas alleine unternimmt? Oder meint sie, daß sie jetzt die Gelegenheit hat, ihre ganze Aufmerksamkeit auf ihre eigenen Interessen und Gefühle zu wenden?
3. Wie sieht die Ich-Erzählerin die anderen Frauen im Duschraum? Warum sagt die Erzählerin das Folgende:

   Ich wäre wie sie gewesen. Verbunden mit einem Leben außerhalb der Badeanstalt. Verbunden mit Ehemännern, Säuglingen, erwachsenen Kindern, Enkeln. Ich hätte für sie eingekauft, gewußt, was zu tun war, jede Sekunde. (Z. 13–15)

   Fühlt sich die Erzählerin anders als die Frauen im Duschraum? Ist ihr irgendetwas passiert, weshalb sie sich nicht „verbunden mit dem Leben" fühlt?
4. Die Erzählerin verbringt eine lange Zeit unter der Dusche. Warum braucht sie so lange, um die Dusche zu verlassen? Hat sie Angst, sich den anderen im Bad anzuschließen? Was kann „der ganze Chor von Männern, Frauen und Kindern" im Schwimmbad symbolisieren? Was könnte der Bademeister symbolisieren?
5. Wie werden die Jungen beschrieben? Warum erwähnt die Autorin zweimal, daß sie Tigerhosen tragen? Was denken Sie über das Benehmen der Jungen?
6. Welche Rolle haben die Frauen bei ihrer Rettung gespielt? Welche Rolle hat der Bademeister gespielt? Wie beurteilen Sie das Verhalten der Frauen, nachdem die Gefahr vorbei war?
7. Wie haben Sie auf die Entdeckung der Erzählerin reagiert, daß die Messer aus Gummi sind? Hat diese Tatsache Ihre Meinung über die Tat

der Jungen geändert? Handelt es sich hier um einen kriminellen Akt, eine Art von „Vergewaltigung", oder glauben Sie, daß die Jungen einfach Spaß haben wollten?

8. Der Titel „Dieser Tage über Nacht" ist scheinbar widersprüchlich (*paradoxical*). Anders ausgedrückt heißt er „in jenen (vergangenen) Tagen in der Nacht". Warum heißt die Geschichte „Dieser Tage über Nacht"? Wie deuten Sie den Titel?

D Allgemeine Fragen zum Text

1. Ist die Geschichte realistisch? Haben Sie sich mit der Erzählerin identifizieren können?
2. Hätte ein Mann eine solche Erzählung schreiben können?
3. Hätte ein solcher Vorfall in Ihrer Umgebung passieren können? Gibt es viele sexuelle Angriffe auf Frauen von Jugendlichen in Ihrer Stadt oder Ihrer Gegend? Welche Faktoren führen Jungen dazu, solchen sexuellen Terrorismus zu führen?

KULTUR-RUNDSCHAU

In Deutschland wird relativ viel Sozialarbeit mit Jugendlichen geleistet. Es gibt etwa 80 überregionale Jugendverbände, in denen rund ein Viertel aller Jugendlichen organisiert sind. Die meisten Jugendorganisationen werden von Bund, Ländern und Gemeinden finanziell unterstützt.

Für Jugendliche, die sich nicht an eine Gruppe binden, aber trotzdem mit Altersgenossen zusammen sein wollen, gibt es das Jugendzentrum. Das Jugendzentrum ist eine Freizeiteinrichtung, das man in vielen deutschen Gemeinden findet. In der Regel gibt es dort Sozialarbeiter, die das Programm leiten und mit den jungen Menschen zusammenarbeiten. In Jugendzentren finden solche Veranstaltungen wie z.B. Rockkonzerte, Tanzen, Wochenendausflüge usw. statt.

- Gibt es viele Jugendorganisationen in Ihrem Land? Nennen Sie einige Beispiele.
- Wie werden diese finanziell unterstützt?
- Gibt es Jugendzentren in Ihrem Land? Wenn nicht, welche Programme werden den Jugendlichen angeboten, damit sie ihre Freizeit produktiv gestalten?

Stil und Sprache

Wörter und Ausdrücke

Substantive
das Bad, ⸚er bath
die Badekappe, -n bathing cap
der Bademeister, - pool attendant; lifeguard
das Band, ⸚er band, ribbon
der Duschraum, ⸚e shower
die Garderobe, -n checkroom
der Kleiderschrank, ⸚e clothes closet
die Nische, -n niche
die Ordnung, -en order

der Schwimm- oder Badeanzug, ⸚e swimsuit or bathing suit

Verben
baden to bathe, swim
(sich) bücken to bend over
(sich) duschen to shower
erteilen to give (an order)
ertönen to resound
klatschen to sling, hurl

162 KAPITEL 9   Spiel oder Realität?

kreischen to screech
(sich) lösen to free oneself
pfeifen to whistle
schreien to scream, cry
schwimmen to swim

spülen to rinse
tauchen to dive
wechseln to change
werfen to throw

A **Wortschatz.** Markieren Sie die richtige Antwort.

1. Kein Synonym für das Wort **Badeanstalt** ist _____.
   a. die Schwimmhalle   c. das Hallenbad
   b. die Badewanne   d. das Schwimmbad

2. Man zieht sich _____ um.
   a. im Kleiderschrank   c. im Umkleideraum
   b. im Duschraum   d. in der Garderobe

3. Der Bademeister _____ Lektionen mit Pfeife und Faust.
   a. erteilte   c. warf
   b. ertönte   d. spülte

4. Ein anderes Wort für **schreien** ist _____.
   a. bücken   c. klatschen
   b. pfeifen   d. kreischen

5. Im Hallenbad _____ man nicht.
   a. schwimmt   c. badet
   b. raucht   d. taucht

6. Was braucht man nicht, wenn man ins Hallenbad geht?
   a. ein Handtuch   c. ein Bändel (kleines Band)
   b. einen Schwimmanzug d. eine Badekappe

B **Wortbildung.** Welche zusammengesetzten Substantive kommen in der Geschichte vor? Was sind die Artikel und die Pluralendungen? Mit einem Wort können mehrere Kombinationen gebildet werden.

BEISPIEL: schwimm(en) + die Ordnung = die Schwimmordnung

schwimm(en)
bade(n)
wechsel(n)   +
der Tiger
dusch(en)
umkleide(n)

der Anzug
das Bad
der Meister
die Ordnung
die Hose
die Nische
der Raum
die Kabine
das Becken

C **Gruppenarbeit.** Arbeiten Sie in einer Gruppe von vier oder fünf Personen. Wählen Sie ein Wort aus **Übung B** aus, und erzählen Sie, inwiefern das Wort mit der Geschichte zusammenhängt. Die anderen hören gut zu und sagen, ob es stimmt, was Sie gesagt haben.

BEISPIEL: Der Bademeister muß für die Schwimmordnung sorgen.

Syntax

Weder die gesprochene noch die geschriebene Sprache besteht aus lauter einfachen Sätzen. In Reschkes Geschichte finden wir drei Arten von Satzgebilden (*sentence structures*): den zusammengezogenen Satz, die Satzverbindung und das Satzgefüge.

1. **Der zusammengezogene Satz** (*parallel sentence consisting of a series of the same grammatical structures*). Der zusammengezogene Satz enthält Wörter oder Wortgruppen, die die gleiche syntaktische Stellung haben.

    Ich warf die Kleider in den Schrank, zog den Schlüssel ab, hielt ihn am Bändel (kleines Band).

    Die folgenden drei Satzglieder sind im Satz oben angereiht bzw. zusammengesetzt.

    Ich warf die Kleider in den Schrank.
    Ich zog den Schlüssel ab.
    Ich hielt ihn am Bändel.

2. **Die Satzverbindung** (*connected independent clauses*). Die Satzverbindung besteht aus einfachen Sätzen, die einander nebengeordnet sind. Die einzelnen Sätze bezeichnet man als Hauptsätze; man kann sie durch Komma oder Semikolon trennen. In der Geschichte werden sie durch Komma getrennt.

    Sie kamen aus dem Becken, ihre Körper glänzten bleich und porig.

3. **Das Satzgefüge** (*sentence with subordinate clause*). Das Satzgefüge besteht aus einem Haupt- und einem Nebensatz.

HAUPTSATZ	NEBENSATZ
Sie hatten . . . Augen,	die vom Tauchen gerötet waren.

D **Textanalyse.** Analysieren Sie die Geschichte, und notieren Sie andere Beispiele für **zusammengezogene Sätze, Satzverbindungen** und **Satzgefüge.** Welche Satztypen verwendet Reschke? Verwendet sie eine Art Satzgebilde häufiger an bestimmten Stellen im Handlungsablauf? Warum, glauben Sie, wird eine Art Satzgebilde an bestimmten Stellen bevorzugt (*preferred*)? Wirkt die Erzählung dadurch dramatischer? Objektiver? Verworrener (*more intricate*)?

164 KAPITEL 9   Spiel oder Realität?

E Versuchen Sie, einfache Sätze in einem Satz zusammenzusetzen. Es folgen Satzglieder aus der Geschichte. Nachdem Sie die Wortgruppen in einem Satz zusammengesetzt haben, vergleichen Sie Ihren Satz mit dem Originalsatz. Es kann mehr als eine mögliche Zusammensetzung geben.

1. Es waren Frauen da.
   Sie waren verschiedenen Alters.
   Sie waren in Schwimmanzügen und Badekappen. (Z. 4–5)
2. Ihre Ellenbogen tanzten nach allen Seiten.
   Ihre Ellenbogen tanzten auch aus der Reihe. (Z. 15–16)
3. Ein letztes Mal spülte ich das Haar.
   Ich zwirbelte es mit den Fingerspitzen. (Z. 27–28)
4. Die Jungen stürzten auf uns zu.
   Sie schwangen die Klingen.
   Sie juchzten. (Z. 40)
5. Flaschen und Fläschchen standen herum.
   Die Seife lag noch an der Wand. (Z. 65–66)
6. In der Umkleidekabine sank ich auf die schmale Bank.
   Ich starrte vor mich hin.
   Ich zupfte aus meiner Tasche frische Wäsche hervor. (Z. 71–73)

VOM LESEN ZUM HANDELN

Kurz inszeniert

Lesen Sie die folgenden Situationen und finden Sie heraus, wie viele Personen für die Inszenierung nötig sind. Teilen Sie die Rollen unter Ihren Mitstudenten auf. Sie können den Verlauf des Rollenspiels schon vorher planen, bevor Sie es im Kurs vorspielen (oder mit einer Videokamera aufnehmen). Oder improvisieren Sie ganz einfach. Nach den Situationen sind mögliche Redewendungen angegeben, die Sie in Ihrem Rollenspiel verwenden können.

A In der Zukunft. Die Erzählerin trifft eine der Frauen einige Monate später bei einer anderen Gelegenheit. Sie reden über den Vorfall und drücken ihre Gefühle aus. Man kann diese Szene mit mehreren Kolleginnen aufführen.

REDEWENDUNGEN

Nach dem erschütternden Erlebnis könnten die Frauen sagen:
   Ich bin immer noch erschrocken.
   Ich kann es immer noch nicht fassen (oder begreifen).

Wenn ich daran denke, fühle ich mich . . .
Der Vorfall hat mich ganz schön mitgenommen.
Ich sehe das jetzt alles anders.

B **Hier spricht die Polizei.** Sie sind die Eltern von einem der zwei Jungen. Die Polizei ruft Sie an und erzählt Ihnen, was im Hallenbad vorgefallen ist. Sie holen Ihren Sohn bei der Polizei ab. Was sagen Sie zu ihm? Wie reagieren Sie auf seine Antworten?

REDEWENDUNGEN

Die Eltern können folgendes sagen:
Was fällt dir eigentlich ein!
Wie kannst du so etwas tun!
Ich verlange sofort eine Erklärung!
Erzähle mir alles!
Wie bist du auf so eine Idee gekommen?
Was sollen denn die Leute denken!

C **Das Schwimmen wird dir gut tun!** Eine Freundin oder ein Freund weiß nichts von dem Vorfall und lädt die Erzählerin zum Hallenbad ein. Wie reagiert die Erzählerin? Geht sie mit oder gibt sie eine Ausrede?

REDEWENDUNGEN

Wenn man zögert, kann man sagen:
Ich weiß es nicht. Laß mich überlegen.
Weißt du, ich bin nicht ganz sicher.
Einerseits hätte ich schon Lust. Andererseits . . .
Danke für die Einladung aber . . .

Mitdenken—Mitschreiben

A **Eine andere Perspektive.** Schreiben Sie die Geschichte aus der Perspektive eines der Jungen. Erklären Sie seine Motive.

B **Und dann . . .** Schreiben Sie die Geschichte weiter. Was macht die Erzählerin, nachdem sie das Hallenbad verläßt?

C **Eine Vorgeschichte.** Schreiben Sie eine Vorgeschichte. Was passierte der Erzählerin, bevor sie die Verabredung mit „sich selbst" hatte?

D **Eine gefährliche Situation.** Waren Sie einmal in einer sehr gefährlichen Situation? Beschreiben Sie Ihre Reaktionen während und nach diesem Ereignis.

10 Kampf ums Brot

Wer ist der Nächste?

VORSCHAU

Arbeitslosigkeit in Deutschland

Schauen Sie sich die folgende Karikatur an, die im Januar 1994 in der *Frankfurter Allgemeinen Zeitung* erschien.

A **Interpretation.** Wie verstehen Sie diese Karikatur?

1. Wie groß ist das wirtschaftliche Wachstum in Deutschland? Ist das wenig oder viel?
2. Wodurch wird das Wachstum gehemmt (*slowed down*)?
3. Was sagt diese politische Karikatur zur wirtschaftlichen Lage Deutschlands im Jahre 1994 aus?

Die folgende Grafik zeigt Arbeitslosenquoten für ganz Deutschland Ende Dezember 1993.

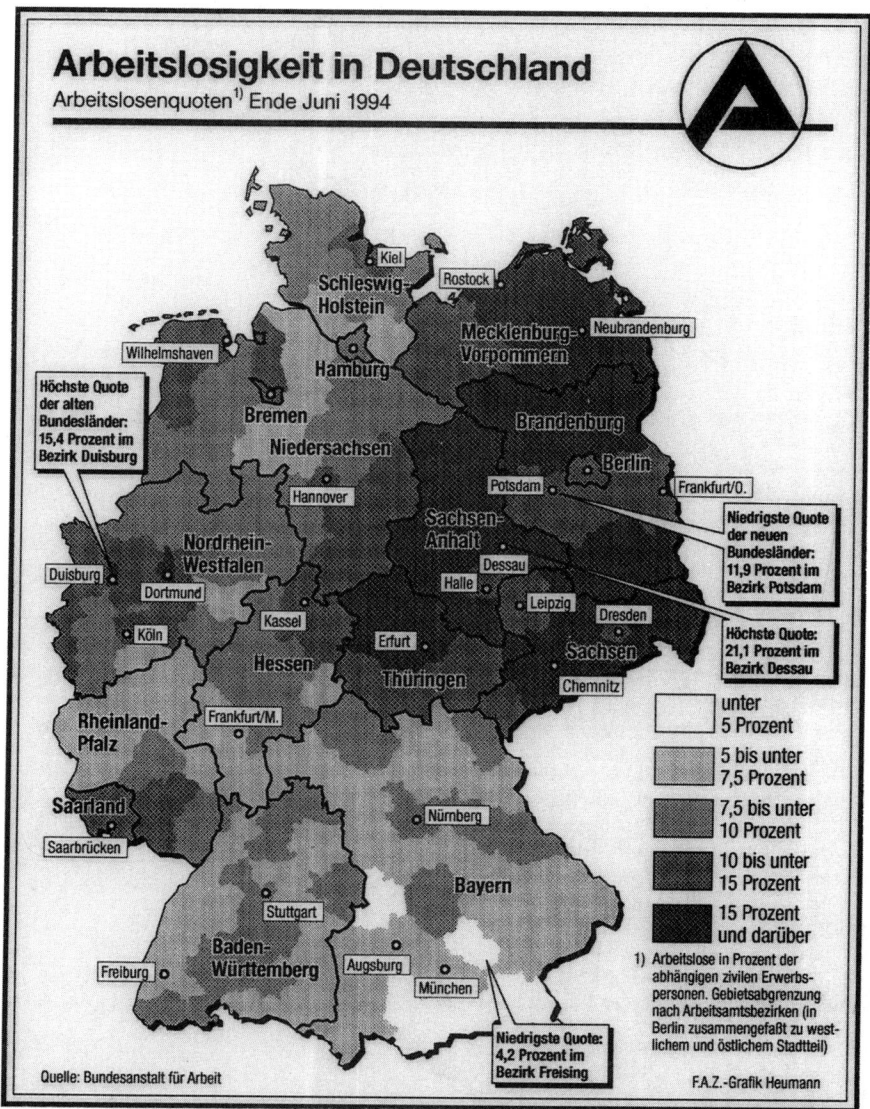

B **Feststellungen.** Was erfährt man über die Arbeitslosigkeit in Deutschland? Beantworten Sie die folgenden Fragen anhand der obigen Grafik.

1. Wo gibt es prozentual mehr Arbeitslose? In den neuen oder in den alten Bundesländern?

2. Welche Bundesländer haben 15 Prozent und mehr Arbeitslose?
3. Welches Bundesland hat die niedrigste Anzahl von Arbeitslosen in Gesamtdeutschland?
4. In welchem Bundesland gibt es die höchste Quote von Arbeitslosen?
5. Wieviel Prozent Arbeitslose hat Berlin?
6. Welche Bundesländer haben 5 bis 7,5 Prozent Arbeitslose?

Lesen Sie den folgenden Artikelauszug aus der *Frankfurter Allgemeinen Zeitung*.

Frankfurter Allgemeine
ZEITUNG FÜR DEUTSCHLAND

Donnerstag, 6. Januar 1994, Nr. 4/1 D

Wieder mehr Arbeitslose in Ost- und Westdeutschland

Jl. NÜRNBERG, 5. Januar. Die Arbeitslosigkeit hat Ende vergangenen Jahres in West- und Ostdeutschland noch einmal zugenommen. Die Bundesanstalt für Arbeit erkennt dennoch erste Stabilisierungstendenzen in den neuen Bundesländern, wenn auch auf niedrigem Niveau. Für die alten Bundesländer werde 1994 wieder ein schwieriges Jahr. Immerhin gebe es Anlaß zu der Hoffnung, daß der Anstieg der Arbeitslosigkeit 1994 spürbar geringer ausfällt als 1993.

C Stimmt das oder stimmt das nicht? Stimmen die folgenden Aussagen mit dem Artikel überein?

		STIMMT	STIMMT NICHT
1.	Das Problem der zunehmenden Arbeitslosigkeit hat nur die neuen Bundesländer getroffen.	☐	☐
2.	Man merkt eine Stabilisierung in den neuen Bundesländern.	☐	☐
3.	1994 wird es mehr Arbeitslose in den alten Bundesländern geben.	☐	☐
4.	Die Anzahl der Arbeitslosen soll im Jahre 1994 geringer sein als im Jahre 1993.	☐	☐

D In der Geschichte „Taxi frei" arbeitet die Zentralfigur als Taxifahrer, um sein Studium zu finanzieren. Der Mann kommt mit zwei Jugendlichen zusammen, die arbeitslos und verzweifelt sind.

1. Wie finanziert man das Studium in Ihrem Land?
2. Kennen Sie Jugendliche, die arbeitslos sind?
3. Ist die Jugendarbeitslosigkeit ein großes Problem in Ihrem Land?

Einführung in das Thema

Literarisches Konzept: Dialog

In der Geschichte „Taxi frei" verwendet der Autor Wolfgang Bittner viel Dialog. Im Dialog wird das Gespräch zwischen den Figuren direkt wiedergegeben. Statt Dialog hätte der Autor zusammenfassen können, was die Figuren sagen. Die Wirkung auf den Leser wäre aber anders.

▶ **Vergleiche.** Lesen Sie diesen Textausschnitt und vergleichen Sie ihn mit einer Zusammenfassung. Beantworten Sie dann die Fragen weiter unten.

Dialog aus dem Text (Z. 62–66):

> „Du tust jetzt sofort, was er dir gesagt hat!" schrie er mir ins Ohr.
> „Genau das", bestätigte der Schwarzhaarige.
> „Nur nicht nervös werden", sagte ich so ruhig wie möglich.

Eine mögliche Zusammenfassung:

> Er schrie mir ins Ohr, das zu tun, was von mir verlangt wird. Dies bestätigte auch sein Begleiter. Mit möglichst ruhiger Stimme versuchte ich, die beiden Gereizten zu beruhigen.

1. In welchem Text (im Dialog oder in der Zusammenfassung) bleibt der Autor im Hintergrund und läßt die Figuren an den Leser näher heran?
2. In welchem Text wirken die Figuren distanzierter auf den Leser?
3. Aus welchem Grund wird Dialog in Erzählungen verwendet? Wirkt die Handlung durch einen Dialog dramatischer?

Spekulation

▶ Lesen Sie den folgenden Abschnitt aus der Geschichte „Taxi frei".

> Da es wieder zu schneien anfing, fuhr ich langsam und konzentrierte mich auf die Straße. Die dunkle Fahrbahn sog das Licht der Scheinwerfer förmlich auf. Plötzlich merkte ich, daß es im Wagen totenstill war und daß die beiden einerseits zwar hellwach, andererseits aber ungewöhnlich reglos waren. Einer inneren Eingebung folgend, wollte ich die Sprechtaste für die Zentrale drücken, um mich zu melden. (Z. 25–29)

Der Abschnitt oben erweckt im Leser Neugierde. Welche Fragen fallen Ihnen zum Text ein? Schreiben Sie mit Ihren Kollegen mögliche Fragen auf. Entwickeln Sie dann mögliche Antworten auf alle Fragen.

BEISPIELFRAGEN:
Wer ist der Ich-Erzähler?
Wohin fährt er?
Warum wird es totenstill?
Was machen die beiden Fahrgäste?
usw.

von Wolfgang Bittner

Taxi frei

Wolfgang Bittner* wurde 1941 in Gleiwitz/Oberschlesien (im heutigen Polen) geboren und wuchs in Ostfriesland auf. Nach dem Abitur studierte er Rechtswissenschaften, Soziologie und Philosophie. 1970 und 1973 legte Bittner die juristischen Staatsexamen ab: 1972 promovierte er mit einer strafrechtlichen Arbeit zum Dr.jur. Nach verschiedenen Berufs- und Erwerbstätigkeiten (u.a. Taxifahrer) und Aufenthalten in Vorderasien, Mexiko und Kanada lebt er heute als freier Schriftsteller in Köln.

Seit 1974 hat Bittner mehr als 20 Bücher für Kinder, Jugendliche und Erwachsene verfaßt und erhielt mehrere Literaturpreise. Schreiben sei für ihn ein Weg, „mit dem Leben besser fertig zu werden". In seinen Werken beschäftigt er sich mit „Grundfragen des menschlichen Zusammenlebens" und „Probleme unserer Gesellschaft und Gesell-

---

*Die Informationen kommen aus: *Munzinger-Archiv/Internat. Biograph. Archiv* 33/1992 und *3. Autoren-Reader*. Sekretariat für gemeinsame Kulturarbeit in NRW (Hrsg.) Essen: Klartext Verlag, 1993.

schaftsordnung". In einem Interview sagte Bittner einmal, er wolle „Bewegung in den Köpfen der Leser hervorrufen". Der Schreibstil, mit dem er die Abenteuer und Erlebnisse seiner Figuren in Jugendromanen schildert, wird als „eher sachlich und dennoch spannend", „genau und sprachsensibel" beschrieben. Das Kulturblatt *Die Zeit* bezeichnete Bittner als „einen [der] konsequentesten und sachkundigsten Vertreter [der] realistischen Jugendliteratur".

Ich erinnere mich genau. Es war im Wintersemester in München. Gegen 24 Uhr hatte ich erst drei Fahrten gemacht und knapp zwanzig Mark eingenommen. Dabei war das Wetter ausgesprochen günstig, das Geschäft hätte eigentlich florieren° müssen. Die Außentemperatur lag bei null Grad. Ab und zu fiel Regen gemischt mit Schnee, der aber zum Glück nicht liegenblieb. Wer geht bei so einem Wetter schon gern zu Fuß? Dennoch gab es kaum Aufträge,° weder am Standplatz noch von der Zentrale. Man konnte nie genau sagen, woran das lag, vielleicht am Fernsehprogramm.

Um Kundschaft aufzugabeln,° fuhr ich bei einer Nachtbar vorbei, hatte aber kein Glück. Auch bei einem Vorstadtkino tat sich nichts, obwohl die Spätvorstellung gerade zu Ende war. Ich blieb mit laufendem Motor stehen, bis sich die Leute verstreut° hatten. Dann fuhr ich langsam zu einer nahe gelegenen Kneipe und wollte gerade wieder Gas geben, da tauchten aus einer Nebenstraße zwei Männer auf,° die mir winkten.° Als sie einstiegen, sah ich, daß es sich um zwei Jugendliche handelte.°

Der eine, er war dunkelhaarig und sah aus wie ein Italiener, setzte sich neben mich. Seine Aussprache, als er das Fahrtziel nannte, war allerdings akzentfrei. Er trug einen abgewetzten° Militärparka. Ich schätzte sein Alter auf 18 Jahre. Bei dem anderen handelte es sich um einen stämmigen, etwa gleichaltrigen Burschen, dessen rundes Gesicht von einem schwach sprießenden° blonden Backenbart° eingerahmt wurde, was ihm ein merkwürdig unfertiges Aussehen verlieh.° Er war mit einer braunen Lederjacke bekleidet. Die beiden wollten zu einem Lokal in der Innenstadt.

Da es wieder zu schneien anfing, fuhr ich langsam und konzentrierte mich auf die Straße. Die dunkle Fahrbahn° sog das Licht der Scheinwerfer förmlich auf.° Plötzlich merkte ich, daß es im Wagen totenstill war und daß die beiden einerseits zwar hellwach, andererseits aber ungewöhnlich reglos° waren. Einer inneren Eingebung folgend,° wollte ich die Sprechtaste° für die Zentrale drücken, um mich zu melden.° Aber in demselben Moment hörte ich, wie neben mir ein Springmesser klickte.

"Mach keinen Scheiß°", sagte der Schwarzhaarige und legte seine linke Hand auf meinen rechten Unterarm. Gleichzeitig fühlte ich mich von dem hinter mir sitzenden Burschen mit den Schultern fest gegen die Rückenlehne des Sitzes gezogen. Eine unbändige Wut keimte in mir auf,° die sich fast augenblicklich in Todesangst verwandelte.° Ich war nahezu bewegungsunfähig. Nur mit äußerster Willensanspannung vermochte° ich ein Zittern° zu unterdrücken, das von meinen Beinen ausging und den ganzen Körper zu erfassen drohte.

"Dir passiert überhaupt nichts, wenn du jetzt langsam rechts ranfährst und mit den Kohlen° überkommst", hörte ich die Stimme des Schwarzhaarigen. Sie hatte einen eigenartig heiseren, vibrierenden Klang. Mein rechter, auf dem Gaspedal liegender Fuß begann zu zucken° und machte den Wagen bockig.°

"Versuch bloß nicht, uns reinzulegen,° sonst geht's dir schlecht", zischte° der Dicke von hinten. Er schien aufgeregt zu sein. Seine in meine Schultern gekrampften Hände zitterten auf einmal. "Los, los, nun mach schon", sagte der Schwarzhaarige gepreßt. Sie haben Angst, schoß es mir durch den Kopf.° Zugleich wurde mir bewußt, daß sich daraus kein Vorteil für mich ergab.°

Mir fiel ein, daß zwei Wochen zuvor ein Kollege mit ungefähr zwanzig Messerstichen° im Körper ins Krankenhaus eingeliefert worden war, weil er sich geweigert hatte, einem Betrunkenen seine Geldtasche auszuhändigen; daß im vergangenen Jahr ein anderer Kollege nach der Herausgabe seines Geldes erschossen worden war, weil der Täter die Aussage° fürchtete. Unfähig, einen klaren Gedanken zu fassen, ging ich mit der Geschwindigkeit herab.°

"Was soll das?" fragte ich, mich mühsam beherrschend. "Meint ihr etwa, ihr könnt bei mir etwas abstauben°?" Währenddessen überlegte ich, daß ich ihnen vollkommen ausgeliefert° sein würde, sobald ich den Wagen anhielt. Also war es besser, so lange wie möglich weiterzufahren. Deshalb gab ich ganz sachte° wieder Gas und fügte, ohne eine Antwort abzuwarten, schnell hinzu: "Erstens habe ich noch nicht mehr als zehn Mark in der Tasche und zweitens schnappt man euch sowieso, also was wollt ihr eigentlich?"

Der Dicke griff mir von hinten ins Haar und zog meinen Kopf zurück, daß es im Genick° knackte.

"Du tust jetzt sofort, was er dir gesagt hat!" schrie er mir ins Ohr.

"Genau das", bestätigte der Schwarzhaarige. Die Spitze seines Messers war durch die Kleidung hindurch zu spüren. Der Wagen schlingerte° hin und her, und ich bekam ihn erst wieder unter Kontrolle, als der Dicke mein Haar losließ.

"Nur nicht nervös werden", sagte ich so ruhig wie möglich. "Schließlich kann ich nicht einfach im Halteverbot° stehenbleiben. Außerdem finde ich das beschissen,° was ihr hier macht. Einem armen Schlucker° wie mir, der sich sein Studium mit Taxifahren verdient, die letzten Kröten° abzunehmen. Das ist ja wohl das Mieseste, was es überhaupt gibt."

"Wenn du noch lange redest, bist du geliefert", knurrte° der Schwarzhaarige. Die Straße war zweispurig. Sie führte direkt in die Stadt. Ich fuhr mit einer Geschwindigkeit von 70 km/h. "Was soll ich denn machen?" gab ich ihm zur Antwort. "Hier darf ich nicht halten. Habt ihr eigentlich Kartoffeln auf den Augen?°"

"Mensch, reiß bloß dein Maul nicht so weit auf", schnaufte° der Dicke hinter mir. "Bei der nächsten Gelegenheit hältst du an, verstanden?" Er schien sich gefangen zu haben.° Dennoch war mir, als habe sich sein Griff gelockert.

"Ich bin doch nicht taub", gab ich zurück. "Bloß, mehr als zehn Mark habe ich sowieso noch nicht eingenommen. Und wegen zehn Mark macht ihr einen Raubüberfall, der – ich meine theoretisch – mit einem Mord enden könnte. Daß ihr dafür jahrelang in den Knast° kommt, womöglich sogar lebenslänglich, scheint euch überhaupt nicht klar zu sein."

"Das laß mal unsere Sorge sein", meinte der Dicke.

"Zehn Mark ist besser als gar nichts", sagte der Schwarzhaarige achselzuckend.° Seine linke Hand lag noch immer auf meinem Unterarm. In der rechten Hand hielt er das Messer.

"Was denkt ihr denn, warum ich Taxi fahre?" stieß ich hervor und beantwortete die Frage sofort selber: "Natürlich, weil ich kein Geld habe. Ich weiß genau, wie das ist, wenn man blank° ist, wenn man sich nicht einmal mehr ein Bier kaufen kann. Aber das ist für mich noch lange kein Grund, gleich ein Messer zu ziehen, noch dazu wegen zehn Mark. Meint ihr denn, ich hätte Lust, den Rest meines Lebens im Kasten° zu sitzen? Da fahre ich lieber Taxi oder arbeite auf dem Bau."°

Der Schwarzhaarige wollte etwas sagen, aber ich redete weiter, so schnell ich konnte. "Ihr müßt euch das bloß mal vorstellen, ihr bedroht jemanden mit einem Messer und der wehrt sich und ihr stecht den aus Versehen° ab. Pfui Teufel, das wär vielleicht eine Schweinerei.° Nee, da würde ich mir lieber was leihen oder notfalls einen Automaten knacken.° Das ist besser als Mord."

"Was quatschst du andauernd von Mord?" fuhr mich der neben mir an. "Wir wollen die Moneten,° verdammt noch mal, das ist alles."

"Ja sicher", entgegnete ich. "Aber was ihr hier macht, ist ja bereits ein Raubüberfall, für den ihr wenigstens fünf Jahre Knast bekommt. Ich meine, wenn ihr wirklich so knapp bei Kasse seid,° daß ihr so etwas wegen der paar lumpigen° Mark riskiert, dann mach ich euch einen Vorschlag: Ich leih euch die zehn Mark."

"Der hat wohl nicht alle Tassen im Schrank",° hörte ich den Dicken hinter mir sagen. Aber der Schwarzhaarige hatte meinen Arm losgelassen.

"Ich leih euch die zehn Mark", sagte ich und blickte ihm voll ins Gesicht. "Die könnt ihr mir zurückzahlen, wenn ihr wieder Geld habt. Meine Adresse gebe ich euch auch, und wenn ihr wollt, könnt ihr mal bei mir vorbeikommen. Ich hab immer etwas zu trinken da."

"Ich glaube, der spinnt", grunzte° der Dicke. Aber der Schwarzhaarige schien zu überlegen.

"Ihr könnt das machen, wie ihr wollt", sagte ich. "Entweder ihr schickt mir das Geld irgendwann mit der Post zurück, oder aber ihr kommt mal vorbei und bringt es mir, und dann trinken wir einen zusammen."

"Möchte mal wissen, wovon wir dir etwas zurückzahlen sollen", sagte der neben mir. Seine Stimme klang jetzt wieder normal. "Du hast deine Arbeit als Taxifahrer. Aber mit achtzehn bekommt man kein Taxi. Und auf dem Bau oder woanders nehmen die uns auch nicht."

"Haben wir ja versucht", pflichtete der Dicke ihm bei.° "Als wir ne Lehrstelle° wollten, haben die uns ausgelacht. Mit solchen Zeugnissen,° haben die gesagt, nimmt euch nicht mal die Scheißhausreinigung."°

Der Schwarzhaarige nickte und sah zur Seite, als ich ihn anblickte. Der Dicke hatte meine Schultern losgelassen.

"Okay", sagte ich, "dann schenk ich euch die zehn Mark und ihr versprecht mir, daß ihr mich mal besucht. Vielleicht kann ich sogar etwas für euch tun."

"Darauf scheiß ich, daß andere was für mich tun!" fuhr mich der Dicke an. "Mein Alter° will schon seit drei Jahren was für mich tun."

"Und?" fragte ich.

"Das einzige, was dabei herauskommt, ist eins in die Fresse° oder ein Arschtritt. Jetzt hat er sein Fett weg° und ist selber arbeitslos."

„Das ist mit denen vom Sozialamt genau dasselbe", bestätigte der Schwarzhaarige. „Die versprechen einem das Blaue vom Himmel, und plötzlich sitzt man in Fürsorgeerziehung,° ehe man weiß, was gespielt wird."

government-sponsored correctional education for endangered youth

„Darüber müssen wir uns mal in Ruhe unterhalten", erwiderte ich. „Das geht nicht so auf die schnelle, wenn etwas dabei herauskommen soll. Das wichtigste wäre, daß ihr euch darüber bewußt werdet, was ihr überhaupt wollt und weswegen . . ."

„Red nicht so viel", unterbrach mich der Dicke, „reich lieber den Lappen° rüber und damit fertig."

money (bill) (slang)

„Du verpfeifst° uns auch bestimmt nicht bei der Polizei?" fragte der Schwarzhaarige.

squeal on

„Was hätte ich denn davon?" fragte ich zurück.

„Versprich es uns", sagte er. Ich versprach es ihnen in die Hand. „Na gut", sagte der Dicke. „Reden kannst du wie in der Kirche."

Inzwischen waren wir bei der Kneipe angekommen, die sie als Fahrtziel genannt hatten. Von dem Messer war nichts mehr zu sehen. Ich hielt an und entnahm meiner Geldtasche zehn Mark, die ich dem Schwarzhaarigen gab. Dann nahm ich ein Blatt Papier und einen Bleistift aus dem Handschuhfach und schrieb ihnen meine Adresse auf.

„Das ist hier ganz in der Nähe", sagte ich. „Wenn ihr wollt, können wir auch mal einen Zug durch die Gemeinde machen.°" Den Zettel reichte ich dem Dicken nach hinten. Der faltete ihn zusammen und steckte ihn ein.

einen . . . do a round through the neighborhood

„Ich würde mich ehrlich freuen", sagte ich. „In dieser Gegend hier kenne ich jede Kneipe."

Die beiden gaben mir die Hand, bevor sie ausstiegen.

„Wir kommen vielleicht mal vorbei", sagte der Schwarzhaarige.

Diskussion zum Thema

A Zum Textverständnis. Ordnen Sie die folgende Inhaltsangabe chronologisch. Numerieren Sie die Angaben entsprechend.

_____ Der Taxifahrer wird mit einem Springmesser bedroht.

_____ Die Jugendlichen geben ihm die Hand, bevor sie aussteigen.

_____ Er bietet den beiden zehn Mark an und lädt sie zu sich nach Hause ein.

_____ Er glaubt, es sei besser, weiterzufahren als den Wagen anzuhalten.

_____ Der Taxifahrer nimmt zehn Mark aus seiner Tasche und schreibt seine Adresse auf ein Blatt Papier.

_____ Zwei Jugendliche steigen in das Taxi ein.

___1___ Um Kundschaft zu finden, fährt der Taxifahrer bei einer Kneipe vorbei.

_____ Durch ruhiges Reden versucht er, die beiden vom Raubüberfall abzulenken.

B Kettengeschichte. Erzählen Sie in Gruppen zu viert die Ereignisse wie eine Kettengeschichte nach. Schreiben Sie Stichwörter aus **Übung A** auf. Mit Hilfe dieser Stichwörter erzählen Sie mit eigenen Worten die Geschichte nach.

C Meinungsaustausch. Diskutieren Sie die folgenden Fragen mit Ihren Mitstudenten.

1. Warum heißt die Geschichte „Taxi frei"?
2. Wie finden Sie die beiden Jugendlichen? Sind sie asoziale, gewissenlose Kriminelle? Wenn nicht, was finden Sie gut an ihnen? Sind sie noch zu retten? Inwiefern zeigen sie humane, sympathische Züge?
3. Wie beurteilen Sie die Reaktion des Taxifahrers auf den Angriff der Jugendlichen? Finden Sie die Reaktion normal oder außergewöhnlich?
4. Finden Sie einen Charakterunterschied zwischen dem Dunkelhaarigen und dem Dicken? Wer ist eher rational (vernünftig) und weniger emotional? Wer ist feinfühliger und sensibler? Oder sehen Sie keinen wesentlichen Unterschied zwischen den beiden?
5. Wie alt, glauben Sie, ist der Taxifahrer? Ist er ungefähr im gleichen Alter wie die beiden Jugendlichen, oder ist er älter? Welche Textstellen führen Sie zu Ihrer Meinung?
6. Am Schluß gibt der Taxifahrer den beiden zehn Mark. Wie interpretieren Sie diese Tat?
7. Glauben Sie, daß die beiden Jugendlichen den Taxifahrer irgendwann mal besuchen? Aus welchem Grund würden sie ihn besuchen (oder nicht besuchen)?
8. In welcher Stimmung endet die Geschichte? Finden Sie das Ende optimistisch? zynisch? ironisch? lustig? traurig?

D Allgemeine Fragen zum Text

1. Finden Sie die Geschichte glaubhaft? Glauben Sie, daß so ein Ereignis heutzutage passieren könnte? Warum oder warum nicht?
2. Hätten Sie sich in der gleichen Situation genauso wie der Taxifahrer benommen? Wenn nicht, wie hätten Sie auf den Angriff reagiert? Wären Sie in Panik geraten? Hätten Sie das Auto angehalten und versucht zu flüchten?

E Vergleiche.
Vergleichen Sie diese Geschichte mit der Geschichte von Karin Reschke, „Dieser Tage über Nacht" (Kapitel 9). Stellen Sie Gemeinsamkeiten und Unterschiede fest.

	„TAXI FREI"	„DIESER TAGE ÜBER NACHT"
Erzählperspektive: Ich-Erzähler/in oder Erzähler/in in der 3. Person?		
Schauplatz?		
Wer ist die Hauptfigur?		
Wer sind die Nebenfiguren?		
Thema: Geht es um Freundschaft, Angst, Unverständnis, Verständnis usw.?		
Handlung: 1. Was passiert der Hauptfigur? 2. Womit wird die Hauptfigur bedroht? 3. Aus welchem Motiv wird die Hauptfigur angegriffen? 4. Wie verteidigt sich die Hauptfigur? 5. Wie fühlt sich die Hauptfigur wohl nach dem Angriff?		

Kultur-Rundschau

Auf Deutschlands Straßen fahren mehr Autos als je zuvor. Nach einer Untersuchung fahren 57 Prozent der Großstadteinwohner mit dem Auto zur Arbeit oder zum Einkaufen. Nach den USA hat Deutschland das längste Autobahnnetz der Welt. Die meisten deutschen Straßen haben ein Tempolimit. Nur ein Teil der Autobahnen hat keine Geschwindigkeitsbegrenzung. Damit ist Deutschland das einzige Land der Welt ohne ein generelles Tempolimit.

Als Verkehrsmittel wird jedoch das Fahrrad von vielen Einwohnern bevorzugt. In vielen deutschen Städten sind Fahrradwege mit eigenen Ampeln eingerichtet. Vor allem sieht man Studenten auf dem Fahrradweg zur Uni fahren, z.B. in Städten wie München, Heidelberg, Bremen usw.

- Wie ist die Geschwindigkeitsbegrenzung in Ihrem Land? Sind Sie mit dem Tempolimit einverstanden?
- Wie kommen Sie zur Universität? Nehmen Sie auch das Fahrrad?

Stil und Sprache

Wörter und Ausdrücke

Substantive
das Alter age
der Auftrag, ⸚e job
das Aussehen appearance
der Bart, ⸚e beard
der Bursche, -n guy, chap
das Geschäft, -e business
das Gesicht, -er face
die Nervosität nervousness

Verben
sich fangen to get ahold of oneself
florieren to flourish
schätzen to estimate
verleihen to lend
vermögen (zu + Infinitiv) to be able to
zischen to hiss

Adjektive
abgewetzt worn-out
bösartig wicked
gleichaltrig of the same age
rund round
sprießend sprouting
stämmig stocky
unfertig immature

Ausdrücke
ausgeliefert sein to be at the mercy of
einerseits . . . andererseits on one hand . . . on the other hand
weder . . . noch neither . . . nor
zwar . . . aber indeed . . . but

A Sagen Sie es anders. In der Geschichte „Taxi frei" kommen folgende Verben vor. Drücken Sie die Sätze unten anders aus, indem Sie die unterstrichenen Satzteile durch das sinnverwandte (*synonymous*) Verb aus der Liste ersetzen. Achten Sie auf die Zeitform des Verbes!

| ausliefern | sich fangen | florieren |
| verleihen | vermögen (zu + Infinitiv) | zischen |

1. In dieser Nacht <u>lief</u> das Geschäft nicht <u>sehr gut.</u>
2. Der wachsende Bart <u>gab</u> dem Jugendlichen ein unreifes Aussehen.
3. Wenn der Taxifahrer anhalten würde, wäre er den beiden gegenüber* vollkommen <u>schutzlos</u>.
4. Der Taxifahrer <u>konnte</u> seine Nervosität vor den beiden Jugendlichen verstecken und hat <u>sich</u> wieder <u>zusammengenommen</u>.
5. Der Dicke hat von hinten <u>bösartig geflüstert,</u> „Versuch bloß nicht, uns reinzulegen."

---

*Im neuen Satz fällt die Präposition **gegenüber** weg.

B Umgangssprache. Im Text kommen viele umgangssprachliche Ausdrücke vor. Gehen Sie den Text durch, und finden Sie Wörter oder Ausdrücke, die zu diesen Wortfeldern gehören.

GELD	GEFÄNGNIS	VERRÜCKT SEIN	DER MUND
Kohlen			

Das Adjektiv

Im Text verwendet der Autor Adjektive, um das Erlebnis des Taxifahrers möglichst genau zu schildern. Erinnern Sie sich an die Adjektivdeklination im Deutschen?

C Adjektivendungen. Was sind die Adjektivendungen nach **ein-** oder **der-** Wörtern? Fügen Sie die richtigen Adjektivendungen in die Tabelle ein.

Endungen nach der-Wörtern

FÄLLE	MASKULIN	FEMININ	NEUTRUM	PLURAL
Nominativ	ein gut_____ Mann	eine gut_____ Frau	ein gut_____ Kind	gut_____ Kinder
Akkusativ	einen gut_____ Mann	eine gut_____ Frau	ein gut_____ Kind	gut_____ Kinder
Dativ	einem gut_____ Mann	einer gut_____ Frau	einem gut_____ Kind	gut_____ Kindern
Genitiv	eines gut_____ Mannes	einer gut_____ Frau	eines gut_____ Kindes	gut_____ Kinder

Endungen nach **ein**-Wörtern

FÄLLE	MASKULIN	FEMININ	NEUTRUM	PLURAL
Nominativ	der gut_____ Mann	die gut_____ Frau	das gut_____ Kind	die gut_____ Kinder
Akkusativ	den gut_____ Mann	die gut_____ Frau	das gut_____ Kind	die gut_____ Kinder
Dativ	dem gut_____ Mann	der gut_____ Frau	dem gut_____ Kind	den gut_____ Kindern
Genitiv	des gut_____ Mannes	der gut_____ Frau	des gut_____ Kindes	der gut_____ Kinder

D Lückentext. Lesen Sie diesen Absatz aus der Geschichte, und setzen Sie die richtigen Adjektivendungen in die Lücken ein. Vergleichen Sie Ihre Arbeit im Anschluß daran mit dem Originaltext.

Er trug einen abgewetzt_____ Militärparka. Ich schätzte sein Alter auf 18 Jahre. Bei dem anderen handelte es sich um einen stämmig_____, etwa gleichaltrig_____ Burschen, dessen* rund_____ Gesicht von einem schwach sprießend_____ blond_____ Backenbart eingerahmt wurde, was ihm ein merkwürdig unfertig_____ Aussehen verlieh. Er war mit einer braun_____ Lederjacke bekleidet. (Z. 17–22)

Zweiteilige Konjunktionen

Wie im Englischen gibt es im Deutschen auch zweiteilige Konjunktionen,† die Wörter oder Wortgruppen verbinden, die die gleiche syntaktische Stellung haben. Die zweiteilige Konjunktion **weder . . . noch** entspricht dem Englischen *neither . . . nor.*

Andere zweiteilige Konjunktionen:

einerseits . . . andererseits	*on one hand . . . on the other hand*
entweder . . . oder	*either . . . or*
nicht nur . . . sondern auch	*not only . . . but also*
zwar . . . aber	*indeed . . . but*

---

*The relative pronoun **dessen** (*whose*) does not affect the case of nouns or adjectives following it.
† **Zweiteilige Konjunktionen:** two-part, or paired, conjunctions

E Textanalyse. Unterstreichen Sie die zweiteiligen Konjunktionen, die in den folgenden Textstellen vorkommen.

1. Dennoch gab es kaum Aufträge, weder am Standplatz noch von der Zentrale.
2. Plötzlich merkte ich, daß es im Wagen totenstill war und daß die beiden einerseits zwar hellwach, andererseits aber ungewöhnlich reglos waren.

F Satzergänzung. Setzen Sie die richtigen zweiteiligen Konjunktionen in die Lücken ein.

1. Der Taxifahrer war _____ nervös, _____ er hat sich sehr ruhig benommen.
2. _____ möchten die beiden Jugendlichen sich beim Sozialamt wegen Arbeit melden, _____ haben sie Angst, ausgelacht zu werden oder in der Fürsorgeerziehung zu landen.
3. _____ der Dicke _____ der Schwarzhaarige will dem Taxifahrer weh tun.

VOM LESEN ZUM HANDELN

Kurz inszeniert

Lesen Sie die folgenden Situationen und finden Sie heraus, wie viele Personen für die Inszenierung nötig sind. Teilen Sie die Rollen unter Ihren Mitstudenten auf. Sie können den Verlauf des Rollenspiels schon vorher planen, bevor Sie es im Kurs vorspielen (oder mit einer Videokamera aufnehmen). Oder improvisieren Sie ganz einfach. Nach den Situationen sind mögliche Redewendungen angegeben, die Sie in Ihrem Rollenspiel verwenden können.

A Rollenspiel. Einer spielt den Taxifahrer, und zwei andere sind die Jugendlichen. Sie sitzen im Auto und improvisieren den Dialog in der Geschichte. Derjenige, der den Taxifahrer spielt, soll die folgenden Argumente im Theaterstück vorbringen.

1. Er hat nur 10 Mark in der Tasche.
2. Aus Versehen könnten sie einen Mord begehen.
3. Für einen Raubüberfall könnten sie fünf Jahre Knast bekommen.
4. Lieber leiht er den beiden das Geld.
5. Er schenkt den beiden das Geld.

REDEWENDUNGEN

Sowohl der Taxifahrer als auch die beiden Burschen können ihren Ärger folgendermaßen ausdrücken:

Das geht (doch) einfach nicht!
Du spinnst wohl!
Du hast wohl nicht alle Tassen im Schrank!
So was Dummes!
Hast du eigentlich Tomaten auf den Augen!

B **Hausbesuch.** Überlegen Sie, wie diese Geschichte weitergehen könnte und führen Sie sie auf. Stellen Sie sich vor, daß die beiden den Taxifahrer tatsächlich besuchen kommen. Wie reagiert der Taxifahrer, wenn er die Tür aufmacht? Was bietet er den beiden an? Worüber sprechen sie? Was haben die beiden inzwischen gemacht? Arbeiten sie inzwischen oder beschaffen sie sich ihr Geld immer noch durch Raubüberfälle? Was machen sie, nachdem sie bei dem Taxifahrer etwas getrunken und mit ihm geredet haben? Gehen sie alle zusammen aus? Wohin?

REDEWENDUNGEN

Wenn der Taxifahrer den beiden etwas anbietet, kann er sagen:

Was nehmt ihr?
Was wollt (möchtet) ihr trinken?
Kann ich euch etwas zu trinken anbieten?
Habt ihr Lust auf (ein Bier)?

Wenn der Taxifahrer den beiden vorschlagen möchte, etwas zusammen zu machen, kann er sagen:

Was machen wir heute abend? Macht einen Vorschlag!
Was möchtet ihr gern tun?
Wohin gehen wir? Habt ihr eine Idee?
Wollen wir ein bißchen rausgehen?

Mitdenken—Mitschreiben

A **Ein möglicher Dialog.** Aus welchen Gründen begehen die beiden Jugendlichen den Raubversuch? Schreiben Sie einen möglichen Dialog zwischen dem Dunkelhaarigen und dem Dicken, der in dem Entschluß endet, einen Taxifahrer zu überfallen. Im Dialog soll ihre Frustration, Wut und Verzweiflung darüber klar zum Ausdruck gebracht werden, daß sie weder Arbeit noch eine Lehrstelle finden. Darüber hinaus haben sie keine Unterstützung von ihren Familien. Der Dicke spricht zum Beispiel über sein Verhältnis mit seinem Vater.

B Meinung zur Gewalt. Durch Gespräch und ruhiges Verhalten hat sich der Taxifahrer vor einer gefährlichen Situation gerettet. Glauben Sie, daß alle Konflikte besser durch Dialog als durch Gewalt gelöst werden können? Oder gibt es Konfliktsituationen, wo die Anwendung von Gewalt die richtige Lösung ist? Unterstützen Sie Ihre Meinung über die Anwendung von Gewalt mit einem Beispiel aus Ihrem eigenen Leben oder aus der Weltgeschichte.

C Bericht. Schreiben Sie einen Artikel über das Ereignis für eine deutsche Zeitung oder Zeitschrift. Berichten Sie, was dem Taxifahrer passiert ist. Benutzen Sie Ihre Phantasie. Geben Sie dem Taxifahrer einen Namen, und beschreiben Sie zutreffende Personalangaben. Fügen Sie die Zitate von ihm ein, die Sie aus einem fiktiven (erdachten) Interview mit ihm entnehmen.

11 Grenzübertritte

Wo liegen die Grenzen?

VORSCHAU

Ausländische Arbeitskräfte

Am Anfang der 60er Jahre gab es einen Wirtschaftsboom im ehemaligen Westdeutschland. Für die wachsende Wirtschaft gab es nicht genügend Arbeitskräfte. Aus diesem Grund haben deutsche Arbeitgeber im Ausland Arbeitskräfte angeworben. Bis zum Beginn der siebziger Jahre gab es einen unbeschränkten Zustrom von „Gastarbeitern". 1973 trat die erste Beschränkungsmaßnahme in Kraft.

A Lesen Sie diese Tabelle, und markieren Sie die richtige Antwort anhand der Tabelle.

Ausländerbeschäftigung (West)

Ausländer	1961	1970	30. 6. 1990
Wohnbevölkerung (in 1000)	686,2	2976,5	4846**
Beschäftigte* (in 1000)	548,9	1949,0	1782,3
davon (in %):			
Griechen	9,5	12,4	5,9
Italiener	40,9	19,6	9,8
Jugoslawen	–	21,7	17,6
Spanier	11,3	8,8	3,4
Türken	–	18,2	33,4

* Sozialversicherungspflichtig   ** JE 1989

Quelle: Statistisches Jahrbuch 1991, S. 128

1. Die Anzahl der Ausländer hat sich in den 60er Jahren _____.
   a. verdoppelt
   b. verdreifacht
   c. vervierfacht
   d. nicht verändert

---

*JE = Jahresende

2. Am Anfang der 60er Jahre kam die höchste Anzahl von Ausländern _____.
   a. aus der Türkei
   b. aus dem ehemaligen Jugoslawien
   c. aus Italien
   d. aus Spanien
3. Die Anzahl von jugoslawischen Arbeitnehmern ist bis 1970 _____.
   a. größer als die der Italiener geworden
   b. abgesunken
   c. gleich geblieben
   d. die geringste von allen gewesen
4. Die Anzahl ausländischer Arbeitskräfte aus allen Ländern außer _____ ist seit 1970 abgesunken.
   a. dem ehemaligen Jugoslawien
   b. der Türkei
   c. Italien
   d. Griechenland
5. Heute kommt die höchste Anzahl ausländischer Arbeitnehmer _____.
   a. aus Italien
   b. aus dem ehemaligen Jugoslawien
   c. aus der Türkei
   d. aus Griechenland

Die deutschen Türken

Viele ausländische Arbeitnehmer, die in Deutschland leben, haben nicht mehr die Absicht, in ihr Heimatland zurückzukehren, denn in Deutschland haben sie ihre Familie gegründet und ihre Existenz aufgebaut. Lesen Sie den folgenden Ausschnitt aus dem Nachrichtenmagazin *Der Spiegel* über die Türken, die seit über 30 Jahren in Deutschland leben und längst keine türkische Heimat mehr kennen.

Waren sie, in den sechziger und siebziger Jahren, eine homogene Gruppe von armen, schlecht ausgebildeten Arbeitern, so werden die sozialen Unterschiede innerhalb der türkischen Gemeinden° immer größer. Inzwischen führen Türken 35 000 Unternehmen in Deutschland mit zusammen 125 000 Arbeitsplätzen. Den „Kebab-Kapitalisten" (*Zeit-Magazin*) gehören nicht nur Imbißbuden, sondern auch umsatzstarke° mittelständische° und große Betriebe° wie etwa die Textilkette Santex. Damit erwirtschaften° sie, so schätzen Marktforscher,° einen Jahresumsatz° von rund 25 Milliarden° Mark.

communities

profitable, with good sales
middle-class / operations
economically operate, manage / market researchers
yearly sales / billion

Türkische Banken haben eröffnet und türkische Reisebüros. Allein in Berlin bedienen rund 600 türkische Tante-Emma-Läden° gemischt türkisch-deutsche Kundschaft.

Über 40 000 Türken haben sich Häuser oder Wohnungen gekauft, 200 000 Bausparverträge° laufen auf türkische Namen. Jedes Jahr fallen die Überweisungen,° die Türken in ihre ehemalige Heimat schicken, spärlicher° aus.°*

° neighborhood grocery stores
° building loan contracts
° bank transfers
° sparser, scantier / fallen . . . aus turn out to be

B Stimmt das oder stimmt das nicht? Welche der folgenden Aussagen stimmen mit dem Text überein?

	STIMMT	STIMMT NICHT
1. Die Türken in Deutschland sind arm und schlecht ausgebildet.	☐	☐
2. Es gibt soziale Unterschiede zwischen den Türken.	☐	☐
3. Die Türken schicken nicht mehr soviel Geld in die Türkei wie früher.	☐	☐
4. Die Zahlen zeigen, daß die meisten Türken, die nach Deutschland kommen, in Deutschland bleiben wollen.	☐	☐
5. Es gibt zahlreiche türkische Unternehmer in gastronomischen Betrieben und in der Textilindustrie.	☐	☐
6. Die Türken sind eine wirtschaftliche Macht geworden.	☐	☐
7. Wirtschaftlich sind Türken aus Deutschland nicht mehr wegzudenken.	☐	☐
8. Die Deutschen werden auf Dauer die Türken akzeptieren müssen.	☐	☐

---

*Der Spiegel, Nr. 23, 7. Juni 1993, S. 21–22.

Einführung in das Thema

Literarisches Konzept: Das Symbol

In der Geschichte „Fahrt der Hoffnung" wird das Fahrtziel Deutschland zu einem Symbol. Was, glauben Sie, kann Deutschland für Einreisende aus der Türkei, aus Jugoslawien, Vietnam, Bulgarien usw. symbolisieren? Ist Deutschland ein Symbol des Reichtums? Des Wohlstands? Des sozialen Aufstiegs? Des besseren Lebensniveaus? Der Sicherheit? Gibt es andere Länder, die Symbole sind? Wenn ja, welche? Für wen?

Gruppenarbeit. In der Literatur können Figuren, Tiere oder Objekte eine Idee oder ein Gefühl symbolisieren. Was meinen Sie? Überlegen Sie in einer Gruppe zu dritt oder zu viert die symbolische Bedeutung, die das angegebene Wort haben könnte. Vergleichen Sie Ihre Ergebnisse mit denen der anderen Gruppen.

SYMBOLISCHE BEDEUTUNG

1. eine rote Rose — *die Liebe*
2. eine goldene Kette _____
3. ein Sturm _____
4. eine Uhr _____
5. der Regen _____
6. Frühling _____
7. der Schnee _____
8. ein Auge _____
9. ein Kind _____
10. ein Schwert _____
11. ein Schiff _____
12. ? _____

Spekulation

Der Titel der Geschichte heißt „Fahrt der Hoffnung".

1. Was für eine Fahrt ist hier gemeint?
2. Wer macht sich Hoffnungen? Worauf hofft man?

von Cengiz Kip

Fahrt der Hoffnung

Cengiz Kip, ein deutschsprachiger Türke, wurde 1953 in der Türkei geboren und lebt seit 1979 in München. Im Jahre 1987 hat er den Magistergrad in „Deutsch als Fremdsprache" erworben. Er unterrichtet an der Münchner Volkshochschule Türkisch für Deutsche und Deutsch für Ausländer.

Fahrt der Hoffnung

Endlich war es wieder soweit. Nach langen Jahren kehrte ich nach Deutschland zurück. Diesmal mit ganz anderen Vorstellungen. Nicht nur für drei Monate, obwohl mein Paß nur für diesen Zeitraum gültig war. Naja, sicher werde ich einen Studienplatz bekommen und damit den Stempel: Aufenthaltserlaubnis° – nur zum Zweck des Studiums. Aber über all das wollte ich mir nicht schon in der Türkei den Kopf zerbrechen° und erst einmal die deutsche Grenze passieren. Allerdings nicht nur die deutsche, auch die österreichische Grenze. Denn für viele Türken, die mit der Bahn oder dem Reisebus nach Deutschland kommen wollten, endete die Reise bereits an der jugoslawisch-österreichischen Grenze. Geschichten darüber gab es in der Türkei in Hülle und Fülle.° Fast alle erzählten von Fahrten, wo das erträumte Ziel nicht erreicht wurde.

Schon in Izmir hatte ich mich von meinen Freunden verabschiedet. So hatte ich in Istanbul an der Busstation, als der Fahrer als letzter in den Bus einstieg, links und rechts des Busses keine Bekannten, die mit ihren weißen Taschentüchern alles Gute winkten. Mit lautem Hupkonzert verabschiedete sich auch der Busfahrer von den Freunden und Verwandten der Fahrgäste.

So begann die Reise.

Wir Türken haben keine großen Hemmungen,° kommen gleich ins Gespräch, indem man sich gegenseitig eine gute Reise wünscht. Nach kurzer Zeit herrschte° eine gute und fröhliche Stimmung im Bus. Die Platzkontrolle ergab, daß außer den drei Busfahrern einundzwanzig Fahrgäste die Reise nach Deutschland angetreten hatten. Mir fiel auf, daß mehr als die Hälfte der Reisenden eigentlich keine Gastarbeiter sein konnten. Man kann es leicht unterscheiden, die Kleidung, die Schuhe, sie sind anders. An der bulgarischen Grenze stellte sich heraus,° daß auch eine Polin unter uns war. Mit ihr beschäftigten sich die bulgarischen Grenzbeamten am meisten, und sie war auch die einzige, die an der bulgarisch-jugoslawischen Grenze die Koffer öffnen mußte. Die vielen Fragen, die sie zu beantworten hatte, habe ich gar nicht verstanden.

Am zweiten Tag der Reise waren die Fahrgäste schon längst untereinander per du, zumindest mit dem Nachbarn. Aber es wurde immer stiller im Bus. Sicher die Übermüdung,° denn immerhin hatten wir schon über tausend Kilometer hinter uns. Doch es schlief niemand, jeder starrte vor sich hin. Höchstens ein kurzer Wortwechsel beim gegenseitigen Zigarettenanbieten.

Ganz vorne unterhielt sich jemand mit dem Busfahrer. Aus den Gesprächsfetzen° erfuhren ich und auch die anderen, daß er Sattelschlepperfahrer° war. Er sollte in Deutschland einen Kollegen vertreten,° der wegen Nierensteinen ins Krankenhaus mußte. Die Polin saß rechts von mir auf der anderen Seite des Ganges,° zwei Reihen hinter mir sprach ein Gastarbeiter mit einem Deutschen. Offensichtlich ein Tramper,° mit einem großen blauen Rucksack. Alle anderen waren ruhig. Nein, nicht wegen der Übermüdung. Sie schauten so, als wollten sie sehen, was in fünfzig, vierzig, dreißig Kilometern mit ihnen passieren wird. Schließlich näherten wir uns von Minute zu Minute mehr der österreichischen Grenze. Jeder wußte, was da geschehen konnte: das Ende aller Träume . . . Ich nahm an, daß wohl keiner Deutsch sprach von denen, die ich als Touristen eingeschätzt hatte. Aber das Wort „ZURÜCK", das für viele Türken schon ein Begriff ist, kannten bestimmt alle.

°bits of conversation
°driver of a large truck / stand in for
°aisle
°hitchhiker

So gegen Mitternacht erreichten wir die österreichische Grenze. Der Grenzbeamte stieg in den Bus, schaute die Pässe kurz an und nahm fast alle mit. Nach einem kurzen Wortwechsel mit dem Busfahrer hieß es, daß alle diejenigen aussteigen sollten, deren Pässe einbehalten worden waren. Nur vier blieben zurück, alle anderen mußten aussteigen. Also hatte ich mich nicht geirrt. Siebzehn der einundzwanzig Fahrgäste waren Touristen. Wir mußten uns alle in einem Raum nebeneinander aufstellen. Jeder stand mit nach vorne verschränkten° Händen, wie bei einem Fußballspiel, wenn eine Mannschaft eine Mauer bildet. Aus Angst, daß der Ball die empfindlichste Stelle treffen könnte. Doch hier, vor wem sollte man Angst haben, es gab ja keinen Ball. Warum diese Stellung, keiner hatte ja etwas verbrochen?

°clasped

Einer der Beamten setzte sich an den Tisch, nahm den obersten Paß.

„Mustafa . . ."

Fast am anderen Ende der Reihe meldete sich ein Mann. Er wollte sich bemerkbar machen, indem er einen halben Schritt vortrat und den Arm halb hob.

Grenzbeamter: „Wohin du fahren?" Keine Antwort. Als der Befragte so hilflos sich umschaute, hatte ich die Situation verstanden. Dem Beamten zugewandt,° mischte ich mich ein.°

°facing
°mischte ... I intervened

„Äh, hm, entschuldigen Sie. Ich bin in der Türkei als Reiseführer tätig, daher spreche ich Deutsch. Ich nehme an, daß meine Landsleute

Verständigungsschwierigkeiten haben. Wenn Sie wünschen, könnte ich Ihnen bei Ihren Fragen behilflich sein."

Nachdem der Beamte mit seinem Kollegen einen vielsagenden Blickwechsel hatte, nickte er: „Ja bitte."

„Also, Mustafa . . ., wohin fahren Sie?"

„Nach Frankfurt."

„Und was wollen Sie dort machen?" Auf türkisch sagte er mir: „Mir Arbeit suchen." Das war klar. Wenn ich das so übersetzen würde, hätte er nur noch die Rückreise vor sich, nicht aber die Weiterreise nach Frankfurt. Dieser Dummkopf gibt den wahren Grund an – „mir Arbeit suchen!" In dem Moment konnte ich ihm nichts erklären; ich mußte schnell handeln.° — *act*

„Er ist zur Hochzeit° eingeladen." — *wedding*

Ich wußte genau, daß diese Touristen nach Deutschland kommen, in der Hoffnung, Arbeit zu finden. Dafür müssen sie in der Türkei ihr ganzes Geld zusammenkratzen,° oft sogar große Schulden° machen, um ihr Traumland zu erreichen. — *scrape together / debts*

„Wie lange möchten Sie bleiben?" Mustafa antwortete: „Ein paar Jahre."
Ich übersetzte: "Ein bis zwei Wochen."

Er möchte bitte sein Geld vorzeigen. Eilfertig° zog er aus seinem Jackett die Brieftasche heraus. Mehr als 1200.– DM hatte er dabei. Alles klar, er durfte weiterreisen. — *Hastily*

„Mehmet . . ."

Gleiche Haltung, gleiche Fragen, gleiche Antworten. Ich wurde nervös. Der Gedanke, daß einer der Beamten vielleicht etwas türkisch verstand, schoß mir durch den Kopf.° Denn auch für Mehmet mußte ich andere Gründe für seine Einreise finden als die geäußerten: „Arbeiten." So übersetzte ich, daß Mehmets Bruder schwer krank sei. Er möchte für einige Zeit bei ihm bleiben. — *schoß . . . suddenly occurred to me*

Ali . . . konnte seine Reise nach Deutschland nicht einmal auf türkisch begründen. So verlobte° ich ihn. — *engaged to be married*

„Er möchte vor der Hochzeit im kommenden Sommer in der Türkei seine Verlobte in Deutschland besuchen." Die Beamten schmunzelten° und nickten freundlich. — *smiled amusedly*

Aus irgendeinem Grund gab es nach Ali eine kurze Unterbrechung. Diese Gelegenheit nützte ich, um mit meinen Landsleuten kurz zu sprechen: „Mensch,

Leute, findet irgendeinen Grund; aber ja nicht zugeben,° daß ihr in Deutschland arbeiten wollt. Ich will und kann nicht immer eine andere Ausrede° für euch erfinden."°   *admit / excuse, pretext / invent*

Bis zum vorletzten Mann ging alles gut. Er, ein Mann zwischen 45 und 50, wollte seine Gründe selbst vortragen,° und so antwortete er in schlechtem Gastarbeiterdeutsch, soweit ich selber überhaupt verstehen konnte, folgendes: Er sei als Gastarbeiter in Deutschland gewesen. Nun wollte er seine alten türkischen Kollegen besuchen. Obschon° er den stattlichen° Betrag von mehr als 6000.– DM vorzeigte, lehnten die Beamten seine Einreise ab.   *express / although / considerable*

Zum Schluß kam ich an die Reihe.

„Cengiz . . . Ja, wo fahren Sie denn hin?"

„Nach München."

„Was wollen Sie dort machen?"

Tja, es wäre vielleicht kompliziert gewesen, wenn ich meine eigentlichen Absichten erzählt hätte.

„Ich möchte für ein paar Wochen meine Eltern und meine Schwester besuchen. Über Weihnachten werde ich auch die deutschen Familien aufsuchen, die ich während deren Türkeiurlaub kennengelernt habe."

Meine Aussage, so gesehen, stimmte. Allerdings war es auch wahr, daß ich nur knapp 15.– DM in der Tasche hatte. Als der Beamte auch nach meinem Geld fragte, sagte ich:

„Sehn Sie. Ich brauche mein Geld gar nicht erst vorzuzeigen. Sie werden vielleicht lachen, ich habe höchstens 15.– DM dabei. Aber ich brauche auch nicht mehr, da ich am Hauptbahnhof abgeholt werde. Wenn nicht, würde mein Geld für ein Taxi ausreichen."

„Bei Ihnen ist ja alles klar."

Von siebzehn Fahrgästen überwanden sechzehn die erste Hürde.° Die Stimmung im Bus war großartig. Jeder hatte wieder etwas zu erzählen. Man bedankte sich bei mir. Der Bus fuhr sofort ab. Der Ex-Gastarbeiter versuchte noch immer, die anderen Beamten zu überreden. In den frühen Morgenstunden kamen wir an die deutsche Grenze, Salzburg. Der Busfahrer stieg aus, kehrte nach fünf Minuten zurück mit der frohen Botschaft:° „Leute, den Grenzbeamten kenne ich, der ist ein Guter. Mit einer Flasche Whisky könnten wir ohne große Fragerei über die Grenze kommen. Hat jemand eine dabei?"   *hurdle / message*

Ich war der einzige. Nach kurzer Zeit erschien der Busfahrer wieder, ohne die Whiskyflasche, die ich ihm gegeben hatte. Man hat in die Koffer geschaut, und ohne jegliche Argumentation durften wir die deutsche Grenze passieren.

140 Das Fahrziel war erreicht. Das Ziel der Hoffnungen auch?

Diskussion zum Thema

A Zum Textverständnis. Ergänzen Sie die Nacherzählung. Setzen Sie die folgenden Verben in die Lücken. Achten Sie auf die Zeitform des Verbs.

an•schauen geben
aus•steigen herrschen
bedanken machen
bekommen sprechen
erreichen steigen
fahren übersetzen

Nach langen Jahren kehrte Cengiz nach Deutschland zurück. In Deutschland wollte Cengiz einen Studienplatz _____¹. Im Bus waren mehr als die Hälfte der Reisenden eigentlich keine Gastarbeiter. Nach kurzer Zeit _____² eine gute und fröhliche Stimmung im Bus.

Am zweiten Tag der Reise gegen Mitternacht _____³ sie die österreichische Grenze. Der Grenzbeamte _____⁴ in den Bus, _____ die Pässe kurz _____⁵ und nahm fast alle mit. Siebzehn der einundzwanzig Fahrgäste mußten aus dem Bus _____⁶. Alle bis auf einen Gastarbeiter konnten kein Deutsch _____⁷. Als der Grenzbeamte jeden fragte, was er in Deutschland _____⁸ wollte, _____⁹ Cengiz für jeden. Er dachte sich für jeden türkischen Fahrgast eine Ausrede aus.

Nachher stiegen sechzehn Fahrgäste in den Bus ein. Die Stimmung im Bus war großartig. Man _____¹⁰ sich bei Cengiz. Sie _____¹¹ weiter. In den frühen Morgenstunden kamen sie an die deutsche Grenze, nicht weit von Salzburg. Der Busfahrer _____¹² dem Grenzbeamten eine Flasche Whisky. So erreichten sie ihr Fahrziel Deutschland.

B Kettengeschichte. Versuchen Sie, mit Ihren eigenen Worten die Geschichte nachzuerzählen. Erzählen Sie in Gruppen zu viert die Ereignisse wie eine Kettengeschichte nach.

> Erste Person: Der Beginn der Reise in Izmir
> Zweite Person: An der bulgarisch-jugoslawischen Grenze
> Dritte Person: An der österreichischen Grenze
> Vierte Person: An der deutschen Grenze

C Meinungsaustausch. Diskutieren Sie die folgenden Fragen mit Ihren Mitstudenten.

1. Wer ist der Ich-Erzähler? Glauben Sie, daß er eine wahre Geschichte erzählt? Sind Autor und Erzähler dieselbe Person?
2. Der Erzähler kehrt nach langen Jahren nach Deutschland zurück, und zwar mit ganz anderen Vorstellungen. Was, glauben Sie, hat er vorher in Deutschland gemacht?
3. Was lernen wir in der Geschichte über türkische Sitten? Wie verabschieden sich die Türken? Wie winken sie? Wie ist die Beziehung zwischen den Fahrgästen? Vergleichen Sie die türkische Umgangsweise mit der deutschen. Glauben Sie, daß Deutsche „keine großen Hemmungen haben", „gleich ins Gespräch" zu kommen und sich am zweiten Tag der Reise zu duzen?
4. Wie werden die Türken von den österreichischen Grenzbeamten behandelt? Was müssen sie alle in einem Raum tun? Warum redet der Grenzbeamte sie mit gebrochenem „Gastarbeiter-Deutsch" („Wohin du fahren?") an? Finden Sie das Verhalten des Grenzbeamten in Ordnung? normal? freundlich? schroff? gemein? unmenschlich?
5. Vergleichen Sie die Sprache des Beamten („Wohin du fahren?") mit dem Sprachstil des Ich-Erzählers („Wenn Sie wünschen, könnte ich Ihnen bei Ihren Fragen behilflich sein."). Welche Kontraste finden Sie?
6. Warum, glauben Sie, lehnen die Beamten die Einreise des Mannes ab, der seine Gründe in schlechtem Gastarbeiterdeutsch selbst vortragen will? Warum glauben sie ihm nicht, daß er seine alten türkischen Kollegen besuchen will? Aus welchem Motiv, glauben die Beamten, will der Mann nach Deutschland fahren?

7. Der Erzähler lügt die Beamten an, damit er und seine Landsleute nach Deutschland einreisen können. Glauben Sie, er hat das Richtige gemacht? Hätte er die Wahrheit sagen sollen?
8. Die Türken bestechen den deutschen Grenzbeamten mit einer Flasche Whisky. Wie beurteilen Sie das Verhalten des Grenzbeamten an der deutschen Grenze? In Ordnung? verständlich? korrupt? falsch?
9. Am Ende der Geschichte fragt sich der Autor, ob Deutschland sich als „das Ziel der Hoffnungen" herausstellen wird. Welche Schwierigkeiten werden die Türken haben? Was müssen sie alles tun, um sich in Deutschland einzuleben, kulturelle und sprachliche Schwierigkeiten überwinden, Wohnung und Arbeit finden, Arbeits- und Aufenthaltserlaubnis beantragen usw.)?

D Allgemeine Fragen zum Text

1. Wie finden Sie die Erzählung? Interessant? spannend? nichts besonderes? langweilig? Erklären Sie Ihre Meinung.
2. Vergleichen Sie die Busfahrt der türkischen Einreisenden mit der Einreise der Immigranten (z.B. Mexikaner, Kubaner, Vietnamesen, Haitianer usw.) in die USA. Glauben Sie, die Immigranten haben ähnliche Ängste und Hoffnungen wie die Türken auf der Reise? Glauben Sie, sie haben auch unehrliche Methoden (z.B. Beamten anlügen und bestechen) verwenden müssen, um die Grenze passieren zu können? Hatten sie auch die gleichen Schwierigkeiten, sich in ein fremdes Land einzuleben?

Wörter und Ausdrücke

KULTUR-
RUNDSCHAU

Als „Sündenbock" für Probleme wie z.B. die Wirtschaftslage oder die Perspektivelosigkeit im Leben werden Ausländer Opfer von Gewalttaten rechtsextremistischer Gruppen. 1992 gab es 2518 rechtsextremistische Gewalttaten, und rund 70 Prozent aller ermittelten Tatverdächtigen waren unter 21 Jahre alt.* Da die Türken die größte Gruppe ausländischer Arbeitskräfte darstellen und durch ihr Aussehen, ihre kulturellen

---

* „Weder Heimat noch Freunde". Titelgeschichte. *Der Spiegel*. Nr. 23. 7. Juni, 1993.S.25.

Gewohnheiten und ihre islamische Religion auffallen, sind sie von Ausländerhaß und Rassismus besonders betroffen. Einige wurden durch Brandanschläge sogar getötet.

- Gibt es in Ihrem Land extremistische Gruppen oder Organisationen politischer oder religiöser Art?
- Gehen extremistische Gruppen gegen einen bestimmten Teil der Bevölkerung gewaltsam vor? Gegen welchen Teil?
- Sehen Sie extremistische Gruppen und Organisationen als eine große Gefahr an?

Stil und Sprache

Wörter und Ausdrücke

Substantive
die **Argumentation, -en** argumentation
der **Busfahrer, -** bus driver
der **Fahrgast, ̈-e** passenger
der **Gastarbeiter, -** die **Gastarbeiterin, -nen** foreign worker
der **Gedanke, -n** thought
der **Grenzbeamte, -n** border guard
die **Grenze, -n** border
die **Grenzkontrolle, -n** border control
die **Hilfe, -n** help
der **Koffer, -** suitcase
die **Menge, -n** crowd
der **Paß, Pässe** passport
die **Reise, -n** trip
der/die **Reisende, -n** traveler
der **Wortwechsel, -** short conversation

Verben
aus•steigen to get out, get off
begründen to give reasons for
ein•behalten to retain, keep
ein•fallen (jemandem etwas) to occur (to someone)
ein•steigen to get in

Ausdrücke
der Gedanke schoß mir durch den Kopf the thought flashed through my mind
in Hülle und Fülle in abundance
jemandem bei etwas behilflich sein (*sehr formell*) to be of assistance to someone
sich bei jemandem für etwas bedanken (*formell*) to thank someone for something
sich über etwas den Kopf zerbrechen to rack one's brain about something

A **Gebräuchliche Ausdrücke.** Was bedeuten diese Ausdrücke in der Geschichte? Verbinden Sie den Ausdruck mit der richtigen Bedeutung.

1. _____ sich über etwas den Kopf zerbrechen
2. _____ in Hülle und Fülle
3. _____ jemandem bei etwas behilflich sein (*sehr formell*)
4. _____ der Gedanke schoß mir durch den Kopf
5. _____ sich bei jemandem für etwas bedanken (*formell*)

a. ich kam plötzlich auf eine Idee
b. in großer Menge
c. jemandem für etwas danken
d. angestrengt über etwas nachdenken
e. jemandem helfen

B **Sagen Sie es anders.** Ersetzen Sie die unterstrichenen Satzteile durch den entsprechenden Ausdruck aus **Übung A.** Einige Ausdrücke werden Sie leicht ändern müssen.

1. Es fiel dem Erzähler plötzlich ein, daß einer der Grenzbeamten Türkisch hätte verstehen können.
2. In der Türkei gibt es eine Menge Geschichten über die deutschen Grenzkontrollen.
3. Der Erzähler wollte sich keine großen Gedanken über die österreichische Grenzkontrolle machen.
4. Alle haben dem Erzähler gesagt, daß sie für seine Hilfe sehr dankbar waren.
5. Der Erzähler hat den Beamten gefragt, ob er ihm helfen könnte.

C **Modalverben.** In der Geschichte kommen viele Modalverben vor. Vervollständigen Sie die folgenden Tabellen mit den Präsens- und Präteritumsformen.

Präsens

	dürfen	können	mögen	müssen	sollen	wollen
ich	darf					
du						
er/sie/es/man						
wir						
ihr						
sie/Sie						

Präteritum

	dürfen	können	mögen	müssen	sollen	wollen
ich	durfte					
du						
er/sie/es/man						
wir						
ihr						
sie / Sie						

D **Sätze aus der Geschichte.** Wählen Sie das Modalverb, das dem Kontext am besten paßt, und setzen Sie die richtige Form des Modalverbs im Präteritum ein. Vergleichen Sie Ihre Antworten mit dem Originaltext.

1. Ich _____ mir nicht schon in der Türkei den Kopf zerbrechen und erst einmal die deutsche Grenze passieren. (Z. 5–7)
    a. können **b.** wollen
2. Mir fiel auf, daß mehr als die Hälfte der Reisenden eigentlich keine Gastarbeiter sein _____. (Z. 23–24)
    a. können **b.** wollen
3. [Die Polin] war auch die einzige, die an der bulgarisch-jugoslawischen Grenze die Koffer öffnen _____. (Z. 27–28)
    a. müssen **b.** können
4. Nach einem kurzen Wortwechsel mit dem Busfahrer hieß es, daß alle diejenigen aussteigen _____, deren Pässe einbehalten worden waren. (Z. 50–51)
    a. wollen **b.** sollen
5. Ali _____ seine Reise nach Deutschland nicht einmal auf türkisch begründen. (Z. 96–97)
    a. können **b.** dürfen

6. Man hat in die Koffer geschaut, und ohne jegliche Argumentation
   _____ wir die deutsche Grenze passieren. (Z. 138–139)
   a. dürfen **b.** müssen

E Kommunikation. Stellen Sie an Ihren Partner oder Ihre Partnerin die folgenden Fragen mit Modalverben. Verwenden Sie die du-Form, wenn sie passender ist. Denken Sie sich andere Fragen mit Modalverben aus.

1. Was konnten Sie einmal sehr gut, aber jetzt nicht mehr?
2. Was wollten Sie werden, als Sie klein waren?
3. Was durften Sie als Kind nicht machen?
4. Möchten Sie eine Zeitlang in Deutschland leben? Warum oder warum nicht?
5. Müssen Sie für Ihr Studium viel lernen? Welches Studium nimmt viel Zeit in Anspruch?
6. ? (Ihre eigene Frage)

Vom Lesen zum Handeln

Kurz inszeniert

Lesen Sie die folgenden Situationen und finden Sie heraus, wie viele Personen für die Inszenierung nötig sind. Teilen Sie die Rollen unter Ihren Mitstudenten auf. Sie können den Verlauf des Rollenspiels schon planen, bevor Sie es im Kurs vorspielen (oder mit einer Videokamera aufnehmen). Oder improvisieren Sie ganz einfach.

A Inszenierung. Führen Sie die Szene im Raum der österreichischen Grenzkontrolle (Z. 53–128) auf. Zwei Studenten oder Studentinnen spielen die beiden Grenzbeamten, einer spielt den Erzähler, und drei andere Studenten spielen Mustafa, Ali und den ungenannten dritten Türken, der seine Gründe selbst vorträgt. Ersetzen Sie Türkisch mit einer anderen Sprache außer Deutsch (z.B. Englisch).

B Dolmetschen. Das sofortige Dolmetschen eines Gesprächs oder einer Rede ist keine einfache Aufgabe. Stellen Sie sich vor, daß Sie und Ihre Freunde durch ein deutschsprachiges Land reisen. Ihre Freunde können kein Deutsch. Sie müssen also für Ihre Freunde dolmetschen. Sie sind in einer Studentenkneipe. Sie treffen sich mit zwei oder drei Personen, die nur Deutsch sprechen. Sie dolmetschen vom Deutschen ins Englische und umgekehrt, damit die beiden Gruppen sich verstehen. Das Gespräch kann folgende Themen beinhalten:

1. Herkunftsland
2. Reisen
3. Eindrücke vom Land
4. Beschäftigung oder Beruf
5. Sport, Hobbys, Freizeitbeschäftigung

Mitdenken—Mitschreiben

A Sie suchen Arbeit in einem deutschsprachigen Land. Dem Bewerbungsbrief müssen Sie einen Lebenslauf (*curriculum vitae*) beilegen. (Wußten Sie, daß in Deutschland der Lebenslauf gewöhnlich handschriftlich und in biographischer Form verlangt wird?) Schreiben Sie einen Lebenslauf nach dieser Kurzform.

LEBENSLAUF
Name:
Geburtsdatum:
Geburtsort:
Berufswunsch:
Sprachkenntnisse:
Ausbildung: Von 19____ bis 19____ Name der Schule. Belegte Kurse. Erworbene Titel oder Diplome.
Arbeitserfahrung: Von 19____ bis 19____ Beruf. Name der Firma oder des Unternehmens. Ort des Unternehmens. Beschreibung der Arbeit.

B Das Gedicht auf Seite 206 handelt von der Fremdenfeindlichkeit in Deutschland. Nehmen Sie das Gedicht als Ausgangspunkt für einen Aufsatz. In Ihrem Aufsatz können Sie folgendes überlegen.

1. Was, glauben Sie, will der Dichter mit dem Gedicht aussagen? Aus welchen Sprachen oder Kulturen kommen die Wörter oder Begriffe im Gedicht, die man ins Deutsche übernommen hat?
2. Schauen Sie den Titel an. „Ausländer raus!" ist eine Aufforderung. Wer gibt den Befehl? Die Regierung? das Militär? Ausländerfeinde? Rechtsextremisten?
3. Wenn man das englische Wort *okay* ins Deutsche übersetzt, ist die Übersetzung nicht „jawohl" sondern „alles klar" oder „in Ordnung" oder „schon gut". Das Wort „jawohl" bedeutet eher *yes, Sir/Madam!* und wird unter anderem beim Militär verwendet. Warum, glauben Sie, schreibt der Dichter „jawohl" und nicht z.B. „alles klar"?
4. Die Einflüsse anderer Kulturen auf die deutsche Kultur zeigen sich in der deutschen Sprache. Gibt es viele Fremdwörter oder Begriffe, die in Ihrer Muttersprache verwendet werden? Nennen Sie Beispiele. Welche Wörter kommen aus dem Deutschen (denken Sie an *sauerkraut, kindergarten* usw.)?

Martin Schneider*

Ausländer raus!

keine Pizza
keinen Rock'n'Roll
kein Ikea-Regal
nicht einmal mehr Asterix,
statt dessen nur noch Fix und Foxi[†]
keinen Döner Kebab
keinen Mitsubishi
keine feurige Pußtamusik[‡]
und Jogging?
heißt jetzt Dauerlauf

kein Cevapčiči
keinen Dostojewski
kein Queenbesuch
und ein Big Mac?
ist ein großer Fleischklops
keine Frühlingsrolle
keinen Michael Jackson
keinen Urlaub auf Mallorca
und ein T-Shirt?
nennt man wieder Unterhemd

keinen Donkosakenchor[§]
keinen Gameboy
keine Lipizzaner
nie wieder „okay" sagen,
denn das heißt jetzt „Jawohl!"

---

*Martin Schneider wurde 1957 in Wolfsburg geboren. Er studierte Kunst und Religion und lebt seit 1987 als Bildhauer in Berlin. Er veröffentlichte bisher ein Kinderbuch.
[†]Fix und Foxi ist ein deutscher Comic-Strip mit diesen Figuren (ähnlich der Walt-Disney-Figuren).
[‡]Pußtamusik ist die Musik aus der „Pußta", d.h. Steppe; diese Steppe gibt es in Ungarn und Rumänien. Also ungarisch-rumänische (Zigeuner-) Musik.
[§]Die „Donkosaken" sind russische Chorsänger (Kosaken sind ein russisches Volk). Weltberühmter Chor mit Männerstimmen und vielen feurigen Tänzen.

12 Gewalt: Was tun?

„Von der Gewalt, die alle Menschen bindet,
befreit der Mensch sich, der sich überwindet."

VORSCHAU

Maßnahmen gegen die Gewalt

In jedem Land wird der Mensch mit Gewalt *(violence)* konfrontiert. Deutschland ist keine Ausnahme. In den letzten Jahren haben die Einwohner Deutschlands bestimmte Gewaltakte erlebt, die große Empörung und Angst auslösten. Schauen sie sich das Photo an. Welche Form von Gewalt zeigt das Bild?

A **Gruppenarbeit.** Das Wort **Gewalt** hat auch die Bedeutung von **Zwang** *(force)* und **Macht** *(power)*. Überlegen Sie sich mit Ihren Kollegen alle möglichen Arten von Gewalt, und schreiben Sie sie auf.

BEISPIELE: Gewalt der Leidenschaft
 Gewalt des Rassismus
 Gewalt des Terrorismus
 Staatliche Gewalt
 Elterliche Gewalt
 usw.

Welche Arten von Gewalt haben Sie persönlich erlebt?

B **Gewalt als literarisches Thema.** Gewalt wird in der Literatur oft als Thema behandelt. Es kann die Absicht des Autors oder der Autorin sein, daß der Leser oder die Leserin mit dem Problem konfrontiert und aufgefordert wird, über das Problem nachzudenken. In welchen Geschichten, die Sie bis jetzt gelesen haben, wird eine Form von Gewalt dargestellt? Überlegen Sie sich die Art von Gewalt in jeder Geschichte. Was hat den Gewaltakt jeweils motiviert? Tauschen Sie Ihre Gedanken über die Ursachen von Gewalt mit Ihrem Gesprächspartner oder Ihrer Gesprächspartnerin aus.

GESCHICHTE	GIBT ES GEWALT? (Beispiele aus dem Text)	URSACHE DER GEWALT
„Sabine und der Stammhalter"	Ja, als Sabine ihren Bruder mit einer Nadel sticht.	Eifersucht
„Mutterglück"		
„Familie in Kürze"		
„Der Krieg ist lange aus"		
„Ein Rendezvous"		
„Das Alibi"		
„Martina. Ein Interview"		
„Aufforderung zur Unfreundlichkeit"		

210 KAPITEL 12   Gewalt: Was tun?

GESCHICHTE	GIBT ES GEWALT? (Beispiele aus dem Text)	URSACHE DER GEWALT
„Dieser Tage über Nacht"		
„Taxi frei"		
„Fahrt der Hoffnung"		

▷ **Maßnahmen gegen die Gewalt.** Manche Autoren und Autorinnen protestieren gegen Gewalt, indem sie über das Thema schreiben. Gegen die Gewalt kann man auch andere Maßnahmen ergreifen. Schauen Sie sich das Photo auf Seite 211 an. Was sehen Sie? Was tun die Menschen? Wogegen protestieren Sie?

1. Glauben Sie, daß es immer eine friedliche Lösung für Konflikte gibt? Warum oder warum nicht?
2. Gibt es Konfliktsituationen, in denen man mit Gewalt gegen Gewalt vorgehen muß? Wenn ja, in welchen?

▼ *Einführung in das Thema*

Literarisches Konzept: Die Fabel

Eines der kleinen Prosastücke, die Sie in diesem Kapitel lesen, ist Kafkas „Kleine Fabel".

▶ **Was ist eine Fabel?** Kreuzen Sie die Aussagen an, die eine Fabel beschreiben.

1. _____ Eine Fabel ist meistens eine kurze Geschichte.
2. _____ Eine Fabel ist eine phantasievolle Erzählung, in der Wunder und Magie herrschen.
3. _____ Eine Fabel hat häufig Tierfiguren.
4. _____ In einer Fabel kommen häufig Gestalten wie Hexen, Feen (*fairies*), Prinzen und Prinzessinnen vor.
5. _____ Eine Fabel handelt oft von Heldentaten.
6. _____ Die Handlung und der Dialog der Fabel beruhen auf einer allgemeingültigen Wahrheit oder einer moralischen Belehrung.
7. _____ Die Tierfiguren können einen menschlichen Charakterzug verkörpern.
8. _____ Oft wird ein historischer Vorgang dargestellt.*

Wenn Sie die Kafka-Fabel lesen, überlegen Sie sich, inwiefern die Fabel zur Fabel-Definition paßt. Kommen Tierfiguren vor? Sind die Figuren Symbole für eine abstrakte Idee? Beruht die Kafka-Fabel auf einer allgemeingültigen Wahrheit oder einer moralischen Belehrung? Wenn ja, auf welcher?

---

*Die folgenden Aussagen treffen zu: 1, 3, 6, 7.

Spekulation

In den folgenden Texten werden drei verschiedene Einstellungen zu einer Art von Gewalt dargestellt. Jeder Text setzt voraus, daß Gewalt ein Teil des menschlichen Daseins ist. Wie der Mensch sich mit Gewalt auseinandersetzt, ist aber in jedem Stück anders.

▶ Wie reagiert man auf Gewalt? Lesen Sie die Zusammenfassung von jedem Text. Spekulieren Sie über das Ende und die entsprechende Aussage des Autors über den Menschen und Gewalt. Welche der folgenden Reaktionsmöglichkeiten trifft auf den jeweiligen Text zu?

REAKTIONSMÖGLICHKEITEN
a. Man flüchtet.
b. Man kämpft.
c. Man tut nichts, denn es gibt keinen Ausweg.
d. Man unterwirft sich der Gewalt in der Hoffnung, daß man sie überlebt.

1. _____ In der Erzählung von Kafka wird eine Maus von einer Katze in eine Ecke gejagt. Wie reagiert die Maus?
2. _____ In der Erzählung von Brecht wird Herr Egge von einem Agenten des Staats gezwungen, ihm zu dienen. Was wird er machen?
3. _____ Im Aufsatz von Eggebrecht, der im Jahre 1948 veröffentlicht wurde, schreibt der Autor über den Zweiten Weltkrieg. Was denkt der Autor über die Wiederholung von Kriegen in der Geschichte? Wie soll der Mensch auf Krieg (eine Art von Massengewalt) reagieren?

von Franz Kafka

Kleine Fabel

Franz Kafka wurde 1883 als Sohn eines jüdischen Kaufmanns in Prag geboren. Von 1901 bis 1906 studierte er zunächst kurze Zeit Germanistik, dann Jura. Bis zu seiner Pensionierung 1922 arbeitete er als Jurist bei der Arbeiter-Unfall-Versicherungs-Anstalt. Er starb 1924 an Tuberkulose.

Kafka hat Max Brod, seinen Freund und Nachlaßverwalter (*executor of his estate*) gebeten, seine Werke nach seinem Tod zu verbrennen. Indem Brod diesen Wunsch Kafkas nicht erfüllte, rettete er die Werke Kafkas für die Nachwelt. Kafka zählt zu den weltbekanntesten deutschsprachigen Schriftstellern. Berühmte Werke von ihm sind unter anderem *Der Prozeß*, *Das Schloß*, *Die Verwandlung* und *Das Urteil*.

"Ach", sagte die Maus, „die Welt wird enger mit jedem Tag. Zuerst war sie so breit, daß ich Angst hatte, ich lief weiter und war glücklich, daß ich endlich rechts und links in der Ferne Mauern sah, aber diese langen Mauern eilen so schnell aufeinander zu, daß ich schon im letzten Zimmer bin,
5 und dort im Winkel° steht die Falle,° in die ich laufe." – "Du mußt nur die Laufrichtung° ändern", sagte die Katze und fraß sie.

corner / trap

direction (of travel)

Diskussion zum Thema

A **Zum Textverständnis.** Was geschieht in der Fabel? Schreiben Sie Stichwörter (z.B. die Maus, eine Falle usw.) auf, und fassen Sie die Handlung mit Ihren eigenen Worten zusammen.

B **Meinungsaustausch.** Diskutieren Sie die folgenden Fragen mit Ihren Mitstudenten.

1. Die Maus sagt, daß die Welt mit jedem Tag enger wird. Zuerst war die Welt so breit, daß die Maus Angst hatte und froh war, als sie Mauern sah. Wie erklären Sie sich das? Warum ist die Welt zuerst so breit? Warum wird die Welt eng? Was können die Mauern symbolisieren?
2. Im Winkel steht die Falle, in die die Maus läuft. Was könnte die Falle symbolisieren?
3. Die Maus steht zwischen der Falle und der Katze. Die Katze sagt, die Maus müßte nur in eine andere Richtung laufen. Hat die Maus eine Wahl? Kann sie sich retten, wenn sie die Laufrichtung ändert?
4. Die Katze frißt die Maus. Die Maus ist der Katze unterlegen; sie kann sich gegen die Katze nicht wehren. Was könnte die Katze symbolisieren?
5. Inwiefern ist die Fabel von Kafka eine traditionelle Fabel? Hat sie eine moralische Belehrung? Hat sie eine Lebensweisheit? Wenn ja, welche?

C **Allgemeine Fragen zum Text.** Eine mögliche Aussage der Kafka-Fabel kann sein, daß der Mensch der Gewalt des Schicksals ausgeliefert ist. Mit anderen Worten, man hat kein Bestimmungsrecht über „die Laufrichtung" des Lebens und ist bloß Opfer des Schicksals. Stimmen Sie mit dieser Lebensansicht überein? Oder glauben Sie nicht an Schicksal (*destiny*)? Glauben Sie eher an Zufall (*chance*)? Oder an beides?

Maßnahmen gegen die Gewalt

von Bertolt Brecht

Bertolt Brecht wurde 1898 als Sohn eines Papierfabrikanten in Augsburg geboren. Von 1931 bis 1948 lebte er in Dänemark, Schweden, Finnland, den USA und der Schweiz im Exil. Er starb 1956 in Ost-Berlin. Er hat unter anderem große Theaterstücke wie *Die Dreigroschenoper* und *Mutter Courage und ihre Kinder* geschrieben. Er ist auch für seine kurze Prosa und scharfe soziale Kritik bekannt. Die Kurzgeschichte „Maßnahmen gegen die Gewalt" ist ein Teil der Reihe „Geschichten vom Herrn Keuner", die Brecht ab 1935 bis in die 50er Jahre geschrieben und separat veröffentlicht hat.

Als Herr Keuner, der Denkende, sich in einem Saale vor vielen gegen die Gewalt aussprach, merkte er, wie die Leute vor ihm zurückwichen° und weggingen. Er blickte sich um und sah hinter sich stehen – die Gewalt. „Was sagtest du?" fragte ihn die Gewalt.

5 „Ich sprach mich für die Gewalt aus", antwortete Herr Keuner.

Als Herr Keuner weggegangen war, fragten ihn seine Schüler nach seinem Rückgrat.° Herr Keuner antwortete: „Ich habe kein Rückgrat zum Zerschlagen. Gerade ich muß länger leben als die Gewalt."

Und Herr Keuner erzählte folgende Geschichte:

10 In die Wohnung des Herrn Egge, der gelernt hatte, nein zu sagen, kam eines Tages in der Zeit der Illegalität ein Agent, der zeigte einen Schein° vor, welcher ausgestellt war im Namen derer, die die Stadt beherrschten,° und auf dem stand, daß ihm gehören solle jede Wohnung, in die er seinen Fuß setzte; ebenso sollte ihm auch jedes Essen gehören, das er verlange;° ebenso sollte ihm auch jeder
15 Mann dienen,° den er sähe.

Der Agent setzte sich in einen Stuhl, verlangte Essen, wusch sich, legte sich nieder und fragte mit dem Gesicht zur Wand vor dem Einschlafen: „Wirst du mir dienen?"

Herr Egge deckte ihn mit einer Decke zu, vertrieb° die Fliegen, bewachte
20 seinen Schlaf, und wie an diesem Tage gehorchte° er ihm sieben Jahre lang. Aber was immer er für ihn tat, eines zu tun hütete er sich wohl°: das war, ein Wort zu sagen. Als nun die sieben Jahre herum waren und der Agent dick geworden war

shrank back

backbone; character, courage

paper, document
ruled

demands
serve

chased away
obeyed
eines . . . he was careful not to do one thing

vom vielen Essen, Schlafen und Befehlen, starb der Agent. Da wickelte° ihn Herr Egge in die verdorbene° Decke, schleifte° ihn aus dem Haus, wusch das Lager,°
25 tünchte° die Wände, atmete auf und antwortete: „Nein."

wrapped
ruined / dragged / bedstead
whitewashed (painted)

▾ Diskussion zum Thema

A Zum Textverständnis. Was passiert in der Geschichte? Ordnen Sie die Vorfälle der Geschichte chronologisch. Gebrauchen Sie die Nummern 1–10.

_____ Auf die Frage des Agenten nach seiner Gehorsamkeit gibt Herr Egge nie eine Antwort.

___1___ Herr Keuner erzählt seinen Schülern eine Parabel, um ihnen seine Haltung zur Gewalt klarzumachen.

_____ Der Agent besetzt Herrn Egges Wohnung und fragt ihn, ob er ihm dienen wird.

_____ Der Agent stirbt am dekadenten Lebensstil.

_____ Herr Egge tut sieben Jahre lang alles für den Agenten.

_____ Der Agent zeigt Herrn Egge einen Schein.

_____ Nachdem er das Haus gereinigt hat, sagt Herr Egge „Nein".

_____ Ein Agent besucht Herrn Egge in der Zeit der Illegalität.

_____ Herr Egge wickelt den toten Agenten in eine Decke und schleift die Leiche aus dem Haus.

_____ Auf dem Schein steht der Befehl des Herrschers, daß alles dem Agenten gehöre und alle Personen ihm gehorchen sollen.

B Gruppenarbeit. Fassen Sie in Gruppen zu dritt die Handlung von „Maßnahmen gegen die Gewalt" mit Ihren eigenen Worten zusammen. Als Hilfe schreiben Sie zuerst Stichwörter zur Nacherzählung auf (Beispiele: Herr Keuner, eine Geschichte, Gewalt usw.) Mit dem entsprechenden Stichwort fängt jemand in der Gruppe an, die Geschichte nachzuerzählen. Wechseln Sie sich ab.

C Meinungsaustausch. Diskutieren Sie mit Ihren Kollegen die folgenden Fragen.

1. Herr Keuner wird „der Denkende" genannt. Er spricht in einem Saale. Was ist Herr Keuner wohl von Beruf? Ein Professor? ein Politiker? ein Philosoph? ein Schriftsteller?
2. Warum erzählt Herr Keuner die Geschichte von Herrn Egge? Was will er damit verdeutlichen?
3. Wer ist der Agent? Was für eine Regierung vertritt er, wenn er in der Zeit der Illegalität arbeitet? Die einer Demokratie? die einer Diktatur? die eines faschistischen Staats?
4. Der Agent fragt Herrn Egge, ob er ihm dienen wolle. Wie reagiert Herr Egge darauf? Warum sagt er nicht „Nein" zu ihm? Hat Herr Egge wohl Angst?
5. Der Agent wird dick und stirbt. Wenn der Agent den Staat symbolisiert, was sagt seine Kondition über den Staat aus? Glauben Sie, daß ein Staat so dekadent wird, daß er von allein aussterben kann? Wenn ja, nennen Sie ein Beispiel aus der Geschichte.
6. Nachdem der Agent bzw. die staatliche Gewalt stirbt, reinigt Herr Egge sein Haus und antwortet: „Nein". Wozu sagt er nein? Warum wartet er, bis der Agent stirbt, um seine Meinung zu sagen?
7. Was meinen Sie zum Verhalten von Herrn Egge? Er macht schweigend alles, was der Agent von ihm will. Er sagt erst seine Meinung, wenn er keine Gefahr läuft, dafür bestraft zu werden. Finden Sie sein Verhalten feige? verständlich? klug?

D Allgemeine Fragen zum Text. Stellen Sie sich vor, Sie leben nicht in einer Demokratie. Sie haben keine Freiheit mehr und müssen alles machen, was der Staat von Ihnen verlangt. Wenn Sie „Nein" sagten, würden Sie getötet. Was würden Sie machen? Reagieren Sie wie Herr Egge? Sind Sie Herrn Keuners Meinung, daß man die Gewalt überleben muß?

Zwölf Erzählungen, die Frieden und Konflikte von verschiedenen Seiten behandeln: z. B. Unfrieden in der Schule, Ausländerfeindlichkeit, Familienkonflikte, aber auch Beispiele aus dem letzten Krieg. Alle Geschichten sind anschaulich, dabei ohne Pathos geschrieben. Ihre Stärke: Sie beschreiben nicht nur den Zustand der Friedlosigkeit, sondern erzählen von dessen Ursachen und Wirkungen, und sie bieten Strategien für Konfliktlösungen an.

von Axel Eggebrecht

Aktiver Frieden

Axel Eggebrecht wurde 1899 in Leipzig geboren. 1918 wurde er im Ersten Weltkrieg in Frankreich schwer verwundet. Von 1920 bis 1925 war er aktives Mitglied der Kommunistischen Partei Deutschlands. Ab 1925 war er Mitarbeiter der „Weltbühne" und linksliberaler Berliner Blätter. Als Hitler 1933 an die Macht kam, wurde Eggebrecht verhaftet und bekam Berufsverbot. Nach dem Ende des Zweiten Weltkriegs 1945 wurde er Mitbegründer des NWDR (Nordwestdeutscher Rundfunk). Seit 1949 ist er wieder freier Schriftsteller. Seine Veröffentlichungen sind unter anderem *Katzen, Essays und Erzählungen* (1927/67), *Weltliteratur,* Überblick (1948), *Volk ans Gewehr,* Roman (1959/80), *Autobiographie* (1975/81), *Die zornigen alten Männer* (Hrsg.) (1979/82).

Der Friede muß erkämpft° werden.   *gained by force*
Nichts wird uns Menschen geschenkt. Alles müssen wir strebend und kämpfend erringen,° auch das Natürlichste. Selbst den Frieden. Ja,   *achieve, gain*
ihn erst recht, obwohl ein Verlangen danach uns eingeboren ist; obwohl er das
5 Selbstverständliche° zu sein scheint.   *most obvious, self-evident*
Der Friede muß erkämpft werden.
Diese bittere dialektische Wahrheit haben fünftausend Jahre Geschichte uns
unabweislich° gelehrt. Und in den letzten drei Jahrzehnten wurden sie uns   *undeniably*
schmerzhafter denn je eingebleut° und eingebrannt.°   *beaten into (us) / burned into (us)*
10 Der Friede muß erkämpft werden.

Diskussion zum Thema

A Zum Textverständnis. Stimmen die folgenden Aussagen mit dem Eggebrecht-Text überein oder nicht?

	STIMMT	STIMMT NICHT
1. Der Mensch soll den Frieden wie ein Geschenk betrachten.	☐	☐
2. Es gehört zur Natur des Menschen, in Frieden zu leben.	☐	☐

	STIMMT	STIMMT NICHT
3. Der Mensch muß alles erkämpfen.	☐	☐
4. Die Geschichte hat die Menschheit gelehrt, daß der Mensch den Frieden erkämpfen muß.	☐	☐

Welche von den obigen Aussagen ist der Leitgedanke des Aufsatzes?

B ▶ Meinungsaustausch. Diskutieren Sie die folgenden Fragen mit Ihren Mitstudenten.

1. Was ist die „bittere dialektische Wahrheit"?
2. Glaubt der Autor an Pazifismus? Sind Sie auch der Meinung, daß man um den Frieden kämpfen muß?
3. Der Autor sagt, daß der Wunsch des Menschen nach Frieden natürlich und selbstverständlich ist. Sind Sie auch dieser Meinung? Warum gibt es Krieg? Ist der Krieg auch natürlich, selbstverständlich?
4. Daß man um den Frieden kämpfen muß, wurde uns „in den letzten drei Jahrzehnten schmerzhafter denn je eingebleut und eingebrannt". Was war in den drei Jahrzehnten passiert, von denen der Autor spricht?

C ▶ Allgemeine Fragen zum Text

1. Halten Sie Weltfrieden für möglich? Ist Weltfrieden ein mögliches Ziel, das man anstreben soll, oder ist Weltfrieden eine utopische Idee?
2. In der Geschichte gibt es unzählige Kriege. Glauben Sie, es wird immer Krieg geben? Was, glauben Sie, ist die Ursache des Kriegs? Habgier? Machtkämpfe? die Sucht nach Geld? der Kampf gegen die Ungerechtigkeit?
3. Würden Sie Soldat werden und an einem Krieg teilnehmen? Aus welchem Motiv würden Sie kämpfen? Würden Sie um des Friedens willen töten? Glauben Sie, daß der Stärkste immer siegt?

D ▶ Diskussion zu den Themen. Auf welchen Text trifft jede Charakterisierung zu? Wählen Sie die betreffende Beschreibung und ordnen Sie sie unter den richtigen Text in der Tabelle ein. Es kann sein, daß eine Charakterisierung nicht nur für einen Text, sondern für zwei oder alle drei gilt.

eine Fabel
symbolisch / nicht symbolisch
Ich-Erzähler / Erzähler in der dritten Person
fiktiv / nicht fiktiv
mit/ohne Handlung
spannend / nicht spannend
Tierfiguren / Menschenfiguren / keine Figuren
(kein) philosophisches Stück
Staatliche Gewalt als Thema

Die Einstellung des Autors ist zynisch/pessimistisch/optimistisch/idealistisch/realistisch/ironisch

Die Aussage des Autors ist: (a) Der Mensch soll gegen Gewalt kämpfen; (b) Der Mensch soll die Gewalt überleben; (c) Der Mensch kann sich gegen die Gewalt nicht wehren.

„KLEINE FABEL"	„MASSNAHMEN GEGEN DIE GEWALT"	„AKTIVER FRIEDEN"

Mit welcher Ansicht des Autors zur Gewalt stimmen Sie überein? Warum?

Kultur-Rundschau

Deutsche Männer sind wehrpflichtig, d.h. sie müssen 12 Monate beim Militär dienen. Jeder hat aber das Recht, Wehrdienst aus Gewissensgründen zu verweigern. Man muß aber vor einem Tribunal beweisen, daß der Dienst mit der Waffe gegen das eigene Gewissen geht. Statt Militärdienst muß der Wehrpflichtige dann 15 Monate einen Zivildienst absolvieren.

- Gibt es Wehrdienst in Ihrem Land?
- Werden Frauen Berufssoldaten? Wenn ja: Dürfen sie an der Front kämpfen? Sind Sie mit dieser Regelung einverstanden? Warum oder warum nicht?
- Glauben Sie, daß junge Menschen ihrem Land auf irgendeine Art dienen, d.h. entweder Zivildienst oder Wehrdienst für eine befristete Zeit leisten sollten? Warum oder warum nicht?

KAPITEL 12 Gewalt: Was tun?

Stil und Sprache

Wörter und Ausdrücke

Substantive
der **Agent,** -en / die **Agentin,** -nen agent
das **Gesetz,** -e law
die **Gewalt,** -en violence, power, force
die **Gewalttat,** -en violent act

der **Gewaltakt,** -e violent act
der **Hörsaal, Hörsäle** lecture hall
die **Maßnahme,** -n measure, step; action
die **Regelung,** -en rule
der **Täter,** - offender, culprit

Verben
an•wenden to use, apply
auf•atmen to breathe again; to exhale
aus•stellen to issue (a document)
erringen to achieve
um•blicken to look, glance around
vor•zeigen to produce, show
weg•gehen to go away
zu•decken to cover
zurück•weichen to shrink back

Ausdrücke
ein Mensch ohne Rückgrat a person without a backbone, a spineless person (i.e., without character or courage)
sich hüten, etwas zu tun to be careful not to do something
sich gegen/für etwas aussprechen to speak out against/for something

Adjektive
eingeboren native, innate
ererbt inherited

A **Gebräuchliche Ausdrücke.** In allen drei Texten kommen gebräuchliche Ausdrücke vor. Verbinden sie den Ausdruck mit der entsprechenden Definition.

1. _____ sich hüten, etwas zu tun
2. _____ etwas erringen
3. _____ ein Mensch ohne Rückgrat
4. _____ eingeboren
5. _____ sich gegen etwas aussprechen

a. ererbt
b. sich gegen etwas äußern
c. durch Mühe etwas erreichen
d. eine unentschlossene, schwache Person
e. versuchen, etwas nicht zu tun

B **Wörter in der Praxis.** Antworten Sie auf die folgenden Fragen mit dem entsprechenden Ausdruck aus **Übung A** oben.

1. Wer ist Ihrer Meinung nach eine schwache, unentschlossene Person? Warum?
2. Ist die Eigenschaft des Menschen, Gewalt anzuwenden, ererbt oder angelernt? Was glauben Sie?
3. Was versuchen Sie, nicht zu tun? Zuviel zu essen oder trinken? Unterricht zu versäumen? Zu spät zu kommen? Jemanden zu beleidigen?
4. Gegen welche Regelung oder welches Gesetz können Sie uns Ihre Meinung sagen? Warum sind Sie dagegen?
5. Worum bemühen Sie sich? Was wollen Sie eines Tages erreichen?

Trennbare Verben

Im Text „Maßnahmen gegen die Gewalt" kommen viele trennbare Verben vor. Schauen Sie sich die folgenden Beispiele aus der Geschichte an. Die Verben **aus•sprechen** und **aus•stellen** sind trennbar.

> Herr Keuner **sprach** sich in einem Saale vor vielen gegen die Gewalt **aus.**
> Der Schein wurde [vom Agenten] im Namen derer, die die Stadt beherrschten, **ausgestellt.**

C Lückentext. Vervollständigen Sie die folgenden Textstellen, indem Sie das richtige trennbare Verb in die Lücken einsetzen. Die Verben sollen im Präteritum oder in der Partizipialform stehen. Vergleichen Sie Ihre Antworten mit dem Originaltext.

auf•atmen	vor•zeigen	zu•decken
um•blicken	weg•gehen	zurück•weichen

1. Herr Keuner merkte, wie die Leute vor ihm _____. (Z. 1–2)
2. Herr Keuner _____ sich _____ und sah hinter sich stehen – die Gewalt. (Z. 3)
3. Als Herr Keuner _____ war, fragten ihn seine Schüler nach seinem Rückgrat. (Z. 6–7)
4. Ein Agent _____ einen Schein _____. (Z. 11)
5. Herr Egge _____ den Agenten mit einer Decke _____. (Z. 19)
6. Herr Egge _____ _____ und antwortete: „Nein." (Z. 25)

D Partnerarbeit. Formulieren Sie Fragen über die Brecht-Geschichte mit den trennbaren Verben. Sie und Ihr Gesprächspartner oder Ihre Gesprächspartnerin wechseln sich mit den Fragen ab.

BEISPIEL: aus•sprechen →
Wogegen spricht sich Herr Keuner aus?

1. auf•atmen
2. aus•stellen
3. (sich) um•blicken
4. vor•zeigen
5. weg•gehen
6. zu•decken
7. zurück•weichen

E Satzbau. Vergleichen Sie den Satzbau (*sentence structure*) in den Geschichten „Kleine Fabel" und „Maßnahmen gegen die Gewalt". Inwiefern ist der Satzbau ähnlich?

1. Analysieren Sie den Satzbau in Kafkas „Kleine Fabel". Wie viele Sätze kommen im Text vor? Sind die Sätze lang oder kurz? Lesen Sie den zweiten Satz noch einmal, und unterstreichen Sie die Hauptsätze und die Nebensätze. Wie viele Hauptsätze und Nebensätze gibt es? Was sind die Bindewörter?

   Warum ist der zweite Satz so lang? In welchem Ton sagt die Maus diesen Satz? Was für eine Wirkung soll dieser Satz auf den Leser haben?

2. Lesen Sie noch einmal die Geschichte von Herrn Egge, „Maßnahmen gegen die Gewalt". Analysieren Sie den Satzbau im ersten Absatz. Wie viele Sätze kommen im Absatz vor? Unterstreichen Sie die Hauptsätze und die Nebensätze. Wie viele Hauptsätze und Nebensätze gibt es? Was sind die Bindewörter?

   Warum ist der Absatz so lang? In welchem Ton wird vom Eintreten des Agenten erzählt? Was für eine Wirkung soll dieser Berichtsstil auf den Leser haben?

F **Passiv gegenüber Aktiv.** Lesen Sie den Eggebrecht-Text noch einmal, und unterstreichen Sie alle passiven Sätze. Schreibt der Autor hauptsächlich im Passiv oder im Aktiv? Setzen Sie die passiven Sätze mit **man** als Subjekt entweder schriftlich oder mündlich ins Aktiv um. Inwiefern wird der Text durch die Umsetzung ins Aktiv geändert? Wo liegt nun die Betonung? Auf der Tat oder Aktion oder auf dem Subjekt **man?** Warum schreibt der Autor hier lieber im Passiv?

VOM LESEN ZUM HANDELN

Kurz inszeniert

Lesen Sie die folgenden Situationen und finden Sie heraus, wie viele Personen für die Inszenierung nötig sind. Teilen Sie die Rollen unter Ihren Mitstudenten auf. Sie können den Verlauf des Rollenspiels schon vorher planen, bevor Sie es im Kurs vorspielen (oder mit einer Videokamera aufnehmen). Oder improvisieren Sie ganz einfach. Nach den Situationen sind mögliche Redewendungen angegeben, die Sie in Ihrem Rollenspiel verwenden können.

A **Telefongespräch.** Jemand spielt Herrn Egge und jemand anderes spielt den Agenten. Der Agent ist schon gekommen und schläft gerade. Herr Egge ruft einen Freund oder eine Freundin an und erzählt ihm/ihr, was vorgefallen ist. Er bittet ihn/sie um Rat. Was soll Herr Egge tun? Herr Egge und der Freund oder die Freundin überlegen sich die beste Lösung für seine schwierige Situation.

REDEWENDUNGEN

Wenn Herr Egge seinen Freund oder seine Freundin anruft, kann er folgendermaßen anfangen:

Guten Tag. Hier spricht Egge. Kann ich bitte Herrn/Frau _____ sprechen?

Grüß Gott. Hier ist Egge. Ich hätte gern Herrn/Frau _____ gesprochen. (*sehr formell*)

Guten Tag. Könnten Sie mich bitte mit Herrn/Frau _____ verbinden?

Hallo, [Vorname des Freundes / der Freundin]. Ich bin's. Der [Vorname von Herrn Egge]. Du, stell dir mal vor, was mir passiert ist . . . (*sehr informell*)

B Eine neue Wendung. Spielen Sie diese Szene zu zweit. Jemand ist die Maus in der Kafka-Erzählung, und eine andere Person spielt die Katze. Die Maus weiß, es gibt nur eine Hoffnung, aus der Situation lebend zu entkommen. Sie versucht mit allen möglichen Mitteln, die Katze zu überzeugen, sie laufen zu lassen.

REDEWENDUNGEN

Um die Katze zu überzeugen, könnte die Maus folgendermaßen anfangen:
Ich bitte Sie um Verständnis!
Hören Sie bitte mal zu!
Versuchen Sie, sich in meine Lage hineinzuversetzen!
Ich bin doch ein armes Mäuschen! Seien Sie doch barmherzig (*merciful*)!

Mitdenken—Mitschreiben

A Eine Fabel. Seien Sie phantasievoll! Schreiben Sie eine Fabel, die die Aussage einer der folgenden deutschen Sprüche als moralische Belehrung demonstriert.

1. Wer zuletzt lacht, lacht am besten.
2. Aller guten Dinge sind drei.
3. Wer einmal lügt, dem glaubt man nicht, und wenn er auch die Wahrheit spricht.
4. Was du heute kannst besorgen, das verschiebe nicht auf morgen.
5. Viele Köche verderben den Brei.
6. Wenn die Katze aus dem Haus ist, tanzen die Mäuse auf dem Tisch.

Susanne Kilian*

Gewaltakt

Wer
Gewalt
mit
aller Gewalt
sei's
sanfte Gewalt
oder
rohe Gewalt
in seine Gewalt
zu kriegen glaubt
den
wird
höhere Gewalt
lehren
daß
Gewalt
Gewalt
zeugt.

B Eine neue Fassung. Schreiben Sie einen anderen Schluß entweder zur Kafka-Fabel oder zur Brecht-Parabel. Wie ändert sich nun die Aussage? Was ist die allgemeingültige Wahrheit oder moralische Belehrung der veränderten Erzählung?

C Selbsterfahrung. Beschreiben Sie eine Situation, in der Sie selbst eine Form der Gewalt erlebt, beobachtet oder angewendet haben. Welche Form der Gewalt war es? Wie haben Sie oder andere Menschen darauf reagiert? Aus

---

*Susanne Kilian wurde 1940 in Berlin geboren. Sie arbeitet als Lehrerin an einer Schule und lebt als freie Schriftstellerin in Eltville am Rhein. Sie veröffentlicht Texte für Kinder und Kinderbücher.

welchem Motiv hat sich die Gewalt ergeben? Kann eine solche Gewalt sich wiederholen?

D Gedicht als Anregung. Lesen Sie das folgende Gedicht. Was sagt die Autorin über Gewalt? Fassen Sie in einem Aufsatz die Aussage des Gedichts zusammen, und nehmen Sie Stellung dazu. Sind Sie mit der Aussage einverstanden? Warum oder warum nicht?

Wörterverzeichnis: Deutsch - Englisch

This **Wörterverzeichnis** contains all words from the textbook except for articles, pronouns, possessive adjectives, common prepositions, the names of days of the week and months, and numbers. All nouns are given with a definite article indicating gender and the plural form. Nouns that are not followed by a plural entry in parentheses are used only in the singular: **das Altpapier.** Separable-prefix verbs are shown with a raised dot between the prefix and the stem: **an•tun.**

A

ab•bringen to remove; to dissuade
der Abend, -e evening
das Abendgymnasium, Abendgymnasien evening school for adults to get their high school diploma
das Abenteuer, - adventure
(bei jemandem) ab•geben to leave off (with someone)
abgeleitet derived (from)
abgewetzt worn-out
ab•halten to keep back, prevent
die Abhängigkeit, -en dependence
ab•holen to pick up
das Abitur German high school diploma
der Ablauf, ¨e termination
ab•legen to take (*a vow*); to put away; to take off; to take (*an exam*)
ab•lehnen to refuse
ab•lenken to distract
der Absatz, ¨e paragraph
ab•schieben to deport; to push off
das Abschlußexamen, Abschlußexamina final exam, finals
der Abschnitt, -e passage, text excerpt
die Absicht, -en intention
ab•sinken to sink
absolvieren to finish (*one's studies*)
die Abstammung, -en descent, ancestry
ab•stauben to dust; to rob, steal (*slang*)
ab•treiben to abort
die Abtreibung, -en abortion
das Abtreibungsgesetz, -e abortion law
abwechselnd changing, variable
die Abwechslung change
abweichend deviant
Ach: mit Ach und Krach with great difficulty
achten (auf) to pay attention (to)
(auf jemanden) acht•geben to pay attention (to someone)
der Agent, -en / die Agentin, -nen agent
ahnen to guess, sense

ähnlich similar
das Alibi, -s alibi
allein alone
alleinstehend single
allerhand of all kinds, all sorts of
allgemein general
das Alltagsleben, - daily life
das Alter age
altern to get old
der Alternativmensch, -en person with an alternative lifestyle
der Altersgenosse, -n person of the same age
die Altersgruppe, -n age group
das Altglas recyclable glass
altmodisch old-fashioned
das Altpapier recyclable paper
andererseits on the other hand
ändern to change, alter
anders otherwise; differently; else
der Anfang beginning, start
an•fangen to begin
an•fassen to touch; to take hold of
sich an•freunden (mit) to become friends (with)
die Angabe, -n statement
angegeben stated, given
angelangt (sein) (to have) arrived
die Angelegenheit, -en business, matter
angeln to fish
angerannt (kommen) (to come) running
sich an•gewöhnen to get into the habit (of)
an•greifen to attack
der Angriff, -e attack
die Angst, ¨e fear
ängstlich fearful, timid
anhand according to
anhänglich affectionate
an•kündigen to announce
die Ankunft arrival
der Anlaß, Anlässe reason, motive
die Anmaßung, -en arrogance
die Anmerkung, -en remark; footnote
die Annäherung, -en approach
an•nehmen to accept
an•reihen to string; to add
der Anruf, -e telephone call
an•schauen to look at
sich an etwas an•schließen to join something
anschließend subsequently

der Anschluß, Anschlüsse contact; connection
das Ansehen respect, esteem
die Ansicht, -en intention
das Ansinnen suggestion
an•spornen to encourage
an•sprechen to speak to; to appeal to
an•stellen to employ; to engage
an•streben to strive toward
sich an•strengen to exert oneself
anstrengend strenuous
die Anstrengung, -en effort
an•tun: jemandem etwas antun to do something to someone
die Antwort, -en answer
antworten to answer
an•wenden to use, apply
an•werben to enlist
die Anzahl number (of)
das Anzeichen sign, symptom, indication
an•ziehen to attract; to put on (*clothing*)
die Anziehung attraction
der Anziehungspunkt, -e main attraction
der Anzug, ¨e suit
der Aphorismus, Aphorismen aphorism
der Arbeitgeber, - employer
die Arbeitserlaubnis, -se work permit
die Arbeitskraft, ¨e labor, workforce (*plural*)
der Arbeitslose, -n unemployed person
die Arbeitslosenquote, -n unemployment rate
die Arbeitslosigkeit unemployment
der Arbeitsplatz, ¨e workplace, job
der Arbeitstitel, - job title
der Ärger annoyance
ärgern: sich über etwas ärgern to be annoyed about something
die Argumentation, -en argumentation
der Arsch, ¨e ass, behind (*vulgar*)
das Astwerk branches
das Asyl, -e asylum
der Asylant, -en asylum seeker
der Asylantrag, ¨e application for political asylum
der Asylbewerber, - asylum seeker
das Asylgesetz, -e asylum law
das Asylheim, -e immigrant shelter
das Asylrecht, -e right to political asylum
die Asylreform, -en reform of laws pertaining to asylum
der Asylsuchende, -n asylum seeker
die Atemübung, -en breathing exercise

auf•atmen to breathe again; to exhale; to sigh
sich auf•bauen to plant oneself
auf•bringen to introduce, start; to summon up
die Aufenthaltserlaubnis, -se residence permit
auf•fallen to be conspicuous
auf•fassen to understand; to interpret
auf•fordern to urge; to call upon
die Aufforderung, -en request, demand
sich auf•führen to behave
die Aufgabe, -n task, duty
auf•gabeln to pick up
auf•geben to give up
die Aufgeschlossenheit, -en open-mindedness
aufgrund because of
auf•heulen to howl
die Auflage, -n edition
auflagenmäßig with respect to the number of editions
die Auflösung disintegration
die Aufmerksamkeit, -en attention
auf•nehmen to receive, take in; to record
(auf jemanden) auf•passen to take care (of someone)
sich auf•raffen to rouse oneself
auf•räumen to tidy up
die Aufregung excitement
der Aufsatz, ¨e essay
auf•saugen to suck up, absorb
auf•schlucken to swallow up
auf•schrecken to startle; to be startled
der Aufstieg, -e rise
sich auf•takeln to doll oneself up
auf•tauchen to emerge; to appear
der Auftrag, ¨e job
der Auftrieb, -e impetus
auf•wachsen to grow up
das Auge, -n eye
der Augenblick, -e moment
die Ausbildung, -en training, education
aus•denken to think out
der Ausdruck, ¨e expression
aus•drücken to express
aus•fallen to come out (*a result*); to fall out
der Ausgangspunkt, -e starting point
ausgebildet educated, trained
ausgeglichen well-balanced
ausgeliefert (sein) (to be) at the mercy of
ausgesetzt exposed
ausgeweitet expanded
ausgezeichnet excellent

aus•kennen: sich in etwas auskennen to be well versed in something, at home (in a subject)
aus•lachen to laugh at
der Ausländer, - / die Ausländerin, -nen foreigner
der Ausländerfeind, -e person who is against foreigners
der Ausländerhaß hatred of foreigners
ausländisch foreign
die Auslassungspunkte ellipses (*plural*)
aus•liefern to deliver
aus•lösen to release; to cause, awaken
aus•machen to settle, agree upon, arrange
die Ausnahme, -n exception
aus•nutzen to make the most of, utilize fully; to exploit
die Ausrede -n excuse, pretext
aus•rotten to exterminate
sich aus•ruhen to relax, rest
die Aussage, -n statement
der Ausschnitt, -e section
aus•sehen to look, appear
das Aussehen look, appearance
außergewöhnlich exceptional
äußerlich outward, superficial
aussichtslos hopeless
aus•sprechen to speak one's mind; **sich gegen/für etwas sprechen** to speak out against/for something
aus•stehen to bear, endure
aus•steigen to get out, get off
aus•stellen to issue (a document)
aus•sterben to die out, become extinct
aus•stossen to turn out, expel; to ostracize
aus•suchen to select, choose
aus•tragen to deliver; to carry (*a child*) to term
aus•üben to practice
sich aus•weinen to cry one's eyes out
aus•ziehen to undress; to move out (*of a house*)
die Autobahn, -en superhighway
das Autobahnnetz, -e highway network

B
backen to bake
der Backenbart, ¨e sideburns
das Bad, ¨er bath
die Badeanstalt, -en public swimming pool
der Badeanzug, ¨e swimsuit
die Badekappe, -n bathing cap
der Bademantel, ¨ bathrobe
der Bademeister, - lifeguard, pool attendant
baden to bathe, swim

die Badewanne, -n bathtub
der Bahnhof, ⸚e train station
die Bahre, -n bier
das Band, ⸚er band, ribbon
die Bank, ⸚e bench
die Bank, -en bank
das Bankkonto, -s bank account
der Bankräuber, - bank robber
die Banküberweisung, -en bank transfer
barmherzig merciful, compassionate
barsch gruff
der Bart, ⸚e beard
basteln to handcraft
der Bauch, ⸚e stomach, belly
der Baum, ⸚e tree
der Bausparvertrag, ⸚e building loan contract
beantragen to apply for
bearbeiten to work on/at
das Becken, - pool, bath
bedächtig prudent
bedanken: sich bei jemandem für etwas bedanken to thank someone for something
bedeuten to signify, mean
die Bedeutung, -en meaning
der Bedeutungsunterschied, -e difference of meaning
bedienen to serve
die Bedingung, -en condition
bedrohen to threaten
beeindrucken to impress
beeinflussen to influence
der Befehl, -e command, order
sich befinden to be, feel
der Befragte, -n interviewee
befreien to free, liberate
befreunden to befriend
befristet limited (*in time*)
die Begebenheit, -en occurrence, happening
begegnen to meet unexpectedly, run into (*someone*)
die Begegnung, -en unexpected meeting, encounter
begehen to commit (*an error*)
begeistert enthusiastic
die Begeisterung enthusiasm
beginnen to begin
der Begleiter, - / die Begleiterin, -nen companion
beglückend gladsome
der Begriff, -e concept
begründen to give reasons for
behalten to keep, retain

behandeln to treat
behaupten to maintain, claim
beherrschen to command
behilflich helpful
bei•legen to enclose, add
beinhalten to contain
beisammen together
das Beispiel, -e example
der Beitrag, ⸚e contribution
bei•tragen to contribute
bei•treten to join
bekämpfen to fight
der/die Bekannte, -n acquaintance (*person*)
die Bekanntschaft, -en acquaintance (*relationship*)
bekommen to receive
belanglos unimportant
belasten to burden
belegen to take (*a course*)
die Belehrung instruction
sich bemühen to try hard
das Benehmen behavior
benutzen to use
die Beobachtungslust pleasure in observing
die Beratung conference, consultation; guidance
bereiten to make, get ready
der Berg, -e mountain
berichten to report
der Berichterstatter, - / die Berichterstatterin, -nen reporter
die Berichterstattung reporting
der Berichtstil, -e report style
Berlinerisch Berlin dialect
berücksichtigen to consider; to take into account
der Beruf, -e occupation
das Berufsleben, - professional life
berufstätig employed
das Berufsverbot, -e law forbidding people to work as civil servants for political reasons
der Berufswunsch, ⸚e career goal
beruhen auf to be based on
sich beruhigen to calm down
berühmt famous
berühren to touch; to touch upon, allude to
beschäftigen: sich mit etwas beschäftigen to occupy oneself with something
die Beschränkungsmaßnahme, -n procedure to limit something; quota
beschreiben to describe

die Beschreibung, -en description
beschützen to protect
beschwatzen to talk (*somebody*) into (*something*)
beseitigen to remove
besonderes: etwas besonderes something special
besorgen to provide; to take care of
die Besorgung, -en errand
besprechen to talk over, discuss
beständig steady, constant
bestechen to pierce
bestehen to undergo, endure; to pass (*a test*); **bestehen auf** to insist upon
bestimmen to determine
das Bestimmungsrecht, -e right to determination
bestraft punished
der Besuch, -e visit
beteiligt sein to be interested in, involved
die Betonung emphasis
betrachten to watch, observe
der Betrag, ⸚e amount, total
betreffen to concern
betreten to enter
der Betrieb, -e operation
der Betroffene, -n the person affected
die Bettwäsche linen
(sich) beugen to bend; to bend over
beurteilen to judge
der Beutel, - bag; purse
die Bevölkerung population
(sich) bewegen to move
die Bewegung, -en movement
die Beweihräucherung flattery, adulation
bewerben: sich um etwas bewerben to apply for something
der Bewerbungsbrief application letter
bewundern to admire
bezeichnen to mark
sich beziehen to refer, to relate
die Beziehung, -en relationship
die Beziehungskiste, -n problematic intimate relationship
die Bezugsperson, -en child's role model
der Bibliothekar, - / **die Bibliothekarin, -nen** librarian
bieten to offer
das Bild, -er picture
(sich) bilden to form
die Bindung, -en bond, tie
der Blick, -e look

der Blödsinn nonsense
der Bock: auf etwas Bock haben to have (momentary) interest in something
der Boden, ⸚ floor
bösartig malicious, wicked, mean
die Bösartigkeit wickedness, meanness
böse angry
der Brand fire
der Brandanschlag, ⸚e arson attack
die Brandstiftung arson
brauchen to need
brav well-behaved
der Brei, -e pulp
der Brief, -e letter
der Bruchteil, -e fragment
der Bruder, ⸚ brother
brüllen to roar
der Buchübersetzer, - / **die Buchübersetzerin, -nen** book translator
sich bücken to bend over
bügeln to iron
das Bühnenstück, -e theater piece
der Bund, ⸚e alliance; confederation
das Bundesland, ⸚er state within the Federal Republic of Germany
das Bundesministerium, Bundesministerien Federal Ministry
der Bundesrat German parliament (upper house)
der Bundestag German parliament (lower house)
bunt colorful
der Bürger, - / **die Bürgerin, -nen** citizen
bürgerlich civil; middle-class
der Bursche, -n guy, chap
der Busfahrer, - bus driver

C
die Charakterdarstellung, -en character representation
das Chiffre, -n reference number; box number
die Chirurgie surgery

D
dar•stellen to represent; to act, perform
die Darstellung, -en representation; description
das Dasein being, existence
der Dauerlauf, ⸚e long-distance race
der Dauerüberweisungsauftrag standing order for automatic payments from one's bank account
die Decke, -n blanket; cover

denken to think
dienen to serve
der Dienst, -e service, duty
das Ding, -e thing, object
dolmetschen to interpret, translate
Doppelkopf *German card game*
der Doppelname, -n hyphenated last name
das Dorf, ⁻er village
der Dozent, -en / die Dozentin, -nen university lecturer, assistant professor
drängen to push; **sich drängen** to force one's way
das Drehbuch, ⁻er script
der Drehbuchautor, -en / die Drehbuchautorin, -nen scriptwriter
drehen to turn, rotate
der Dreifachname, -n three family names
dreinschauend looking
drohen to threaten
drücken to press; to print
duftend fragrant
dunkel dark
der Durchbruch, ⁻e breakthrough
durchschnittlich average
das Durchschnittsalter, - average age
(sich) duschen to shower
der Duschraum, ⁻e shower
düster gloomy

E
die Ecke, -n corner
der Eheberater, - / die Eheberaterin, -nen marriage counselor
die Eheberatung marriage counseling
der Ehegatte / die Ehegattin spouse
der Ehemann, ⁻er husband
der Ehename, -n married name
das Ehepaar, - married couple
die Ehescheidung, -en divorce
die Eheschließung, -en marriage
die Eifersucht, ⁻e jealousy
eifersüchtig jealous
eigen own, proper
das Eigeninteresse, -n self-interest
die Eigenschaft, -en characteristic, feature, attribute
eigentümlich peculiar
die Eigentümlichkeit, -en peculiarity
eilfertig hastily
ein•behalten to retain, keep

ein•bleuen to pound (*into one's head*)
ein•brennen to burn
eindringlich urgent; emphatic
einerseits on one hand
ein•fallen: jemandem etwas einfallen to occur to someone
der Einfluß, Einflüsse influence
ein•fügen to insert, put in
die Einführung, -en introduction
eingebildet imaginary; conceited
eingeboren innate, native
die Eingebung, -en inspiration
ein•gehen to contract (*a marriage*)
eingehend thorough, detailed
ein•gießen to pour
der Einheimische, -n native
sich einigen to agree
ein•laden to invite
die Einleitung, -en introduction; preface
einmal once
ein•ordnen to arrange, classify
ein•rahmen to frame
ein•reisen to enter (*a country*)
ein•richten to arrange
einsam alone
die Einsamkeit loneliness
der Einsatz, ⁻e insertion
ein•schätzen to assess; to appreciate
die Einschätzung, -en assessment, appraisal
die Einschränkung, -en restriction
sich ein•schreiben to matriculate
ein•steigen to get in
die Einstellung, -en attitude
die Eintrittskarte, -n ticket
einverstanden agreed
der Einwand, ⁻e objection, argument (*against*)
der Einwohner, - inhabitant
das Einzelkind, -er only child
einzeln single; particular
das Eisen iron
eklig repulsive
der Ellbogen, - elbow
die Ellbogengesellschaft dog-eat-dog society
elterlich parental
die Eltern parents
der Elternabend, -e parents' evening
der Elternteil parent
der Empfänger, - recipient

empfehlen   to recommend
empfindsam   sensitive
die Empörung, -en   indignation
endgültig   final
endlich   finally
entblößt   exposed, naked
entfernt   distant, removed
die Entgegennahme, -n   acceptance; reception
enthalten   to contain, hold
die Entlastung, -en   relief
entnehmen   to take from; to draw upon
entscheiden   to decide
die Entscheidung, -en   decision
sich entschließen   to decide
der Entschluß, Entschlüsse   decision
entschlüsseln   to decipher, decode
entschuldigen   to excuse
die Entschuldigung, -en   excuse
entspannen   to relax
entsprechen   to correspond to
entsprechend   corresponding to
entstammen   to descend from
entstehen   to originate, arise from
die Enttäuschung, -en   disappointment
entwickeln   to develop
die Entwicklung, -en   development
das Ereignis, -se   event, occurrence
ererbt   inherited
erfahren   to experience; to learn
die Erfahrung, -en   experience
erfinden   to invent
der Erfolg, -e   success
erfüllen   to fulfill
die Erfüllung, -en   fulfillment
ergänzen   to supplement, complete
das Ergebnis, -se   result
erhalten   to receive; preserve
erinnern   to remind; **sich erinnern**   to remember
die Erkältung, -en   cold
erkämpfen   to fight for; to gain after a struggle
erkennbar   recognizable
erkennen   to recognize
erklären   to explain; **sich bereit erklären**   to declare oneself ready
die Erklärung, -en   explanation
die Erläuterung, -en   explanation
das Erlebnis, -se   experience
die Erledigung, -en   completion (*of a task*)

ermorden   to murder
ernsthaft   serious
die Ernsthaftigkeit   seriousness
erregend   exciting
erreichen   to reach; to achieve
errichten   to build
erringen   to achieve, gain
die Ersatzschwester, -n   surrogate sister
erschießen   to shoot
erschrecken   to frighten
erschüttert   shocked
ersetzen   to substitute
erteilen   to give (*an order*)
ertönen   to resound
der Erwachsene, -n   adult
erwarten   to expect
erwerben   to acquire, gain, earn
die Erwerbstätigkeit, -en   employment
erwirtschaften   to achieve by good management
erzählen   to tell
der Erzähler, - / die Erzählerin, -nen   narrator
die Erzählperspektive, -n   narrative viewpoint
die Erzählung, -en   story, narrative
erzeugen   to produce, create
erziehen   to educate; to raise (*a child*)
die Erziehung   education; childrearing
die Erziehungsmaxime, -n   principles of childrearing
eventuell   possibly
das Examen, Examina   exam

F
der Fabrikant, -en   factory owner
das Fach, ̈-er   academic subject
fächern   to fan
das Fachgebiet, -e   academic discipline
die Fahne, -n   flag; **mit fliegenden Fahnen dabei sein**   to be enthusiastic and fully supportive
die Fahrbahn, -en   lane
der Fahrgast, ̈-e   passenger
der Fahrradweg, -e   bicycle path
das Fahr(t)ziel, -e   destination
die Falle, -n   trap
die Falte, -n   wrinkle
die Familie, -n   family
das Familienbild, -er   family picture
das Familienleben   family life
das Familienporträt, -s   family portrait
fangen   to catch; **sich fangen**   to get ahold of oneself

das Farbnäpfchen, - little pot of paint
fassen to take hold of; to comprehend
federn to be elastic; springy
die Fee, -n fairy
fehlen to be missing
feige cowardly
feinfühlig sensitive
feingliedrig with a delicate bone structure
fern•sehen to watch television
das Fernsehwochenende TV weekend
die Ferse, -n heel
fertig•bringen to manage (*a feat*)
fest•halten to hold tight
festigen to establish
fest•stellen to state; to determine
der Fetzen, - shred, piece
das Feuer, - fire
die Figur, -en fictional character; **Körperfigur** figure, body shape
der Filmregisseur, -en / die Filmregisseurin, -nen film director
finden to find
die Fingerspitze, -n fingertip
flach flat
der Fleck, -e spot, stain
der Fleischklops, -e meatball
fleißig diligent, industrious
fliegend flying
die Fliese, -n tile
florieren to flourish
die Flucht, ¨e flight, escape
der Flüchtling, -e refugee
das Flüchtlingskind, -er refugee child
das Flüchtlingslager, - refugee camp
die Flüchtlingsregelung, -en procedures for dealing with refugees
der Fluchtpunkt, -e destination point for refugees
der Flur, -e hallway
flüstern to whisper
folgend following
die Forschungsaufgabe, -n research project, assignment
fort•taumeln to reel, stagger forward
die Frage, -n question
fragen to ask
fraglich questionable
der Frauentyp, -en type of woman
die Freizeitbeschäftigung, -en leisure activity
die Freizeiteinrichtung, -en recreation area

das Freizeitheim, -e recreation center
die Fremdenfeindlichkeit, -en hostility toward strangers
der Fremdenhaß hatred of strangers
fressen to devour
freudlos joyless, cheerless
sich freuen to be pleased; to look forward
der Friede(n) peace
frösteln to shiver, feel chilly
die Frühlingsrolle, -n egg roll
der Frühschoppen traditional Sunday get-together for a drink
fühlen to feel
führen to lead
furchtbar terrible
die Fürsorgeerziehung correctional education
füttern to feed (*an animal*)

G

die Garderobe, -n wardrobe; checkroom
das Garn, -e yarn
der Gastarbeiter, - / die Gastarbeiterin, -nen foreign worker
Gastarbeiterdeutsch broken German spoken by foreign workers
gebannt spellbound
gebären to give birth to
geben to give
das Gebiet, -e area
geboren born
der Gebrauch, ¨e custom
gebräuchlich usual, customary
der Geburtsname, -n birth name
der Geburtsort, -e birthplace
der Gedanke, -n thought
das Gedicht, -e poem
gefallen to please
das Gefängnis, -se prison
das Gefäß, -e pot
gefaßt: auf etwas gefaßt sein to be prepared for something
das Gefühl, -e feeling
gefühllos numb; unfeeling
die Gegebenheit, -en reality, given fact
gegenseitig mutual
der Gegenstand, ¨e object
der Gegentyp, -en opposite type
gegenwärtig present, current
das Gehalt, ¨er contents; salary

gehen to go
gehoben elevated
gehorchen to obey
die Gehorsamkeit obedience
geistig spiritual
geistigkrank mentally ill
das Gelächter, - laughter
gelähmt paralyzed
das Geländer handrail
das Geld, -er money
der Geldbeutel, - wallet
das Geldkästchen, - money box
die Gelegenheit, -en opportunity
gelten to be valid
gemäß according to
die Gemeinde, -n community
gemeinsam common; together
die Gemeinsamkeit, -en common interest, mutuality
die Gemeinschaftsaufgabe, -n team project
die Generationsfrage, -n generational question
genervt annoyed
genügen to suffice
geradlinig straight
geraten to fall; to get (*into*)
gering little, small
die Germanistik German studies
der Geruch, ¨e smell, odor
gesamt whole, entire
das Geschäft, -e store; business
geschehen to happen
das Geschehnis, -se happening, occurrence
die Geschichte, -n story
der Geschichtsrahmen, - story frame
das Geschlecht, -er sex, gender
die Geschlechterdiskriminierung, -en sex discrimination
die Geschlechterrolle, -n gender role
das Geschmier, -e smear
das Geschrei cry, scream
geschweige not to mention
die Geschwindigkeitsbegrenzung, -en speed limit
die Geschwister siblings (*plural*)
die Gesellschaft, -en society
die Gesellschaftsordnung, -en social order
das Gesetz, -e law
das Gesetzbuch, ¨er statute book
das Gesicht, -er face
der Gesichtspunkt, -e point of view; aspect
die Gespenstergeschichte, -n ghost story

gesprächig talkative
der Gesprächsfetzen, - bit of conversation
der Gesprächspartner, - / die Gesprächspartnerin, -nen interlocutor
die Gestalt, -en fictional character
gestalten to form
die Geste, -n gesture
das Getue fuss
die Gewalt violence, power, force
der Gewaltakt violent act
die Gewaltbereitschaft readiness to use violence
die Gewalttat, -en violent act
gewalttätig violent
das Gewehr, -e weapon
gewiß certain
das Gewissen, - conscience
der Gewissensgrund, ¨e reason of conscience
die Gewohnheit, -en habit
gießen to pour; to water (*plants*)
das Girokonto, Girokonten checking account
glänzend gleaming, shining
glanzlos dull
die Glasperle, -n glass bead
glatt smooth
glauben to believe
glaubhaft believable
gleichaltrig of the same age
gleichgültig indifferent
das Glitzerzeug glittery stuff
die Glücksvorstellung, -en idea of happiness
der Glückwunsch, ¨e congratulations
gratulieren to congratulate
greifen to grab
der Grenzbeamte, -n border guard
die Grenze, -n border
die Grenzkontrolle, -n border control
der Grenzübertritt, -e crossing of the border
die Greueltat, -en atrocity
der Großangriff, -e massive attack
großartig great, terrific
der Grund, ¨e reason
der Grundgedanke, -n main idea
grundlegend basic, profound
gründlich thorough
der Grundschüler, - / die Grundschülerin, -nen elementary school student
grunzen to grunt
die Gruppe, -n group

gucken   to look
der Gummi, -s   rubber
gut•schreiben   to credit
das Gymnasium, Gymnasien   academic high school

H
die Habgier   greed
halblaut   low, subdued
der Halbwüchsige   juvenile, adolescent
das Hallenbad, ¨er   indoor swimming pool
Hals über Kopf   in a dither; head over heels
die Haltung, -en   position
handeln   to deal with
die Handlung, -en   plot
der Handlungsablauf, ¨e   action, plot
handschriftlich   handwritten
hart   hard
häßlich   ugly
häufig   often
die Hauptfigur, -en   main character in a story or novel
hauptsächlich   mainly
der Hauptsatz, ¨e   main clause
der Hauptverdiener, -   chief provider
die Hausarbeit, -en   housework
die Hausfrau, -en   housewife
der Haushalt, -e   household
das Heft, -e   notebook
das Heimatland, ¨er   homeland
heiraten   to marry
die Heldentat, -en   heroic deed
helfen   to help
hell   light
das Hemd, -en   shirt
die Hemmung, -en   inhibition
heraus•finden   to find out
der Herausgeber, -   editor
sich heraus•stellen   to become known
hergerissen: hin- und hergerissen   to be torn (*between two things*)
die Herkunft, ¨e   origin
das Herkunftsland, ¨er   land of origin
herrschen   to rule
der Herrscher, -   ruler
her•stellen   to manufacture, produce
herunter•ziehen   to pull down
herzlich   heartily, sincere
heulen   to cry; to howl
heutzutage   these days
die Hexe, -n   witch

die Hilfe, -n   help
hinaus•heben   to lift out
sich hinein•versetzen   to put oneself into, imagine
hinein•würgen   to tie
der Hintergrund, ¨e   background
der Hintern, -   behind, buttocks
die Hinwendung, -en   devotion
hinzu•treten   to join; to be added to
das Hochdeutsch   standard (High) German
hochgebildet   highly educated
hochgejubelt   highly acclaimed
hochgeschlagen   turned up
die Hochschule, -n   institution of higher education
hoffähig   presentable (*at court*)
die Hoffnung, -en   hope
die Höflichkeitsform, -en   polite form of address
der Höhepunkt, -e   climax
holen   to get
das Holz, ¨er   wood
der Holzkörper, -   wooden body
hören   to hear
die Hörmuschel, -n   earpiece (*of telephone receiver*)
der Hörsaal, Hörsäle   lecture hall
das Hörspiel, -e   radio play
die Hüfte, -n   hip
die Hülle, -n   garment, covering; **in Hülle und Fülle**   in abundance
die Hürde, -n   hurdle
sich hüten (zu + Infinitiv)   to be careful not to (+ infinitive)
die Hütte, -n   hut

I
der Ich-Erzähler, - / die Ich-Erzählerin, -nen   first-person narrator
die Ich-Erzählung, -en   narrative in the first person
die Ideenlücke, -n   information gap
die Illustrierte, -n   illustrated magazine
die Imbißbude, -n   snack bar
immatrikulieren   to matriculate, enroll
imponieren   to impress
das Innenleben, -   inner life
innig   heartfelt; tender; sincere
inszenieren   to put on stage, produce (*a play*)
irrtümlich   by mistake

J
jagen   to chase
der Jahresumsatz, ¨e   yearly sales

jawohl yes, sir!
juchzen to cry out
die Jugendarbeitslosigkeit teenage unemployment
die Jugendkriminalität juvenile delinquency
der Jugendliche, -n juvenile
die Jugendliteratur literature for young people
der Jugendroman, -e novel for teenage readers
der Jugendverband, ⸚e youth organization
das Jugendzentrum, Jugendzentren youth center
das Jura law
der Jurist, -en lawyer

K
die Kandare slavework
die Karikatur, -en cartoon
der Karikaturist, -en / die Karituristen, -nen cartoonist
das Kartenspiel, -e card game
das Kästchen, - small box
die Kategorienstufe, -n rank of category
der Kater, - male cat
der Kaufmann, ⸚er businessperson
die Kettengeschichte, -n chain story
kichern to giggle
das Kind, -er child
das Kinderbuch, ⸚er children's book
die Kindergeschichte, -n children's story
das Kinderzimmer, - nursery, playroom
die Kindheitsbeschreibung, -en description of one's childhood
das Kindheitserlebnis, -se childhood experience
der Kindheitsfreund, -e / die Kindheitsfreundin, -nen childhood friend
das Kino, -s movie theater
kläffen to yelp
klappern to clack, clatter
der Klapps, -e spanking
klären to clarify
klar•machen to make (*something*) clear (*to a person*)
klatschen to sling, hurl
das Klavier, -e piano
kleben to stick
der Klecks, -e blot, splotch
das Kleid, -er dress
der Kleiderschrank, ⸚e clothes closet
das Kleiderstück, -e piece of clothing
die Kleidung, -en clothing
die Kleinkinderziehung, -en education or raising of small children
klimpern to bat (*one's eyelashes*)

die Klinge, -n blade
klingeln to ring
klirren to clink, jingle
knabenhaft boyish
knapp little, short
der Knast jail (*slang*)
die Kneipe, -n pub, bar
der Knöchel, - ankle
knochig bony
der Koch, ⸚e / die Köchin, -nen cook
kochen to cook
der Koffer, - suitcase
die Kohlen money (*slang, plural*)
die Konfrontation, -en confrontation
konstruieren to construe
das Konto, Konten bank account
der Kopfstand, ⸚e headstand
der Korb, ⸚e basket
der Körperbau body build
der Körperteil, -e part of the body
die Kosten costs (*plural*)
die Kraft, ⸚e strength, power
kramen to rummage
der Krämer, - small shopkeeper
der Krankenwagen, - ambulance
krausig curly
kreischen to screech
kreuzen to cross
der Krieg, -e war
das Kriegsjahr, -e year of war
der Kriminalroman, -e detective novel
der Kriminologe, -n criminologist
die Krippe, -n crib; **die Kinderkrippe** nursery school; daycare center for children between the ages of one and three
die Kugel, -n ball, sphere; bullet
kümmern: sich um etwas/jemanden kümmern to look after, take care of, see to something or someone
der Kunde, -n / die Kundin, -nen customer
kündigen to give notice
die Kundschaft, -en customers, clientele
das Kunstwerk, -e work of art
der Kurs, -e university course
die Kürze: in Kürze in short
die Kurzgeschichte, -n short story

L
lachen to laugh
lachend laughing

die Landsleute compatriots
langatmig long-winded
langweilig boring
der Lappen, - money (*slang*)
lassen to let
der Lausekerl, -e rascal
der Laut, -e tone, sound
lauten to sound
lautmalend onomatopoetic
die Lebensansicht, -en view of life
lebensecht true to life
die Lebenseinstellung, -en attitude toward life
das Lebensjahr, -e year of one's life
der Lebenslauf, ⸚e curriculum vitae
das Lebensniveau, -s standard of living
der Lebensstil, -e lifestyle
die Lebensweisheit, -en worldly wisdom
lebhaft lively
die Leerstelle, -n gap
lehnen to lean
die Lehrveranstaltung, -en any organized event with the purpose of formal instruction
die Leiche, -n corpse
leiden to suffer
leiern to drone, speak in monotone (*slang*)
der Leitgedanke, -n basic idea
lesen to read
die Leserschaft, -en readership
die Leute people
lieb nice, sweet
die Liebesgeschichte, -n love story
das Lied, -er song
der Liedermacher, - / die Liedermacherin, -nen songwriter
liquidieren to liquidate
die Litanei, -en long rigmarole, litany
lösen to solve; **sich lösen** to free oneself
die Lücke, -n space, gap
die Lüge, -n lie
lustig funny
lustlos listless; spiritless

M
die Macht, ⸚e power
der Machtkampf, ⸚e power struggle
das Mädchen, - girl
die Mädchenerziehung, -en upbringing of girls
der Mädchenname, -n maiden name

mager very thin, lean
der Maler, - / die Malerin, -nen painter (*of paintings*)
mangeln to be lacking
männlich manly
der Mantel, ⸚ coat
der Marktforscher, - market researcher
die Massengewalt, -en mass violence
die Maßnahme, -n measure, step; action
das Maul, ⸚er mouth (*of an animal*)
die Maxime, -n principle
meinen to think
die Meinung, -en opinion
der Meinungsaustausch, ⸚e exchange of opinion
(sich) melden to report (to)
die Menge, -n large amount; crowd
der Menschenfresser, - people-eater
merkbar noticeable
das Messer, - knife
das Mienenspiel pantomime
mies miserable
die Miete, -n rent
die Milliarde, -n billion
der Mime, -n mime
minderwertig inferior
der Missetäter, - delinquent
der Mitarbeiter, - / die Mitarbeiterin, -nen colleague; co-worker
der Mitbegründer, - co-founder
mit•denken to think along
mit•machen to go along with; to follow suit
mit•schreiben to write down, take notes
der Mitschüler, - / die Mitschülerin, -nen fellow pupil
die Mittagsruhe afternoon rest
der Mittelpunkt, -e middle point; center of attention
der Mittelstand, ⸚e middle class
mittelständisch middle-class
das Möbel, - furniture
das Modeheft, -e fashion magazine
die Möglichkeit, -en possibility
die Moneten money (*slang*)
die Möwe, -n seagull
die Mühe, -n trouble, effort
der Müll garbage
der Mundwinkel, - corner of the mouth
das Muster, - model, pattern
der Mustermensch, -en model person
der Mut courage

die Mutprobe, -n   test of courage
das Mutterglück   maternal joy
mütterlicherseits   on the mother's side of the family
die Mutterschaft, -en   motherhood

N
der Nachbar, -n / die Nachbarin, -nen   neighbor
die Nachbarschaft, -en   neighborhood
nachdenklich   thoughtful
nach•erzählen   to retell
die Nacherzählung, -en   retelling of a story
nach•gehen   to pursue; to look into, investigate
der Nachkomme, -n   descendant
nachlässig   careless
der Nachlaßverwalter, -   administrator (of an estate)
der Nachname, -n   family name
das Nachrichtenmagazin, -e   newsmagazine
nach•schlagen   to look up (*a word*)
nach•weisen   to prove
die Nachwelt   future generations
die Nadel, -n   needle
die Nase, -n   nose
der Naturfreund, -e   nature-lover
der Naturschutz   nature conservation
die Nebenfigur, -en   secondary character in a story or novel
nehmen   to take
die Nervosität   nervousness
das Nesthäkchen, -   pet, youngest child
die Neugierde, -n   curiosity
nichtigst   most futile; void
das Nickerchen, -   nap
nieder•brennen   to burn down
niemand   no one
die Nische, -n   niche
nützlich   useful

O
die Öffentlichkeit   public
der Ölgötze, -n   stuffed dummy
ordnen   to (put in) order
die Ordnung, -en   order
ordnungsgemäß   as is permitted, as one does

P
der Paß, Pässe   passport
passen   to fit
passend   appropriate
passieren   to happen
die Pause, -n   break, recess
das Pausenbrot, -e   sandwich for recess
PEN   Poets, Playwrights, Editors, Essayists, and Novelists Pen-Club
die Pensionierung   retirement
die Perle, -n   pearl, bead
die Personalangabe, -n   personal data
pfeifen   to whistle
pflegen   to take care of, maintain; to cultivate
plagen   to plague
das Plakat, -e   poster, sign
die Plastik   plastic
platzen   to burst
plötzlich   suddenly
der Poststapel, -   pile of letters
prägen   to form, influence
prasseln   to patter
das Privatleben, -   private life
promovieren   to get one's doctorate
der Prozeß, Prozesse   trial
das Pult, -e   desk
die Puppe -n   doll
putzen   to clean

Q
der Quadratlatschen, -   big shoes
der Quatsch   nonsense
quatschen   to chat
quengeln   to whine

R
der Rat   advice
raten   to advise
ratlos   perplexed
das Rätsel, -   riddle, puzzle
der Raubüberfall, ⸚e   robbery
der Raubversuch, -e   robbery attempt
rauchen   to smoke
räumen   to remove, clear away
rechnen   to reckon; to calculate
der Rechtsextremist, -en   right-wing extremist
der/die Rechtsradikale, -n   rightist
der Rechtsradikalismus, Rechtsradikalismen   rightism
die Rechtswissenschaft, -en   jurisprudence
rechtzeitig   in time, on time
recken   to stretch
der Redakteur, -e / die Redakteurin, -nen   editor

die Rede, -n talk, speech; **zur Rede stellen** to call to account
die Redensart, -en expression, phrase
die Redewendung, -en figure of speech, expression
der Referendar, -e / die Referendarin, -nen junior teacher
das Regal, -e (book)shelf
regelmäßig regularly
die Regelung, -en rule
die Regierung, -en government
reglos motionless
das Rei *brand name of a laundry detergent*
reiben to rub
der Reichtum, ¨er wealth
das Reihenhaus, ¨er townhouse
reinigen to clean
die Reise, -n trip
das Reisebüro, -s travel agency
der/die Reisende, -n traveler
reißerisch loud, overdone
reizempfindlich touchy, short-tempered
der Rentner, - / die Rentnerin, -nen retired person
das Rentnerpaar, -e retired couple
retten to save
die Rettung, -en rescue
die Rezension, -en review, critique
der Richter, - / die Richterin, -nen judge
die Richtung, -en direction
die Rille, -n groove
die Rolle, -n role
die Rollenverteilung, -en role distribution
der Roman, -e novel
das Rückgrat, -e backbone
die Rücksicht, -en regard, consideration
der Ruhestand retirement
(sich) rühren to stir; to move
rund round
der Rundfunk radio
die Rundschau panorama; review

S

der Saal, Säle hall
die Sache, -n thing, matter
sachlich matter-of-fact, realistic
(sich) sagen to say (to oneself)
sammeln to collect
die Sammelstelle, -n collection point
sanft gentle

der Sattelschlepperfahrer driver of a large truck
der Satzbau sentence structure
der Satzteil, -e part of a sentence
sauber clean
das Säuberungsmittel, - cleaning detergent
der Säuglingsbruder, ¨ infant brother
schäkern to joke around
die Schallplatte, -n record
sich schämen to be ashamed
die Schande shame, disgrace
scharf sharp; cutting; spicy
schätzen to estimate
schauen to look
der Schauplatz, ¨e setting (*of a story*)
der Schauspieler, - / die Schauspielerin, -nen actor/actress
der Scheck, -s check
(sich) scheiden to divorce
der Schein, -e appearance
der Scheinwerfer, - headlight
scheitern to fail
scheppern to rattle, clatter
scheu shy
das Schicksal, -e destiny, fate
schimpfen to scold
der Schinken, - ham; a large, thick book (*slang*)
der Schlaf sleep
schlafen to sleep
schläfrig sleepy
der Schlafsack, ¨e sleeping bag
die Schlange, -n snake; line of people
schleifen to drag
schleudern to sling, fling
schlichtweg simply
das Schließfach, ¨er locker
das Schlimmste the worst
schlüpfen to slip
der Schluß, Schlüsse end, conclusion
schmächtig scrawny
schmal thin
der Schmatz, ¨e kiss, "smacker" (*slang*)
schmeicheln to flatter
der Schmerz, -en pain
schmerzhaft painful
der Schmetterling, -e butterfly
schmieren to smear; **jemandem Honig ums Maul schmieren** to butter someone up
schmunzeln to smile knowingly, grin

schnappen to snap; to nab (*a criminal*)
die Schnittblume, -n cut flower
schonen to take care of
die Schönheitschirurgie cosmetic surgery
das Schönheitsideal, -e idea of (physical) beauty
das Schönheitsmittel, - cosmetic
die Schönheitsvorstellung, -en idea of beauty
der Schönheitszwang, ⁻e pressure to be beautiful
der Schönheitszweck, -e objective
schreiben to write
der Schreibstil, -e style of writing
die Schreibweise, -n way of writing
schreien to scream, cry
schriftlich written
das Schuldgefühl, -e guilty feeling
schwach weak
schwanger pregnant
die Schwangerschaft, -en pregnancy
die Schwangerschaftsgymnastik, -en special exercises for pregnant women
der Schwangerschaftstest, -e pregnancy test
schweigend silently
der Schwerpunkt, -e emphasis
die Schwiegereltern parents-in-law
die Schwierigkeit, -en difficulty
der Schwimmanzug, ⁻e swimsuit
das Schwimmbad, ⁻er swimming pool
das Schwimmbecken, - swimming pool
schwimmen to swim
die Schwimmhalle, -n indoor swimming pool
die Schwimmordnung, -en swimming-pool rules
die Seele, -n soul
die Seide silk
der Seidenfetzen, - silk rags, pieces of silk
die Selbständigkeit, -en independence
selbstbewußt self-confident
das Selbstbewußtsein self-confidence
selbstverständlich obvious; of course
das Seminar, -e university seminar
sensibel sensitive
sich (auf etwas) setzen to sit down (on something), take a seat
siegen to win, be victorious
der Sinn, -e sense, meaning
sinnverwandt synonymous
die Sippe, -n tribe
die Sirene, -n siren
die Sitte, -n custom

der Sohn, ⁻e son
der Sonntagsausflug, ⁻e Sunday outing
sorgen to care (*for*)
die Spalte, -n column
spannend suspenseful
die Spannung, -en suspense
sparen to save (*money*)
spärlich sparse, scanty
spazieren•gehen to take a walk
der Spaziergang, ⁻e walk
die Sperre, -n barrier
der Spiegel, - mirror
spielen to play
das Spielzeug, -e toy
spinnen to spin; to be crazy (*slang*)
die Spitze, -n tip, point
die Sprache, -n language
die Sprachkenntnis, -se knowledge of a language
der Sprachstil, -e language style
die Sprachübung, -en language practice
(über etwas) sprechen to speak (about something)
die Sprechstunde, -n office hours
die Sprechtaste, -n press-to-talk switch
sprießend sprouting
das Springmesser, - switchblade knife
der Spruch, ⁻e saying
der Sprudel, - carbonated mineral water
spülen to rinse
spüren to feel, sense
die Staatsangehörigkeit, -en nationality
die Staatsbürgerschaft, -en citizenship
das Staatsexamen, Staatsexamina national exam
der Stamm, ⁻e stem, root, family
der Stammbaum, ⁻e family tree
der Stammesfürst, -en the first prince of a lineage
der Stammeshäuptling, -e tribal chieftain
der Stammhalter, - son who carries the family name
stämmig sturdy, stocky
die Stammkneipe, -n favorite pub
der Stammkunde, -n regular customer
der Stammplatz, ⁻e regular place to sit
der Stammtisch, -e table reserved for regular guests
ständig constant
der Standpunkt, -e point of view
stark strong
statt•finden to take place
stehen to stand; to fit, suit (*article of clothing*)
stellen to place

die Stellung, -en   position
sterben   to die
das Stichwort, ⸚er   cue, key word
stichwortartig   with key words
sticken   to embroider
der Stil, -e   style
stillen   to breastfeed
der Stilunterschied, -e   stylistic difference
die Stimmung, -en   mood
stopfen   to darn
stören   to disturb
die Störung, -en   disturbance; disorder
straffrei   exempt from punishment
strafrechtlich   criminal
die Straftat, -en   punishable act, offense
strapazieren   to strain
der Streit, -e   quarrel
die Streitfrage, -n   controversy
der Strich, -e   line, dash
stricken   to knit
das Strickmuster, -   knitting pattern
der Strom, ⸚e   stream
die Studentenkneipe, -n   student bar, pub
der Studienplatz, ⸚e   place/opening for one student at the university
stülpen   to put, clap
stumpfwinklig   obtuse
der Stundenplan, ⸚e   schedule
stürzen   to plunge, rush
das Substantiv, -e   noun
die Sucht, ⸚e   addiction
der Sündenbock, ⸚e   scapegoat

T
die Tabelle, -n   table, graph
der Tag, -e   day; **ihre Tage haben**   to have one's period
der Tagesablauf, ⸚e   daily routine
die Tagesmutter, ⸚   female daycare provider
der Tante-Emma-Laden, ⸚   neighborhood grocery store
tappen   to grope about
tasten   to touch, grope for
die Tat, -en   deed
der Täter, -   offender, culprit
die Tätigkeit, -en   activity
die Tatsache -n   fact
der Tatverdächtige, -n   crime suspect
tauchen   to dive
der Taufilm, -e   film of moisture

tauschen   to exchange
der Telefonanruf, -e   telephone call
das Telefongespräch, -e   telephone conversation
die Telefonzelle, -n   telephone booth
der Teppichboden, ⸚   wall-to-wall carpeting
der Termin, -e   date, appointment
die Textstelle, -n   place in the text
das Textverständnis, -se   comprehension of the text
die Theaterwissenschaft, -en   drama studies
das Thema, Themen   theme
der Tiefgang, ⸚e   draught
die Tierzucht   livestock breeding
die Tochter, ⸚   daughter
der Todesfall, ⸚e   death
toll   terrific
tragen   to carry
trampeln   to trample
die Trauer   mourning, sorrow
traurig   sad
treffen   to meet
das Treffen, -   meeting
der Treffpunkt, -e   meeting point
treiben   to put forward; to impel, urge
trennbar   separable
die Treppe, -n   flight of stairs
das Treppenhaus, ⸚er   stairwell
treuherzig   loyal
trieseln   to skid, slide
trösten   to comfort
tun   to do
tünchen   to whitewash

U
der Überdruß   satiety
überempfindlich   oversensitive
der Überfall, ⸚e   holdup
überfordern   to demand too much
überholen   to go past, beyond; to surpass
überleben   to survive
sich überlegen   to consider, think over
übernehmen   to take over
überprüfen   to test
die Überquerung, -en   crossing
übersetzen   to translate
überweisen   to transfer (*money through a bank*)
die Überweisung, -en   transfer of funds
der Überweisungsantrag, ⸚e   request for a bank transfer
überwindbar   surmountable

überwinden   to overcome
überzeugen   to convince
üblich   usual
die Übung, -en   exercise
das Ufer, -   riverbank
um•blicken   to look around
um•bringen   to kill
die Umfrage, -n   survey
die Umgangssprache, -n   colloquial speech
die Umgebung, -en   surroundings
umgekehrt   reverse
um•kippen   to tip; to fall over
um•klammern   to clasp
die Umkleidekabine, -n   changing room
um•kleiden   to change (*one's clothes*)
der Umkleideraum, ̈e   locker room
um•kreisen   to circle around
umsatzstark   profitable
um•schreiben   to write over again
um•schwirren   to buzz around
der Umweg, -e   detour
die Unabhängigkeit, -en   independence
unabweislich   not to be refused; imperative
unbändig   unruly; tremendous
unbedingt   absolutely
unbeschränkt   unlimited
unbeteiligt   not involved
unbewußt   unconscious, unaware
unehrlich   dishonest
unerhört   unheard-of
unerläßlich   indispensable
unerschütterlich   unshakable
der Unfall, ̈e   accident
unfertig   immature
ungeheuerlich   monstrous
ungenannt   unnamed
ungeöffnet   unopened
die Ungerechtigkeit, -en   injustice
ungewöhnlich   unusual
unglaubhaft   unbelievable
unglaublich   unbelievable
die Ungleichheit, -en   inequality
unmenschlich   inhuman, brutal
unmittelbar   direct
unmöglich   impossible
unschlüssig   indecisive
der Unsinn   nonsense
der Untergebene, -n   subordinate

sich unterhalten   to converse
unterlegen   inferior
das Unternehmen, -   enterprise, business
der Unternehmer, -   entrepreneur; employer
unterrichten   to instruct
unterschiedlich   different
unterstrichen   underlined
unterstützen   to support
untersuchen   to investigate
die Untersuchung, -en   investigation
unterwegs   on the way
sich unterwerfen   to submit oneself to
unterziehen   to put on underneath; **sich unterziehen**   to undergo
unverfroren   impudent
unverheiratet   not married
das Unverständnis, -se   lack of understanding
unvorstellbar   unimaginable
unzählig   innumerable
uraufgeführt   put on stage for the first time
der Urlaub, -e   vacation

V
sich verabreden   to make a date (*with someone*)
die Verabredung, -en   date
verabschieden   to pass (*a law*)
die Verabschiedung, -en   passing of a law
verachten   to despise
die Verallgemeinerung, -en   generalization
die Veranlassung, -en   cause, reason
die Veranstaltung, -en   organized event
verantwortungslos   irresponsible
verantwortungsvoll   responsible
die Verbindung, -en   connection
verbittert   embittered
verblüfft   perplexed
verbrennen   to burn up
verbringen   to spend (*time*)
der Verdacht   suspicion
verdächtig   suspicious
verdächtigen   to suspect
verdeutlichen   to make clear
verdienen   to earn
verdoppelt   doubled
verdorben   ruined, spoiled
verdreifacht   tripled
vereinbaren   to agree upon
die Vereinbarung, -en   agreement, arrangement

vereinigen to unite, join
die Vereinigung, -en union
verfilmen to film
verfolgen to pursue, persecute
der Verfolgte, -n someone who is being persecuted
die Verfolgung, -en persecution
die Vergangenheit, -en past
die Vergewaltigung, -en rape
vergleichen to compare
verhaften to arrest
das Verhalten behavior
verhandeln to negotiate
verhärtet hardened
verhätscheln to pamper, spoil
verheiratet married
das Verhütungsmittel, - birth control
verinnerlichen to internalize
der Verkehr traffic
verkörpern to embody
der Verlagslektor, -en / die Verlagslektorin, -nen reader (in a publishing company)
der Verlauf, ⸚e lapse, course (*of time*)
verlegen embarrassed
verleihen to lend
verletzlich vulnerable
verliebt in love
der/die Verlobte, -n fiancé/fiancée
die Verlobung, -en engagement
verlocken to tempt
die Verlustangst, ⸚e fear of losing someone
vermögen (zu + Infinitiv) to be able to
die Vermutung, -en presumption; surmise
verrückt crazy
versagen to fail
die Versammlung, -en gathering
verschieben to postpone
verschieden different
verschleiern to conceal
verschränkt crossed, folded
versetzen to put or place (*into*)
die Versicherung, -en insurance
verständlich comprehensible
das Verständnis, -se understanding
verstecken to hide
verstehen to understand
verstreut scattered
versuchen to try
verteidigen to defend

vertrauensvoll trusting
verträumt dreamy
verunsichern to make uncertain
vervierfacht multiplied by four
vervollständigen to complete
verwalten to administer
der Verwaltungsrichter, - / die Verwaltungsrichterin, -nen administrative judge
verweigern to refuse
verwenden to use
verwickeln to embroil, involve; **sich verwickeln** to become involved, entangled
die Verwicklung, -en entanglement, involvement
die Verwirklichung, -en realization
verwunden to wound; to astonish, amaze
verzeihen to excuse, forgive
die Verzeihung, -en pardon
verzerrt distorted, twisted
verzweifelt desperate
die Verzweiflung, -en desperation
das Volksfest, -e festival
die Volkshochschule, -n community education
vollziehen to perform, carry out
von: von mir aus as far as I am concerned
der Vorbehalt, -e reservation
vor•bereiten: sich auf etwas vorbereiten to prepare oneself for something
der Vorfahr, -en ancestor
der Vorfall, ⸚e occurrence
vor•fallen to occur, happen
vor•führen to show, display
der Vorgang, ⸚e proceedings; facts; process
die Vorgeschichte, -n background story, history
vorhanden sein to exist
der Vorhang, ⸚e curtain
vorig beforehand, prior, previous
vor•kommen to occur
vor•krähen to crow
die Vorladung, -en subpoena
die Vorlesung, -en lecture
vor•machen to demonstrate
die Vorschau, -en preview
vor•schlagen to suggest
vor•spielen to act out
vor•stellen to introduce
die Vorstellung, -en idea
der Vorteil, -e advantage
vor•tragen to give (*a lecture*)

die Vortragsreise, -n lecture trip
vorübergehend passing, temporary
das Vorwort preface
vor•zeigen to produce, show

W
wachsen to grow
das Wachstum growth
wackeln to wiggle, shake
die Wade, -n calf (of the leg)
die Wahl, -en choice; election
wählen to choose; to dial (*a telephone*)
wahnsinnig crazy
der Waldgeist, -er forest spirit
die Wand, ⸚e wall
die Wanderlust hiking fever
wandern to hike
das Wanken: ins Wanken kommen to shake; to become unsettled
die Wäsche wash, laundry
wechseln to change
weder . . . noch neither . . . nor
weg•gehen to go away
weg•scheuen to chase away
der Wehrdienst military service
sich wehren to defend oneself
wehrpflichtig eligible for military service
weh•tun to hurt
weiblich womanly
weich soft
weinen to cry
das Weingut, ⸚er estate vineyard
weißbekittelt in a white smock
das Weizenkeimöl, -e wheat-germ oil
wenig few, little
werfen to throw
das Werk, -e work
das Wertsystem, -e system of values
wertvoll valuable
wichtig important
die Wickelkommode, -n changing table
wickeln to wrap
widersinnig absurd
wieder•geben to reproduce
wildfremd completely strange, completely unknown
wimmeln to swarm
die Wimper, -n eyelash
die Windel, -n diaper

der Winkel, - corner
wippen to rock back and forth
die Wirkung, -en effect
die Wirtschaft, -en economy
wirtschaftlich economic
das Wirtschaftsboom economic boom
die Wirtschaftslage economic situation
die Wirtschaftsmacht, ⸚e economic power
wissen to know
der Witz, -e joke
wohldosiert well-measured
der Wohlstand welfare
wohnen to live, reside
die Wohngemeinschaft, -en (WG) group of people sharing an apartment or house
der Workshop, -s workshop
die Wortbildung, -en word formation
die Wortschatzerweiterung, -en vocabulary expansion
der Wortwechsel, - short conversation
das Wunderkind, -er child prodigy
der Wunsch, ⸚e wish
wünschen to wish
das Wunschkind, -er desired child
der Würdigungspreis, -e prize of special recognition
die Wut anger, rage
wütend furious

Z
zärtlich tender
zeichnen to draw
zeigen to show
die Zeitform, -en tense
zerbrechen to break; **sich über etwas den Kopf zerbrechen** to rack one's brain about something
zerbrechlich fragile
die Zerbrechlichkeit, -en fragility
der Zerfall disintegration
zerlegen to cut up; to analyze
sich zerschlagen to come to nothing
zerstören to destroy
das Zeugnis, -se testimony, evidence
ziehen to pull
das Ziel, -e goal
das Zimmer, - room
zischen to hiss
das Zitat, -e quotation
zitiert quoted
zittern to shiver, shake

der Zivildienst, -e civil service
die Zivilisierung civilization
zögern to hesitate
zornig angry
zu•bereiten to prepare (*a meal*)
züchterisch bred
zu•decken to cover
zufrieden content
zunächst at first
zunehmend increasing
zupfen to pull out
zurück•halten to hold back
zurück•kehren to return
zurück•weichen to shrink back
der Zusammenhang, ¨e connection
zusammen•hängen to hang together; to be connected
zusammen•kratzen to scrape together
das Zusammenleben living together
das Zusammensein being together

die Zusatzausbildung, -en supplementary courses
die Zusatzperson, -en extra help
der Zuschauer, - spectator
der Zustrom, ¨e flow
zu•treffen to hold true
der Zuwanderer, - immigrant
der Zwang, ¨e force
zwar . . . aber indeed . . . but
die Zweckehe, -n marriage of convenience
zweideutig ambiguous
die Zweierbeziehung intimate relationship between two people
die Zweisamkeit twosome
zweiteilig two-part
der Zwerg, -e dwarf
der Zwiespalt, -e dilemma
zwirbeln to twirl, twist
zwitschern to twitter

Credits

Text Credits

Pages 8–12 Roswitha Fröhlich, „Sabine und der Stammhalter," *Mädchenbuch auch für Jungen,* Verlag Rowohlt, Reinbek bei Hamburg, 1975, pp. 26–30; *29–33* Svende Merian, „Mutterglück," *Von Frauen & anderen Menschen,* Verlag éditions trèves (Postfach 1550, 54205 Trier), 1985; *46* Kristin Horn, „68 Lebensjahre," LP DaCamera, Mannheim, 1967; *50–52* Elisabeth Alexander, „Familie in Kürze," *Damengeschichten* (Der apokalypische Reiter 3), Verlag Günther Emig, Heilbronn, 1983, pp. 63–65; *65–67* Jörg Meier, „Der Krieg ist lange aus," *Texte dagegen,* Gulliver Taschenbuch 716, Beltz Verlag, Weinheim and Basel, 1993, pp. 30–32; *68* Evelyne Stein-Fischer, „Weißt du, wie das ist?", *Texte dagegen,* Gulliver Taschenbuch 716, Beltz Verlag, Weinheim and Basel, 1993, p. 171; *82–85* Gabriele Wohmann, „Ein Rendezvous," *Alles zu seiner Zeit,* Deutscher Taschenbuch Verlag, München, 1976, pp. 28–31; *98–101* Aurelia Bundschuh, „Das Alibi," *21 Liebesgeschichten. Von der Liebe zum Leben,* Ariston Verlag, Geneva, 1977, pp. 79–84; *110* Gino Chiellino, „Es Liebe," *Mein fremder Alltag,* Neuer Malik Verlag, Kiel 1984, p. 12; *114–118* Dietrich Gronau and Anita Jagota, „Martina: Es war selbstverständlich wieder ein sehr schöner Mann, *Über alle Grenzen verliebt. Beziehungen zwischen deutschen Frauen und Ausländern,* © 1991 Fischer Taschenbuch Verlag Gmbh, Frankfurt am Main, pp. 13–33; *132–138* Elfriede Jelinek, „Aufforderung zur Unfreundlichkeit," *Mädchenbuch auch für Jungen,* Rowohlt, Reinbek bei Hamburg, 1975, pp 7–13; *155–158* Karin Reschke, „Dieser Tage über Nacht. Erzählung," Rotbuch Verlag, Berlin, 1984, pp. 45–47; *172–177* „Taxi frei," © Wolfgang Bittner, Albrecht Knaus Verlag, 1982; *189–190* „Die deutschen Türken," *Spiegel,* 7 June 1993, pp. 21–22. Reprinted with permission of NYTSS; *193–197* Cengiz Kip, „Fahrt der Hoffnungen," *In zwei Sprachen leben. Berichte, Erzählungen, Gedichte von Ausländern,* © 1983 Deutscher Taschenbuch Verlag, Munich, pp. 192–196; *205–206* Martin Schneider, „Ausländer raus!" *Texte dagegen,* Gulliver Taschenbuch 716, Beltz Verlag, Weinheim and Basel, 1993, p. 106; *212–213* Franz Kafka, „Kleine Fabel," copyright 1936, 1937 by Heinr. Mercy Sohn, Prague. Copyright 1946 by Schocken Books Inc., New York City, USA. Copyright 1964 (1965) by Schocken Books, Inc., New York City, USA. By permission of S. Fischer Verlag GmbH. Frankfurt am Main; *214–215* Bertolt Brecht, „Maßnahmen gegen die Gewalt," *Gesammelte Werke,* © Suhrkamp Verlag, Frankfurt am Main, 1967; *217* Axel Eggebrecht, „Aktiver Frieden," *Klassenlektüre,* Albrecht Kraus Verlag, Hamburg, 1982, p. 100; *225* Susanne Kilian, „Gewaltakt," *Texte dagegen,* Gulliver Taschenbuch 716, Beltz Verlag, Weinheim and Basel, 1993, p. 88.

Photo Credits
Pages 1, 75, 147 F. Javier Lechuga Jiménez; *3* © Arlene Collins, Monkmeyer Press Photos; *23* © Gerd Pfeiffer, Bilderdienst Süddeutscher Verlag; *26* (*top left*) © Kai Greiser, *Der Spiegel; 26* (*top right*) © Jürgen Lichtenberger; *45, 57* © Peter Menzel; *61* © Michael Meyborg, Signum; *77* Bilderdienst Süddeutscher Verlag; *87* © Mike Schröder, Argus; *93* © Peter Menzel; *97* (*top left*) © Gerd Ludwig, BRD Berlin; *97* (*top right*) © Peter Menzel; *97* (*bottom left*) Bilderdienst Süddeutscher Verlag; *97* (*bottom right*) © Owen Franken, Stock Boston; *103* Deutsche Presse-Agentur; *109* © Wolfgang Kunz, Bilderberg; *112* courtesy of the author; *121* © Franz Hug, Bilderdienst Süddeutscher Verlag; *127* © Bongarts, Bilderdienst Süddeutscher Verlag; *149* © Lichtblick Fotografie, Detlev Konnerth; *152* © Christoph Keller, Gröninger-Fotografenagentur; *161* Bilderdienst Süddeutscher Verlag; *167* © Lichtblick Fotografie, Detlev Konnerth; *180* © Hugh Rogers, Monkmeyer Press Photo Service; *187* Deutsche Presse-Agentur; *191* © IN-Press/dpa, German Information Center; *200, 207* Reuters / Bettmann; *208* Deutsche Presse-Agentur Fotoreport; *211* © Mike Shröder, Argus; *220* © imo, Bilderdienst Süddeutscher Verlag.

Realia Credits
Pages 4, 6, 14, 21, 52, 138 from *Kleines Weiberlexikon,* edited by Florence Hervé, Elly Steinmann, and Renate Wurms (Dortmund: Weltkreis, 1985); *26* (*bottom left and right*) Detlef Kersten/Cartoon-Caricature-Contor, Munich; *28, 78* cartoons by Barbara Hömberg, from *Kleines Weiberlexikon,* edited by Florence Hervé, Elly Steinmann, and Renate Wurms (Dortmund: Weltkreis, 1985); *62, 64 Der Spiegel; 150 Der Spiegel; 168, 170 Frankfurter Allgemeine Zeitung; 169 Frankfurter Allgemeine Zeitung*/Thomas Heumann; *188* from *Jahrbuch der Bundesrepublik 1992/1993* by Emil Hübner and H. H. Rohlfs (Munich: Verlag C. H. Beck/dtv, 1992); *216* TIP 3/90, pp. 44–45.